Renate Hoffmann

Luise

Königin der Preußen

Nach Briefen und Aufzeichnungen

Das Neue Berlin

Inhalt

Vorbemerkung

Wer war diese Frau, die freimütig bekannte, nicht zur Königin geboren zu sein, als man sie neben Friedrich Wilhelm III., ihren Mann, auf den preußischen Thron hob – und doch die obliegenden Pflichten so gut versah, dass es ihr über Generationen hinweg Anerkennung und Verehrung eintrug? Häufig geschah dies zu überschwänglich. Sie hätte erwidert: »Luise ist ein Weib wie alle andern.« Punktum!

In welcher Mundart sprach sie eigentlich, die Luise von Mecklenburg-Strelitz, geboren in Hannover, in Darmstadt aufgewachsen, nach Berlin versetzt? War es Eigensinn, wenn sie ihren Mann duzte und mit ihm Arm in Arm im Berliner Tiergarten spazieren ging und bei königlich-öffentlichen Anlässen den neumodischen Walzer tanzte? Oder war es Opposition gegen die höfischen Sitten? Hatte sie wirklich »Etwas« mit Prinz Louis Ferdinand von Preußen und dem russischen Zaren Alexander I., wie der Hofklatsch mutmaßte? Woher nahm sie die Courage, Friedrich Wilhelm III. 1806 unerschrocken auf das Schlachtfeld von Jena / Auerstedt zu folgen, bis man sie, in Sichtweite der Franzosen, barsch zurückwies? Staatsräson? Liebe? – Fragen über Fragen.

Meine Neugier wuchs. Um Luise näherzukommen, las ich ihre Briefe. Weitgehend unverstellt und persönlich geprägt, gewähren sie die gewünschten Einblicke. – Auf diese Weise erfuhr ich so manches von der Königin, das mich überraschte: Luise, eine Frau, die ihre Gefühle nicht verbarg und Begeisterung ebenso zeigte wie tiefe Trauer – und auch Zorn. Als sie in Tilsit über den Ausgang ihres Treffens mit Napoleon I. – bei dem es für Preußen um Alles oder Nichts ging – wütend war, schleuderte sie dem Empereur entgegen: »Sire, Vous m'avez cruellement trompée!« (Sire, Sie haben mich grausam getäuscht!) Es klang stolz und verletzend, so dass Bonaparte die Antwort schuldig blieb.

Ihre Offenheit gefiel mir. Wer schon, wie sie bekennt sich in so hoher Position zu einem gewissen Bildungsmangel und fehlerhafter Rechtschreibung? Sie sprach ihren hauseigenen Darmstädter Dialekt und schrieb auch mitunter so, oder sie erfand Wortgebilde, die der Augenblick ihr eingab. – Gespannt verfolgte ich Luises Entwicklung zum politisch denkenden Menschen. Sie wuchs, wie man so sagt, mit ihren Aufgaben.

Was mich gleich für die Königin einnahm, waren ihr Optimismus und der Humor. Schrieb sie doch – mit Angst im Herzen vor den neuen Verhältnissen, die sie in Berlin erwarteten – an ihren Verlobten Kronprinz Friedrich Wilhelm im Juni 1793: »Da Heiterkeit mich entzückt, und da ich von Natur nicht trübsinnig bin ... so hoffe ich, dass man an unserm Hofe mehr lachen als weinen wird.« Den Hang zur Heiterkeit vererbte ihr wahrscheinlich die Großmama, Prinzessin Marie Luise Albertine von Hessen-Darmstadt. Sie nämlich war der Ansicht, dass »die Freudigkeit« die Mutter aller Tugenden sei. Das kann man doch nur unterstützen.

Luises Schilderungen in den hinterlassenen Zeugnissen sind bewegend und erregend und zeichnen zugleich ein Bild der gewaltigen politischen Umwälzungen in Europa während der Wende zum 19. Jahrhundert. Diese Einbindung eines persönlichen Schicksals in den rasanten Lauf der Geschichte fesselte mich. In den Jahren 2007 und 2008 begab ich mich auf Reisen. An Ort und Stelle wollte ich erkunden, ob und wie sich die Spuren der preußischen Königin in das Heute fügen. – Hinweis für den geneigten Leser: Die Überschriften zu den Kapiteln, in denen Luise erzählt, sind Zitate von ihr. Im Text erscheinen Luises Zitate in kursiver Schrift.

Berlin, August 2009 Renate Hoffmann

Annäherung

An den Kronprinzen Friedrich Wilhelm von Preußen

Darmstadt, den 22. Oktober 1793

Die Erinnerung an die glücklichen Tage, die wir in diesem Sommer und Frühling erlebten, ist unauslöschlich und die Zukunft wird gewiss glücklich sein, sicherlich, ich hoffe es ganz gewiss; Sie lieben mich, ich liebe Sie, ein wenig Nachsicht von beiden Seiten und alles wird gut gehen. Ich habe meine Fehler, die Sie noch zu wenig kennen; deshalb bitte ich Sie im voraus, haben Sie viel Nachsicht mit mir, erwarten Sie nicht zu viel von mir, denn ich bin sehr unvollkommen, sehr jung, ich werde also oft irren. Aber wir werden doch glücklich sein. Ich bin ein wenig kühl von Natur, ich kann es nicht so zeigen, wenn ich jemand liebe, das wissen Sie, aber ich liebe Sie deswegen nicht weniger … Luise

Als Sie diesen Brief schrieben, waren Sie siebzehn Jahre und einige Monate alt. Verliebt, ungezwungen, doch kritisch gegen die eigene Person. Respekt! Ihr weiterer Lebensweg verlief erstaunlich und achtunggebietend. Ihre Verwandtschaft ist verwirrend, verwickelt, verzweigt. So viele Male begegnete ich Ihren Vornamen oder denen Ihrer Schwestern. Sei es nun bei den Hohenzollern, bei den Mecklenburgern oder bei den Hessen – womit das verbandelte Dreigestirn bereits feststeht. Ich wollte Sie von Angesicht zu Angesicht sehen, schob den genealogischen Wirrwar beiseite und ging in die Alte Berliner Nationalgalerie.

Als ich das Foyer betrat, die festlich-elegante Treppe hinaufging, leuchteten Sie mir schon entgegen. Aus weißem Marmor, Ihre Schwester Friederike im Arm. Von Johann Gottfried Schadow in hoher Kunstfertigkeit geschaffen, aufgestellt in einer halbrunden Nische mit goldverzierter Kuppelwölbung. Sinnbild der Anmut. Neben mir sagte jemand: »Die sind so schön, das hält man gar nicht aus!«

Ihrer beider Gewänder fließen. Lockende Formen schimmern hindurch, als wäre der Marmor Musselin. Wie graziös Sie ein Stück Ihrer Schleppe fassen (man möchte nicht darauftreten, nicht wahr?). Ihr gescheiteltes Lockenhaar hält ein Schmuckband zusammen, und was sich nicht bändigen lässt, ringelt sich auf der Schulter. Sie tragen ein Kinntuch – das nachmals zum Modebeiwerk wurde, obwohl Sie damit nur eine leichte Schilddrüsenaffektion verbergen wollten. Sie haben einen wachen, neugierigen Blick, ein wenig ernst, ein wenig eigensinnig.

Friederike hingegen steht fast schüchtern neben Ihnen. Sehr kindlich wirkt sie noch. Die zwei Jahre, die sie jünger ist als Sie, merkt man ihr an. Könnte es sein, dass Friederike sich Ihnen auch fernerhin fügte? Zwar nehmen Sie eine lockere Haltung ein und setzen den linken Fuß über den rechten, doch scheint es, als wollten Sie Ihre Schwester ermuntern, mit Ihnen vom grauen Marmorsockel zu steigen: »Ixelche, wir müsse los!« – Das Doppelbildnis entstand zwischen 1795 und 1797, nur wenige Jahre nachdem Sie den offenherzigen Brief an Friedrich Wilhelm schrieben.

Das also sind Sie. Luise Auguste Wilhelmine Amalie Prinzessin von Mecklenburg-Strelitz, Tochter des Erbprinzen, späteren Herzogs und Großherzogs Karl Ludwig Friedrich von Mecklenburg-Strelitz und seiner ersten Frau Friederike Karoline Luise Prinzessin von Hessen-Darmstadt. Die Vornamen, die Sie tragen, gaben Ihnen die Patinnen. Und »Luise« sollen Sie nach Karoline Luise Markgräfin von Baden, geborene Prinzessin von Hessen-Darmstadt, Tochter des Landgrafen Ludwig VIII. von Hessen-Darmstadt und Schwester Ihres Großvaters mütterlicherseits Georg Wilhelm von Hessen-Darmstadt heißen. Andererseits behauptet man, »Luise« hießen Sie nach der jüngeren Schwester Ihrer Mutter. Ebenfalls eine Ihrer Taufpatinnen. Eine plausible Erklärung, die gleichzeitig das »Luisen-Problem« verdeutlicht.

Wen wundert es, dass die verwandtschaftlichen Verstrickungen über die deutschen Lande hinaus von England bis nach Russland reichen. Es erstaunt auch nicht, dass der Vater von Zar Alexander I. – Paul I. von Russland – in erster Ehe mit der Cousine Ihrer Mutter verheiratet war.

Man sagt Ihnen ausgeprägten Familiensinn nach. Der mag in der weitverzweigten Verwandtschaft seine Wurzeln haben, im reichen Kindersegen Ihrer Voreltern. Sie, Luise, gründeten eine eigene Familie. Besser wäre es wohl, zu sagen, man gründete für Sie ... Nicht ohne Aufregung, nicht ohne Dramatik geschah dies; welch Letzteres auch mit dem turbulenten Weltgeschehen zusammenhing. Doch nahm Ihre Zweisamkeit, die bald eine Vielsamkeit wurde, guten Verlauf, gebaut auf der Grundlage dessen, was Sie im Brief vom 22. Oktober 1793 kurz und klar verlauten ließen, nämlich, dass Sie diesen Friedrich Wilhelm lieben – nicht auf den ersten Blick, doch zunehmend mehr. Jene »glücklichen Tage«, von denen Sie schreiben – Frühling und Sommer, ohnehin jeder Liebe günstige Zeiten –, fielen in das Jahr 1793.

»Mein Kopf läuft mit meinem Herzen nicht davon«

Als eigentlichen Beginn dieses Glücksjahres nehme ich den 13. März 1793. Wenige Tage zuvor hatten wir in Hildburghausen meinen siebzehnten Geburtstag heiter und vergnügt gefeiert. Und Friederike, meine jüngere Schwester, ebenso wie ich mit vielen Vornamen bedacht – Friederike Karoline Sophie Alexandrine –, war Anfang März fünfzehn Jahre alt geworden. Unsere Großmutter, Prinzessin Marie Luise Albertine, geborene Gräfin zu Leiningen-Heidesheim und Dachsburg, verehelichte von Hessen-Darmstadt, verwitwete ebenso (die jeder nur Prinzessin George, sprich »Schorch«, nannte), bereitete schon für den 16. März ihren vierundsechzigsten Jubeltag vor. Zu Großmama sagten wir, besonders in zärtlichen Momenten, »Mabuscha« oder auch »Babuschka«. Sie vertrat die Meinung, Freudigkeit sei die Mutter aller Tugenden. Das ist doch sehr sympathisch, nicht wahr?

Im Oktober des Vorjahres flohen wir aus Darmstadt, man darf wohl sagen, Hals über Kopf, vor den französischen Revolutionstruppen nach Hildburghausen zu meiner älteren Schwester Charlotte – Georgine Luise Friederike, unter uns »Lolo« gerufen –, vermählt mit dem Herzog von Sachsen-Hildburghausen. – Frankfurt, Worms, Speyer und Mainz waren bereits gefallen. Nun begab es sich aber, dass im Dezember preußische Soldaten und hessen-kasselsche Grenadiere die Franzosen wieder aus Frankfurt verdrängten. Friedrich Wilhelm II., der Preußenkönig, schlug daraufhin in der Stadt sein Hauptquartier auf. Die Winterzeit brachte Ruhe in die Kampfhandlungen. Dieser Umstand gab unserer Großmama ein gewisses Gefühl der Sicherheit, und sie erwog zu Beginn des neuen Jahres eine Rückkehr nach Darmstadt.

Die Reise verschob sich. Dann aber, überraschend und überstürzt und von Friederike und mir gar nicht mit Freuden begrüßt, reisten wir, alleinig etwas getröstet durch das Versprechen, in Frankfurt einen Tag Zwischenstation zu machen. Wir ließen Hildburghausen ebenso plötzlich hinter uns, wie wir es betreten hatten.

An jenem 13. März rollte unser hochbeladener Reisewagen (unten rot und oben von dunklem Grün, ich weiß es noch genau) durch Frankfurt und hielt vor dem Hotel »Weißer Schwan«, dazumal ein nobles Haus am Ort. Wie immer hatte Großmama die Vorbereitungen, trotz der Eile, mit der wir aufgebrochen waren, gut getroffen. Und sie war, wie ich später erkannte, eine vorzügliche Strategin. Gegen 5 Uhr nachmittags, soeben angekommen, begrüßte uns Geheimrat Kümmelmann. Wir kannten ihn aus Hildburghausen. »Rasch, rasch umziehen und ins Theater!« Das vernahm ich gern, denn ich liebte das Theater, insbesondere das Schauspiel. Mabuscha drängte. Das tat sie, weil sie wusste, dass ich ein bisschen trödelig bin. Was uns an großer Robe fehlte, kaschierte ich durch leichte Schals. Die Vorliebe für dieses Accessoire blieb mir.

Ich ahnte nicht, was uns im Komödienhaus erwartete. Die Schwester unserer grand-mère, Gräfin Leiningen-Guntersblum, besaß im Theater eine Loge, die man für uns bereits reserviert hatte. Als wir das Haus betraten … stand ich dem König von Preußen, Friedrich Wilhelm II., gegenüber, verlegen und neugierig zugleich. Die Großmutter stellte Friederike und mich vor. Er gab sich sehr charmant. Danach soll er seiner Frau, der Königin Friederike, geborene von Hessen-Darmstadt, einer Cousine meiner Mutter, nach Berlin mitgeteilt haben: Die Prinzessin George hätte ihm ihre beiden »herrlichen Kindeskinder« präsentiert. Da sie die Töchter des

Prinzen von Mecklenburg wären, seien sie demnach auch die Nichten der Königin von England. Ja, das waren wir! Unsere Schönheit habe ihn frappiert und ganz außer sich gebracht. Und er wünsche sich nur, dass seine Söhne Friedrich Wilhelm und Ludwig diese beiden Engel sehen könnten. Und wenn es sich ergeben sollte, sich gleich in sie verlieben. Ich nehme vorweg, dass es geschah, mehr oder minder glücklich.

Die Vorgeschichte unserer ersten Begegnung ist sehr amüsant. Friedrich Wilhelm erzählte sie später mit der ihm eigenen Ehrlichkeit. Er war im dreiundzwanzigsten Lebensjahr und der »freyen Lebensart nicht abhold, ohne sie jedoch missbraucht zu haben«, wie er betonte. Man erwartete von ihm allmählich die Wahl einer Ehegefährtin. Kronprinzendasein verpflichtet! Doch Friedrich Wilhelm bestand auf einer Verbindung, die ihn auch glücklich machen sollte. Er habe nämlich stets ein Gefühl für Häuslichkeit gehabt. Was den Eigensinn betrifft, waren wir uns sehr ähnlich.

Von Friederike und mir hatte er gehört. Es ist mir genierlich, davon zu sprechen, aber man pries uns ihm an. Da ging also Friedrich Wilhelm kurz nach Weihnachten ins Frankfurter Theater, und man zeigte ihm in der Loge vis-à-vis zwei junge Damen. Sehr apart. Und dies seien die Prinzessinnen von Mecklenburg. Wir waren es aber nicht. Sondern die beiden Fräuleins von Barkhausen. Und es hieß, mit uns hielten sie keinem Vergleich stand. Des Kronprinzen Erwartung stieg beachtlich. Mit dem König reiste er nach Darmstadt. Dort müsse es sich begeben, dachte er. Aber Friedrich Wilhelm fand das Alte Palais leer. Wir waren nach Hildburghausen ausgeflogen.

Endlich der 13. März. Dass Großmama im Komödienhaus auf den Leining'schen Plätzen saß, ließ sich nicht verheimlichen. Der Kronprinz griff zu einer List – und es ging wieder daneben. Doch soll er selbst berichten: »Endlich in der Mitte des Monats März, als ich wieder im Schauspiel war, erfuhr ich, ich weiß nicht mehr durch wen, dass die Prinzeßinnen ganz bestimmt angekommen und im Schauspielhause uns, die wir in einer sogenannten grilliirten [vergitterten] Theaterloge waren, schräm über [schräg gegenüber]. So viel sich in der Entfernung beurtheilen ließ, schienen sie recht hübsch zu seyn … Ich erinnere mir noch, dass beide Prinzeßinnen mit einmal, als ihr Onkel der Prinz Georg von Darmstadt« (der Bruder unserer Mutter, mit dem wir uns recht gut verstanden) »zu ihnen hereintrat, mit vielen eigenthümlichen Anstand aufstanden, um ihn zu bewillkommen, und dass mir die Art, wie dieses geschah, selbst in der Ferne sehr wohlgefiel. Sobald das Stück endigte, ging ich, um mir ein Geschäft in ihrer Nähe zu machen, in die Nebenloge … jedoch gelang es mir nicht, sie eigentlich recht sehen zu können.«

Am nächsten Morgen, dem 14. März, fanden wir uns Aug' in Auge gegenüber. Der Frankfurter Oberbürgermeister Johann Nicolaus Olenschlager und dessen Frau, eine Mecklenburgerin, luden zum Frühstück ein. Man rechnete mit uns. Der Kronprinz war mir nicht unangenehm, ein wenig steif zwar, doch ganz passabel. Er schien aufgeregt zu sein und gestand es auch: »… meine Neugier und Erwartung war also auf das Lebhafteste gespannt. Endlich – erschienen sie … Graf Medem, der Flügeladjutant des Königs, hatte die Prinzeßinnen … schon früher gesehen, und da er gerade mit mir sprach, als sie hereintraten, zeigte er sie mir. Zuerst kam Prinzeß Friederike, dann … Luise. Beide recht hübsch, traten sie mit gefalligem Anstand in die Thüre. Letztere fiel mir wegen ihres schlanken Wuchses auf, und wegen einer flüchtigen Aehnlichkeit die sie … mit 2 jungen Damen meiner Bekanntschaft zu haben schien, von denen die Eine Julie Münchhausen vor Zeiten großen Eindruck auf mein Herz gemacht hatte.«

Graf von Medem stellte Friederike und mich vor. Friedrich Wilhelm hielt meine Schwester für die Ältere, da sie ihm »mehr formiert« vorkam. Auch sei sie im Gespräch aufmerksamer gewesen als ich, habe viel Grazie und etwas Verführerisches in ihrem Wesen, das habe er bei mir nicht entdecken können. Das Ergebnis des Dejeuners: Wir gefielen ihm beide. Als wir uns näher kannten, sagte er mir, an diesem Vormittag habe er schon innerlich den Entschluss gefasst, eine von uns zu wählen. Aber welche, das wusste er noch nicht.

Der Wirbel begann. Abends trafen wir uns auf dem Ball beim Kammerherrn von Wrede. Und tanzten und walzten. Eine meiner Passionen. Den Walzer, zu der Zeit noch nicht vollends comme il faut, liebte ich sehr. Der König kam und betrachtete unser Treiben mit sichtlichem Wohlgefallen. Friedrich Wilhelm verriet mir, der Vater habe ihn damals ermutigt, sich uns forsch zu nähern und diese Aufforderung mit den Worten unterstützt: Frische Fische, gute Fische. Der König gab sich oftmals sehr direkt.

Anderntags bat er die Großmama, Friederike und mich zu einer Festivität ins »Rothenhaus« auf der Zeil. Ich saß neben dem Kronprinzen. Wir plauderten, schwätzten munter drauflos. Und ich kann nicht verhehlen, dass er mir gefiel. Friedrich Wilhelm sprach berlinisch und ich eine Melange aus Hessisch und Pfälzisch. Ein komisches Klanggebilde, über das wir viel lachten.

Ich ahnte nicht, in welche Bedrängnis er inzwischen geraten war. Der königliche Vater legte ihm am selbigen Abend noch nahe, seine Wahl zu treffen. Darüber hinaus sollte er seinem Bruder Ludwig, Louis, wie man ihn rief, die gleiche Aufforderung überbringen. Wer – welche – das überließ der König seinen Söhnen. Friedrich Wilhelm tat, wie befohlen.

Jahre danach ging es mir durch den Sinn, wie man mit uns verfahren war … Aber es galt eben als rechtens und glückliche Fügung. Ich schob die Gedanken beiseite, denn das Weitere nahm, zumindest für mich, einen guten Verlauf.

Ludwig akzeptierte den väterlichen Auftrag wie einen Marschbefehl; ohne freudige Zustimmung, ohne Missbehagen zu zeigen. Wie die Wahl zu treffen sei, das gelte ihm wenig. Nun war der Kronprinz am Zuge. Er wog ab, sehr bedachtsam – nach seiner Art. Und erklärte, jetzt habe er »nach sorgfältiger Prüfung und Überlegung einen Entschluss gefasst«. – Der Entschluss war ich.

Nun folgte Ereignis auf Ereignis. Prinzess George möge noch bleiben, bat Friedrich Wilhelm II., es sei Wichtiges im Schwange. Ball bei Jean Henri Gontard, Ball bei von Bethmanns, Ball bei Manskopfs. Garderobewechsel, spät ins Bett, zeitig heraus – was mir von jeher schwerfiel. Den Montagnachmittag, am 18. März, erschien der König im Hotel. Großmama wies Friederike und mich aus dem Zimmer. Eine Ahnung beschlich uns. Sollte dies der Moment sein, wo sich eine tiefe Veränderung in unserem bisherigen Leben anbahnte? Ich war voller Aufregung, ich gesteh's. Hernach erfuhren wir sehr bald, was sich begeben hatte. Unsere erzählfreudige grand-mère – in Darmstadt sagte man über eine redselige Frau: »Sie schwätzt wie die Prinzessin George« – erging sich in Andeutungen, die eindeutig waren. Friedrich Wilhelm II., König von Preußen, warb für seine beiden Söhne um Friederike und mich als Ehegefährtinnen.

Mir verschlug's den Atem. Ich kannte den Kronprinzen nicht mehr als fünf Tage. Weiterzudenken hieße ja auch, meine Familie verlassen zu müssen. Nun begriff ich Friedrich Wilhelms vorsichtige Anfrage, ob er denn Hoffnung haben dürfe, mich gelegentlich in Berlin zu sehen.

Preußen, dieses ferne Land, dessen Mores bei uns nicht in bestem Rufe standen. Alles, alles stürmte auf mich ein. Und am Abend erneut Souper und Konzert bei einer honorigen Frankfurter Familie. Mein »Quasi-Bräutigam« saß neben mir. Zwischen uns breitete sich eine Stimmung aus, die anders war als an den Tagen davor, ohne dass wir darüber sprachen.

Die königlichen Söhne besuchten uns. Sie dankten der Großmama für ihre Einwilligung. Prinzess George meinte darauf, es wäre nun wohl angebracht, wenn die Paare sich jeweils in ein separates Zimmer begeben würden. Die Umsichtige hatte alles bedacht. – Da standen wir beide. Einer so verlegen wie der andere. Ich bemerkte, wie Friedrich Wilhelm nach Worten suchte, einige Phrasen vorbrachte und endlich kurz und knapp fragte, ob ich … Ja, ich wollte.

Neckisch war die Sache mit dem Kuss. Er frug, ob er dürfe – soll er's doch tun und nicht viel reden, dachte ich – und küsste mich.

Es blieb uns noch ein Tag. Schon am Morgen meldete sich der Kronprinz im Hotel. Er brachte mir die schönsten Blumen und einen goldenen, facettegeschliffenen Anneau [Freundschaftsring als Zeichen der Verehrung und Achtung]. Ich trug etwas Ähnliches an der Hand, und wir tauschten die Ringe. Friedrich Wilhelm hatte noch einen kostbaren Fächer mitgebracht und schrieb eine Widmung darauf: »Rien ne me console que Vous, puisque mon Coeur est à Vous.« [Nur Du tröstest mich, denn Dir gehört mein Herz.] Es berührte mich. Diese erste Liebesbezeugung blieb mir im Gedächtnis und in der Seele. – Friederike lebte mit zwiespältigen Gefühlen. Ludwig verhielt sich ihr gegenüber kühl und unpersönlich. Ich war darüber sehr betrübt.

Der Abschied von Frankfurt stimmte mich traurig, obwohl wir uns doch alle auf die Rückkehr nach Darmstadt freuten. War es ein Anzeichen dafür, dass ich zu lieben begann? – Die Aufregungen wurden nicht weniger. Man hatte sich darauf verständigt, die Verlobung von uns beiden Schwestern am 24. April in Darmstadt zu feiern. Im selben Jahr noch sollte die Hochzeit in Berlin sein. Daran dachte ich jetzt nicht. Dieses Ereignis stand vor mir wie ein Berg, den zu besteigen meine Kräfte nicht ausreichten. Zuvörderst wollte ich Gewissheit haben über den Mann Friedrich Wilhelm, und meine Gefühle für ihn. *Der Prinz war außerordentlich gut und gerade* und machte keine unnötigen Worte. *Er war erstaunend wahr.* Ich glaubte ihm, wenn er sagte, ich sei ein guter Mensch und gefalle ihm; denn geschmeichelt hatte er noch nie. Er kannte keinen Hochmut, war wohl ein wenig menschenscheu und verschlossen und verbarg seine Empfindungen. Fürchtete er, verletzt zu werden? Ich war ihm herzlich zugetan und schätzte seine Freundschaft.

Kaum in Darmstadt angekommen und in unserem Palais am Markt wieder eingerichtet, erschien überraschend Friedrich Wilhelm. Mich überfiel große Freude. Und gleichzeitig Bangen. Der Krieg griff in mein Leben ein. Truppenverschiebungen, Gefechte, Flucht. Wir hatten davon gehört, es erlebt. Doch nun betraf es einen Menschen, dem ich mich auf neue Art verbunden fühlte. Die Belagerung der französisch besetzten Stadt Mainz begann. Der Kronprinz hatte Frankfurt als Generalmajor der Reserve verlassen. Nach Guntersblum bei Oppenheim verlegte man das preußische Hauptquartier. Würde ich ihn wiedersehen können, bestand Gefahr für sein Leben?

Wir beschlossen, einen regen Briefwechsel zu unterhalten. Zuerst hatte ich Bedenken, denn die Rechtschreibung bereitete mir von jeher Schwierigkeiten. Ich sagte Friedrich Wilhelm ganz offen, dass ich orthografisch nicht korrekt schriebe, aber er müsse nun doch meine Fehler kennenlernen. Ich bekannte mich auch dazu, in der Kindheit nicht besonders fleißig gewesen zu sein. Deshalb könnte ich ihm die Gefühle meines Herzens eben nur fehlerhaft schreiben.

Unser Briefverkehr wurde sehr eifrig betrieben. Der Kronprinz meldete sich bereits zwei Tage nach dem Besuch in Darmstadt. Er nannte mich in dem Brief vom 26. März 1793 seine »entzückende Freundin«. Das beflügelte mich. – Dieser schriftliche Austausch war wie ein geheimes Gespräch, das die räumliche Trennung für kurze Zeit überbrückte. Es hatte jedoch damit seine Schwierigkeiten. Vater und Großmama bestanden darauf, dass ich ihnen die Briefe an Friedrich

Wilhelm vorlegte. Ihnen war es peinlich, wenn sie an meine schlechte Rechtschreibung dachten. Ich solle auch nicht zu zärtlich schreiben, legte mir die grand-mère nahe, das sei für ein Verhältnis, besonders zu Beginn, schädlich. *Ein Glück, dass die Gedanken und Empfindungen zollfrei sind.* Deshalb bat ich den Kronprinzen, er möge doch Nachrichten, die nur ihn und mich beträfen, auf gesonderte Zettel schreiben. Denn sonst bekäme ich Ärger mit der Großmutter. Obwohl sie eine aufgeschlossene Frau war, hielt sie streng auf Sitte. Wenn zum Beispiel die Gélieu, unsere Erzieherin, vorlas, besonders aus romantischen Liebesbriefen, die Großmama gern hörte, und es fanden sich darin suspekte Stellen, so rief Prinzess George: »Hüppe Se, hüppe Se, aber lege Se a Zege nei!« Sie wollte nämlich später nachlesen, was übersprungen worden war.

Natürlich schrieb ich Liebesbriefe. Ich musste sie nur an der Mabuscha und der Gélieu vorbeilavieren. Ich scheute mich auch nicht, in diesen Briefen dem Prinzen zu versichern, dass er der Mensch sei, den ich auf der Welt am meisten liebte. Und dass ich alles versuchen würde, um ihn glücklich zu machen.

Neben all den Eigenschaften, die ich an Friedrich Wilhelm schätzte, konnte er auch sehr pedantisch sein. Späterhin gerieten wir dieserhalb manchmal aneinander. Seiner Gewissenhaftigkeit, ich möchte es doch so nennen, ist andererseits zu verdanken, dass er alle Briefe und Zettelchen und Dingelchen bewahrte, die wahrscheinlich für die Nachwelt Bedeutung erlangen konnten.

An den Kronprinzen Friedrich Wilhelm

Darmstadt, den 2. April 1793 um Mitternacht

Guten Abend, mein guter Freund … Sie schlafen vielleicht schon, denken vielleicht an die schönsten Dinge, aber bei alledem bin ich sicher, dass Sie nicht so zufrieden sind wie ich, denn da ich das Vergnügen habe, an Sie zu schreiben, habe ich gleichzeitig zweierlei, die Annehmlichkeit, mich Ihnen auf einige Augenblicke zu nähern, zwar nur in Gedanken, aber das ist immerhin schon etwas, und dann die feste Überzeugung, dass Sie mich mit Vergnügen lesen. Das sind zwei Freuden, die ich genieße und die noch größer sein würden, wenn Sie mir gewiss sagen könnten, dass ich Sie bald wiedersehen werde und wenn man es nicht dem Zufall überlassen müsste, uns zu vereinigen. Verzeihen Sie mir diese ewigen Wünsche. Sie müssen glauben, Ihre Verlobte ist eine kleine Unersättliche, die niemals zufrieden ist … Da der Bote nicht jeden Tag geht, bitte ich Sie, mir mitzuteilen, wie ich Ihnen meine anderen Kritzeleien schicken soll, die, das kann ich Ihnen versichern, geschmiert wie sie sind, doch immer nur dasselbe sagen werden, nämlich, dass ich Ihnen sehr zärtlich zugetan bin … Vor meinen Fenstern ist ein wildes Katzenkonzert, so dass ich mich beinahe fürchte, dazu noch die Müdigkeit und die Kälte … Überlege ich, so ist es besser, mich des Vergnügens der weiteren Unterhaltung mit Ihnen zu berauben … Leben Sie also wohl, lieber Prinz, mein Gebet folget Ihnen überall, denken Sie manchmal in Ihren Mußestunden an Ihre treue Freundin.

Luise

Eigentlich brauchte ich ihn nicht zu bitten, uns zu besuchen. Er ergriff jede Gelegenheit, um nach Darmstadt zu kommen. Jedes Mal dachte er sich etwas Freundliches aus, womit er mich überraschen konnte. Anfang April, als Friedrich Wilhelm unser Gast war, nutzte er die Gunst des Augenblicks. Ein Frankfurter Kaufmann hatte uns allerlei modisches Zeug geschickt – zur gefälligen Ansicht und Auswahl und zu eventuellem Erwerb. Die Kartons standen im Vorzimmer. Der Kronprinz warf einen Blick darauf und bat mich, einen Caracon – das ist eine Schoßjacke – nach meinem Geschmack zu wählen. Das tat ich sehr gern, obwohl ... die Angebote hatten ihren Preis. Ich zögerte. Dann entschied ich mich für eine aus feinstem Leinen gearbeitete Jacke, die mit wunderbaren Rosen über und über bestickt war. Ich schämte mich ein bisschen, aber sie gefiel mir doch.

Ich durfte mir schmeicheln, dass Friedrich Wilhelm aus Zuneigung zu mir in das Alte Palais in Darmstadt kam. Doch fühlte er sich offenkundig auch wohl im Hause der Babuschka und in der Gesellschaft unserer großen Familie. Wahrscheinlich vermisste er aus seinem eigenen Erleben den vertrauten, familiären Umgang miteinander, wie er bei uns waltete. Und es musste ihm als nie gekannte Freiheit erscheinen, wenn wir uns – nach der Gewohnheit – ungebunden, manches Mal etwas laut und wild verhielten. Friedrich Wilhelm brachte bei den Besuchen oft seinen Adjutanten Johann Georg von Schack mit. Ich mochte ihn. Er half uns, wenn die grand-mère mit ihrem nie enden wollenden Redefluss uns die Zeit stahl. Schack übernahm es, sie abzulenken.

Dass ich den Prinzen zum Lachen bringen konnte, fand ich bald heraus. Da gab es zum Beispiel diese Scherzzeilen mit der Petersilie. Als sie mir wieder einfielen, schrieb ich sie sofort für ihn auf. Aber die Gelegenheit war ungünstig, denn Fräulein Marico frisierte mich eben. Ich musste auf meinen Knien schreiben, und da war *nicht genug Platz für meine beiden dicken Pfoten.* Trotz alledem mühte ich mich redlich: *Grüne Peterzielge, grüne Peterzielge, grüne Peterzielge und Krautsalat.* Außerdem hatte ich Friedrich Wilhelm das Lied von der Katz' gelehrt: Unsre Katz' hat Junge, / sieben an der Zahl, / sechs davon sind Hunde, / es ist ein Skandal, / und der Kater spricht, / die ernähr ich nicht! – Es gefiel ihm so gut, dass er es mehrfach zum Ergötzen der Zuhörer sang, und niemand erriet, woher er es kannte. Ich glaube, mein Bruder Georg hatte recht, wenn er verkündete: »Die Luis ist ein Närrin.«

Nachrichten dieser Art mussten selbstverständlich außerhalb der großmütterlichen Zensur lanciert werden.

Friederike und ich versuchten auf jegliche Weise, unseren Verlobten nahe zu sein. Sofern wir uns nicht sehen konnten, halfen Briefe und kleine Porträts über die Trennung hinweg. Der Kronprinz wünschte sich von mir ein Bild, und ich wünschte mir das seinige. Es sollte nicht größer sein als mein Handteller. Die Bitte erfüllte ich ihm gern. Nun saß ich bereits das dritte Mal einem Maler, der eine sonderbare Malweise an den Tag legte. Nichts weiter als die Größe meiner Augen (die bekanntlich nicht groß sind) und die Umrisse von Nase und Mund waren bisher skizziert. Und es sah mir überhaupt nicht ähnlich. Was das wohl werden würde. Ich sagte ihm, er solle mich ganz einfach abbilden, *nichts auf dem Kopfe und weißgekleidet.* Denn mein Verlobter liebe das Simple.

Nur noch sieben Tage bis zur offiziellen Doppelverlobungsfeier. Großmama, Papa, unsere Geschwister, Cousinen, Cousins, Onkel, Tanten, ja ganz Darmstadt, alles geriet in helle Aufregung. Häuser und Straßen standen in schönstem Schmuck. Unterkünfte und Palais' hatten Logiergäste bis unters Dach. Zur großen Freude kamen Charlotte aus Hildburghausen und aus Regensburg Therese – unsere beiden älteren Schwestern mit ihren Familien.

Am 24. April in der Mittagsstunde zog Friedrich Wilhelm II. mit großem Aufgebot durch die Stadt. Unser großväterliches Palais empfing die Gäste zur feierlichen Handlung im lichten Saal der Beletage. Friederike und Ludwig, Friedrich Wilhelm und mir galt das Gepränge. Geteilte Gefühle aus Erwartung, frohem Mut, Verunsicherung, Ungewissheit – und Zärtlichkeit für den Mann an meiner linken Seite bewegten mich. Der König selbst sprach freundlich-würdevoll, steckte uns die Ringe an und legte unsere Hände ineinander. – Dann begann ein Festtaumel, der bis zum 29. April anhielt. Am Tag nach dem Verlobungsfest eröffnete ein Maskenball im Schloss die Suite der Vergnügungen.

Und danach? Danach war ich tieftraurig. Ich machte mir Sorgen um den Kronprinzen, der sich unwohl fühlte, als er uns verließ. Sicherlich war es auch die Erschöpfung nach der Unmenge der Vorgänge, die mich melancholisch werden ließ. Hinzu kam, dass man beabsichtigte, das preußische Hauptquartier nach Bodenheim bei Mainz zu verlegen. *Ach du Unglück aller Unglücke!* Die Entfernung zwischen Friedrich Wilhelm und mir würde sich erheblich vergrößern. Unser Palais am Markt und die Stadt waren so still geworden. In mir fühlte ich eine große Leere. *Es gibt Tage, an denen man gerne traurig ist …*

Die vielen Glückwünsche zur Verlobung zu beantworten brachte mich auf andere Gedanken. Mabuscha und die Gélieu achteten darauf, dass ich nicht in Verzug geriet. Aber es geschah trotzdem. Briefe nicht rechtzeitig zu beantworten oder sie nicht zu beenden blieb auch fernerhin ein Mangel, den ich bekämpfte, aber nicht bewältigte. Das hatte seine Gründe. Es kam nämlich meistens Unvorhergesehenes dazwischen: Zahnschmerzen, Fieber, heftiger Schnupfen, so dass ich beim Schneuzen fürchtete, *etwas von meinem Gehirn sei mit weggegangen*; Besuche oder die Dunkelheit hinderten mich am Weiterschreiben.

Diesmal waren es wirklich Fieber und eine geschwollene Backe, die mich plagten. Aber die Dankesbriefe nach Berlin standen noch aus. Ich griff zu einem Notlügenplan. Der Kronprinz, besser wohl Herr von Schack, mögen doch nach Preußen von meinen Schmerzen berichten, *auf meine Verantwortung übertreiben, noch einige Tage hinzufügen; auch einige Grad Fieber mehr.* – Als ich dieses Ansinnen meinem Verlobten schriftlich vortrug, saß Friederike neben mir. Und trotz des Zahnwehs fanden wir Spaß daran, den Brief im Pas de deux fortzusetzen:

Leben Sie wohl, Friederike umarmt Sie, und ich begrüße Sie von meinem Bette aus, denn dort bin ich noch, obwohl es 1 Uhr ist; aber ich versuche auf alle Weise, meine Schmerzen loszuwerden. *Luise*

Luise ist darauf versessen, dass ich Sie immer umarmen soll, und ich empfinde sehr wohl, dass Ihnen das lästig werden muss; drehen wir die Sache also um, dass Luise sie umarmt und ich Sie begrüße, oder dass ich Sie nach ihr umarme. *Friederike*

Ich habe honte de Ihnen das zu envoyiren, denn es steht gar zu enfant. *[Luise]*

Dies Luisch ische wäri Närrin. *[Friederike]*

Frederike ist es. *[Luise]*

Das lügt sie aus dem Rachen heraus. *[Friederike]*

In Darmstadt

600 Häuser und 10 000 Seelen hat Darmstadt, so steht es im Staats- und Adresskalender von 1780. Ein Reisender aus dieser Zeit, Johann Kaspar Riesbeck, beschrieb die Vorzüge:

»... wenn mich das Schicksal den Ort meines Aufenthaltes frei wählen ließe, so wäre es dieser. Man ist in der Mitte zwischen vielen großen Städten, die alle nicht weit entfernt sind, hat eine Gesellschaft, so gut, als sie nur die größte Stadt geben kann, kann das Ländliche mit dem Städtischen ungemein schön verbinden, genießt sehr gute Luft und die ausgezeichnetsten Lebensmittel um den wohlfeilsten Preis.«

Die geografischen Angaben treffen zu, die städtebaulichen und bevölkerungspolitischen sowie sonstigen Hinweise erhielten inzwischen etliche Nachbesserungen.

Die ehemalige großherzogliche Residenzstadt betrete ich über die Rheinstraße. Fernher schon fällt die Ludwigssäule auf dem Luisenplatz in den Blick. Der 40 Meter hohe Säulenschaft trägt Großherzog Ludwig I., der bis 1806 schlicht als Ludwig X. regierte. Und der Luisenplatz, den ich unbedacht »Preußens Luise« zuordnete, gilt ihrer Tante, der Großherzogin. In Schlossnähe reitet, einem Imperator gleich, der nächste Ludwig, der IV., den »sein treues Hessenland« ehrt.

Blumen- und Obststände auf dem Markt verströmen Düfte. Buntes Gewimmel und Lärm und einladende Caféhaus-Atmosphäre im Freien. Vergebens suche ich nach dem Palais der Prinzessin George. Darmstadt litt im Zweiten Weltkrieg erheblich. Seine Wunden sind verheilt, die Narben geblieben. Am großen Gebäudekomplex von Henschel & Ropertz – »Ihr Haus für Mode und Einrichtung« – entdecke ich zwei Tafeln. Eine zeigt im Relief das alte schlossartige Doppelgebäude, in dem der mecklenburg-strelitzsche weibliche Nachwuchs sich tummelte. Dazu der Text: »An dieser Stelle stand im 18. Jahrhundert das Palais am Markt, das zuletzt Landgraf und Landgräfin Georg Wilhelm [das ist die Mabuscha mit ihrem Mann] gehörte. Luise von Mecklenburg-Strelitz, später Königin von Preußen, hat hier im großelterlichen Haus in den Jahren 1786–1793 gelebt. Am 21. Dezember 1820 wurde hier die Verabschiedung der endgültigen Verfassung des Großherzogtums Hessen gefeiert. Der damit geschaffene Landtag hat mehrere Jahre im Marktpalais getagt.« Demokratischer Wind zog durch die Räume.

Hernach wechselte das Palais mehrfach den Besitzer, wurde Geschäftshaus, ließ Abbrüche und Umbauten über sich ergehen. 1897 eröffnete darin die »Firma Gebrüder Rothschild« ein »Manufakturwaarengeschäft« und konnte »gute solide Waaren zu außergewöhnlich billigen, aber streng festen Preisen in großer Auswahl« anbieten.

Vom Fortgang dieser Firma (nunmehr Henschel & Ropertz) berichtet die zweite Tafel am Haus. Auch über die traurigen Konsequenzen, die sich für eine Familie unter dem Nazi-Regime ergaben, wenn sie Rothschild hieß ... Nach der Bombennacht vom 11./12. September 1944 blieben von dem einst stattlichen Gebäude nur die Fassaden stehen. Vorbei, vorbei. – Ich sitze auf der Dachterrasse des modernen Modegeschäftes bei einem Cappuccino. Dicht neben mir blinkt das Zifferblatt der Uhr vom Weißen Turm in der Mittagssonne. Der Blick reicht weit über die Stadt.

Luise schrieb in einem ihrer Briefe an Kronprinz Friedrich Wilhelm, als Aussicht bestand, ihn bald zu treffen: *Gestern Abend tanzte ich in allen Zimmern umher und schrie: Ich segn mei Schatz witter, ich segn mei Schatz witter!!!*

Um sich das Haus vorzustellen, in dem »Luisch« ihren Überschwang austanzte, wird man nun darüber nachlesen müssen. Der Oberwachtmeister Hans Reinhard von Uetterrod baute

1682 am Markt das »Kerngebäude«. Nach seinem Tod erhielt es Ludwig VIII. durch Kauf. Man stockte es auf, setzte ein Mansarddach darüber und rahmte die Durchfahrt in barockem Stil. Rückwärtig, marktabgewandt, wurden Seitenflügel angesetzt und diese mit Mauern und kunstvollem Gittertor verbunden. Über der Durchfahrt nahm ein Speisesaal fast die ganze Breite der Marktfront ein. Im Obergeschoss denke man sich eine Zimmerflucht. – Auf alten Zeichnungen zur Raumgestaltung des Marktpalais sind zierliche Muster für Täfelungen und schöne Ornamente für die Parkettböden zu sehen.

Ludwig VIII. schenkte das Anwesen seinem jüngeren Sohn Georg Wilhelm (Luises Großpapa), den er offenkundig etwas vorzog. Und dieser erweiterte das wohnliche Schlösschen um einen Neubau an der Marktfront: das »Mecklenburgische Palais«. Gedacht als Absteigequartier für seinen Schwiegersohn Karl von Mecklenburg-Strelitz und dessen Familie.

Ein reisender Zeitgenosse und Berichterstatter besuchte die gastfreundlichen Bewohner: »Prinz Georg wohnt nicht im Schloss, sondern in einem besonderen Hause, das unter der Bezeichnung ›Palais‹ bekannt und nahe beim Schloss gelegen ist. Die Zimmer darin sind angenehm und gut eingerichtet; sehr schön ist der Saal, den der Prinz neuerlich hat anbauen lassen; überhaupt kann man sagen, dass dieser Herr in allen Stücken große und schöne Einrichtungen macht; auch hält er gute Tafel und ansehnliche Dienerschaft. Fremde und Einheimische empfangen sehr viel Gnade und Höflichkeit daselbst.«

In der evangelischen Stadtkirche in der Nähe des Marktplatzes probt ein Chor a capella für die »Europäischen Kirchenmusiktage« in Darmstadt. Ich höre eine Weile zu und gehe dann – im Sinne des Wortes – auf leisen Sohlen durch das Kirchenschiff. Auf der Suche nach einem besonderen Luisen-Gedächtnis-Hinweis. Im Altarraum finde ich ihn. Den Text umwindet ein Schleifenband. Er lautet: »Luise, Prinzessin von Mecklenburg-Strelitz, Enkelin des Landgrafen Georg von Hessen, Königin von Preußen, wurde am 15. Juni 1792 in dieser Kirche konfirmiert.« Der Chor intoniert und jubiliert derweilen Paul Gerhardts Sommerlied: »Geh aus mein Herz und suche Freud ...« Draußen in der Maischwüle klingt es noch nach und mengt sich in die Stimmen der Straße.

Was für viele historische Bauten der Stadt zutrifft, gilt auch für das Schloss: Im Krieg bis auf die Grundmauern zerstört, ein Großteil des wertvollen Inventars verbrannt; mit Beharrlichkeit wiedererbaut und mit Hingabe in den Räumen der neu erstandenen Seitenflügel museale Sammlungen eingebracht. Kabinette, Säle, Salons – feine Porzellane, Chinoiserien, Gobelins und auserlesene Tapeten. An den Wänden schöne vollbusige Damen im Porträt und kühn blickende, ordengeschmückte Herren.

Überall begegne ich Angehörigen der hessisch-darmstädtischen Großfamilie. Luises Urgroßvater Ludwig VIII., der, wie man sagt, eines seligen Todes in seiner Theaterloge starb, als eben das Stück zu Ende ging. (Erbte Luise die Theaterleidenschaft von ihm?) Ludwigs des VIII. kluge Schwiegertochter Henriette Karoline, die »Große Landgräfin«, vom Preußenkönig Friedrich II. hoch geachtet und mit der geistigen Elite ihrer Zeit in enger Verbindung. Das bekannte Gemälde von Antoine Pesne zeigt sie in Galarobe mit dem blumenbringenden Mohren. Anders ihr Gemahl Ludwig IX., der »Soldatenlandgraf«. Der Herr mit den schräggestellten Augen präsentiert sich, seiner Leidenschaft gemäß, in den unterschiedlichsten Uniformen.

Dann sehe ich, einträchtig beisammen, das hessisch-darmstädtische Großelternpaar im Familienverbund. Die »Mabuscha« mit ihrem Gemahl Georg Wilhelm und dem Gewusel der Kinder, darunter Luises Mutter Friederike, ihre Stiefmutter Charlotte und der Lieblingsonkel – weil er lustig, locker, lebhaft war – Georg Karl.

In den Wandvitrinen einer Galerie erfreuen festliche Damenroben jedes weibliche Auge (das männliche nicht minder).

»Neun Kleider aus dem Besitz der Königin Luise«, sagt die Ausstellungsführerin. Nachzulesen im Inventarverzeichnis ist allerdings: »Sie [die Kleider] gehören wie alle anderen Kleider in das Umfeld der Königin. Ob sie die Kleider wirklich getragen hat, ist fraglich.« Gleichviel, die Roben sind modisch gearbeitet, zeugen von bestem Geschmack, zeigen ausgesucht kostbares Beiwerk. »Wirklich getragen« oder nicht, die Trägerinnen waren von sehr schlanker Gestalt. Es überwiegt der Empire-Stil.

Silberne Tüllverzierung mit champagnerfarbener Seide unterlegt. Blassgrüner und roséfarbener Samt kombiniert. Oder mit seidenen Röschen besteckt, silberbestickt und mit wehender Tüllschleppe versehen. Goldstickerei auf warmtönigem, dunkelgrünem Samt. Perlenbestickte, weiße schimmernde Seide. Oder isabellfarbener Seidenstoff, mit feinen goldenen Sternen übersät. Dazwischen hängen Porträts der mecklenburgisch-strelitzschen Schwestern Friederike, Luise, Therese. Sämtlich modebewusste Damen, die sich attraktiv herausputzten.

Nur wenige Schritte vom Residenzschloss entfernt, am ehemaligen Hoftheater vorbei, welches jetzt das Stadt- und Hessische Staatsarchiv beherbergt, erreicht man den »Herrngarten«. Eine weiträumige grüne Wohltat. Aus dem 1529 erstmals genannten Lust- und Nutzgarten der Schlossherrschaft entstand eine Barockanlage. Und aus dieser, von der »Großen Landgräfin« so gewünscht, ein Englischer Garten. Inmitten von Eiben und Buchenhecken ruht Henriette Karoline unter einem Efeuhügel im schönen Park. Friedrich II. – so weit ging seine Verehrung – stiftete ihr eine Graburne mit der Aufschrift: Hier ruht Henriette Christine Karoline Luise Landgräfin von Hessen. Von Geschlecht eine Frau, an Geist ein Mann ... die Erde sei ihr leicht! (Übersetzung des lateinischen Textes)

Auf den Rasenflächen unter Baumriesen lagern junge Leute mit Kindern, Kaffee und Kuchen. Ein Meditationszirkel tagt. Zwei ältere Herren setzen auf einem Großschachbrett bedächtig die Figuren.

Im angrenzenden Prinz-Georg-Garten öffnet sich eine andere Welt. Überbunte Blumenrabatten hofieren akkurat ausgerichteten Zwergobstbäumen, säumen kleine Flächen, auf denen Gemüse prächtig gedeiht. Niedere Buchsbaumhecken laufen wie grüne Zäune an den symmetrischen Wegen entlang. Springbrunnen plätschern, gebogte Sandsteinbänke locken zum Verweilen und Gedichtelesen. Es duftet nach Lauch und Levkojen.

Das einstmalige Gärtchen in Dreiecksform wuchs nach Süden, berührte dort ein zweites Grundstück, welches dem Generalleutnant Johann Rudolf von Pretlack gehörte. Luises Ururgroßvater baute in seine Gartenlust ein Sommerhaus mit Stallungen und Remise. Herr von Pretlack tat Ähnliches und ließ die Fassade des Neubaues über und über mit Blüten, Blättern und Rankenwerk bemalen. Den floralen Schmuck kann man nach der Restaurierung wieder bewundern. Der nachfolgende Ludwig vereinte beide Anlagen und schenkte die Augenweide samt Palais und Pretlackschem Gartenhaus Luises Großvater. Es blieb ein Garten, in dem sich das »Schöne mit dem Nützlichen« vereinte.

Prinzessin George und ihr Gemahl – nach dem der Garten fortan hieß – hegten, pflegten und verschönerten ihn auf vielfältige Art. Teehaus und Orangeriegarten mit Heckentheater, Monopterus und eine attraktive Sitznische. In der warmen Jahreszeit wurden Haus und Garten zum beliebten Vergnügungsort der Darmstädter Hofgesellschaft, vor allem aber zum bevorzugten Aufenthalt der Familie des Prinzen Georg.

Im Treppenhaus des Palais, das eine wertvolle Porzellansammlung bewahrt, treffe ich die mir inzwischen Vertrauten wieder. Unter ihnen der Herr Papa Karl von Mecklenburg-Strelitz, Georg, der geschätzte Großpapa, auch Friederike, Luises Mutter.

Den Festsaal in der oberen Etage durchflutet die Sonne. Ornamente und Stuckaturen geben ihm Leichtheit. Im Deckenlüster bricht sich das Licht.

Im Grünen Kabinett (Kelsterbachzimmer) hängt ein Porträt der jungen Marie Luise Albertine von Hessen-Darmstadt. Ihre ebenmäßigen Züge, die hellen heiteren Augen und ein hübscher Blumenschmuck in der Lockenfrisur machen sie gefällig und sehr verführerisch. War sie es, die in ihre Familie die Schönheit einbrachte?

Unter den ausgestellten Porzellanen lenkt eine Prunkvase der Königlichen Porzellanmanufaktur Berlin (KPM) mit Ansichten von Schloss Charlottenburg und dem Berliner Kronprinzenpalais die Gedanken nach Preußen.

»Man ist nie dümmer, als wenn man wünscht, recht artig und angenehm zu sein«

Es ist an der Zeit, von meiner Herkunft zu erzählen und weshalb mich die Nächststehenden »Louise l'etourdie« nannten; die Schusselige, die Wirbelige, die Fahrige, die Unruhige.

Obwohl der Name anderes vermuten lässt, kam ich nicht im mecklenburgischen Strelitz, sondern in Hannover im Palais an der Leinestraße zur Welt, wie auch meine Geschwister. Das Land meiner väterlichen Familie sah ich erst viele Jahre später.

10. März 1776: »Accouchée pour la 6ème fois, à 7 heure du matin, d'une 4ème fille.« Nach dieser Tagebuchnotiz war ich die vierte Tochter der Eltern, die sechste Entbindung meiner Mutter und bin an einem Sonntag morgens um 7 Uhr geboren.

Unter uns vier Schwestern kursierten Kosenamen. Charlotte, die Älteste, hieß »Lolo«. Wir nannten sie auch unsere »Singeschwester«, weil sie über eine schöne Stimme verfügte. Die Eigenschaft hatte sie wohl von Papa, der vorzüglich im Tenor sang. Therese war das »Röschen«, Friederike, die Jüngste von uns, »Ika« oder »Ixelchen«; und zu mir sagten sie »Luisch« oder »Lofice«, »Jungfer Husch«, das rührte von meiner Quirligkeit her.

Unser Vater, Generalleutnant und Gouverneur von Hannover, vertrat die Interessen des englischen Königs Georg III., seines Schwagers, der gleichzeitig Kurfürst von Hannover und unser englischer Onkel war. Seiner Gemahlin, Sophie Charlotte von Mecklenburg-Strelitz, Tante Sophie, zu Ehren erhielt die seltsam-schöne Paradiesvogelblume den Namen Strelitzia reginae. An Mama erinnere ich mich nur als an ein freundlich-warmherziges Wesen, ohne dass mir erkennbare Züge von ihr im Gedächtnis blieben. Die »Frau Gouverneur« soll sehr anmutig gewesen sein. Blaue Augen zu blondem Haar und lebhaft und umgänglich.

Durch Papas Stellung oblagen den Eltern viele Pflichten. Doch blieb Zeit für Reisen. Nach Pyrmont, das Papa gern aufsuchte; nach Celle zu seinem jüngeren Bruder Ernst; in die Schweiz. Vor allem aber nach Darmstadt. Marktpalais und Schloss boten jederzeit lebensfrohen, wohlbefindlichen Aufenthalt.

Im August 1779 wurde Bruder Georg geboren. Mit ihm, wie auch mit Friederike, verband mich zeitlebens eine enge Vertrautheit. Drei Jahre danach verstarb unsere Mutter, *ein Verlust, der immer in meinem Herzen eingeprägt bleiben wird – der Himmel belohne sie so, wie sie es verdient.*

In Darmstadt lebte auch Großpapa Prinz Georg nicht mehr. Mabuscha vermisste ihn. Auf sein Epitaph in der Stadtkirche ließ sie schreiben: »Dem geliebtesten Gemahle … setzt dieses Denkmal … M[arie] L[uise] A[lbertine] … die der Selige durch seinen Tod zum erstenmal betrübte.«

Bei Prinzessin George im Marktpalais blieben noch drei ihrer Kinder, darunter auch Mutters Schwester Charlotte. Wir kannten sie, wir konnten sie gut leiden. – Herr Friedrich Justinian von Günderode, ein Reisender, lernte Charlotte 1781 bei einem Besuch in Darmstadt kennen und sprach emphatisch von ihr: »Prinzeß Charlotte ist ausgezeichnet gut gewachsen, von edelm Anstande, blond und weiß, mit großen blauen Augen, von sehr angenehmem Umgang, mit bon sens und der über alles so schätzbaren Eigenschaft eines edeln Herzens begabt.« Vater heiratete sie, und sie wurde unsere zweite Mutter.

Die eingekehrte Ruhe in der Familie währte nicht lange. Nur wenige Tage nach der schwierigen Geburt unseres Stiefbruders Karl teilte Charlotte das Schicksal ihrer Schwester und starb am Kindbettfieber. Es blieb ein trauriges Jahr. Lolo hatte im September 1785 den Herzog Friedrich von Sachsen-Hildburghausen geheiratet und verließ uns, zusammen mit Fräulein Magdalena von Wolzogen, die sich als Mutters Hofdame und Freundin auch für unsere Erziehung verantwortlich fühlte. Ich verursachte ihr so manches Ärgernis durch meinen Starrsinn und den Mangel an Disziplin und Ernsthaftigkeit beim Lernen. Doch ihr Weggang betrübte mich. Zumal wir in Fräulein Agier eine immer mäkelnde Gouvernante als Nachfolgerin bekamen, die uns maßregelte und unentwegt mit Verboten belegte. Die Darmstädter Großmama entrüstete sich ebenso wie wir Kinder über die agierschen Erziehungsmethoden – und die Dame erhielt den Abschied.

Mabuscha, aufgeweckt und couragiert, wie sie war, sorgte für eine Neue. Am 21. Mai 1785 erschien Fräulein Salomé de Gélieu aus Neufchâtel in der Schweiz im Marktpalais. Mit unseren Eltern weilten wir in diesen Tagen bei Prinzessin George. Zum Kennenlernen blieb genügend Zeit. Mademoiselle war eine kleine zierliche Brünette, die Schuhe mit hohen Absätzen trug und sich sehr gerade hielt.

Die Gélieu sollte uns vorerst in der englischen und französischen Sprache unterrichten. Nachsicht und Strenge verstand sie im rechten Maß anzuwenden. Und sie hatte freundliche, gute Augen. Ihre Vorstellungen von Menschenführung trafen sich mit Rousseaus Ansichten von der »natürlichen Erziehung«. Wenn er sagte: »Die Natur will, dass Kinder Kinder sind«, so war das auch im Sinne unseres Vaters und dem der grand-mère; diese Erkenntnis gefiel uns allen.

Bis in den Spätsommer hinein blieben wir in Darmstadt und kehrten dann, gemeinsam mit Mademoiselle, ins Palais an der Leinestraße zurück. Doch nur zu einem Zwischenaufenthalt. Denn Papa beschloss nach dem Tod seiner zweiten Frau, Therese, Friederike und mich der Großmama anzuvertrauen. Georg und unseren Stiefbruder Karl behielt er vorläufig bei sich in Hannover. Wir reisten also im darauffolgenden Frühjahr (1786) wieder südwärts.

Nach einem weiteren Jahr legte Papa sein Gouverneursamt nieder und übersiedelte mit unseren beiden Brüdern ebenfalls nach Darmstadt. Er war von jeher reisefreudig. Man traf ihn selten längere Zeit an einem Ort an. Das galt auch für die nun folgenden Darmstädter Tage. Ihn zog es nach England zu seiner Schwester Sophie Charlotte, der Queen; zu »Lolo« nach Hildburghausen und ins gelobte Kurbad Pyrmont.

In der neuen Umgebung fühlten wir uns wohl. Das bedeutete nicht, dass sich mein Wesen änderte. Ich blieb vorlaut und trotzig, manches Mal sogar aufsässig und wild. Und ich war jedem Zwang abhold. Auf mein Äußeres legte ich keinen besonderen Wert. Die Lust an schönen Toiletten stellte sich bei mir erst später ein. Was die Garderobe anbelangte, so waren wir nicht verwöhnt. Einfache bedruckte Kattunkleider, denen wir entwachsen waren, erhielten eben eine Verlängerung. Das machte uns nicht verlegen. Doch eine Vorliebe stellte sich beizeiten ein. Ich schätzte Perlen. War es der feine Schimmer, der auf ihnen lag und mich für sie einnahm?

Unter der Obhut von grand-mère verlief das Leben nun geregelter. Darmstädter Lehrer und Fräulein Gélieu versahen den Unterricht. Mademoiselle hatte darüber hinaus für unsere Erziehung zu sorgen. Sie las uns vor, empfahl Lektüre; wir pflegten Konversation in französischer und englischer Sprache, und sie achtete auf unser Benehmen. Nach Tisch gingen wir zusammen spazieren. Zumeist und gern durch den Schlosspark in den Garten unseres verstorbenen Großvaters Prinz Georg. Am Nachmittag saßen wir oftmals über Handarbeiten. Ich strickte mit Leidenschaft Strümpfe. Friedrich Wilhelm und die Kinder bekamen später Proben meiner Sockenpassion.

Es wurde musiziert, gesungen. Mein Gemahl behauptete späterhin, ich hätte »eine unendlich liebliche kleine Stimme, vorzüglich geeignet, um kleine Arien, Romanzen und dergleichen mit unendlich vielem Gefühl recht lieblich vorzutragen«. So spricht ein verliebter Tor. Ebenso wie Singen und Zeichnen machte mir das Tanzen Spaß. In diesen Fächern erhielten wir auch Unterricht. Vom Walzertanzen konnten Friederike und ich nie genug bekommen. Drehen und Hüpfen im Dreivierteltakt, das entsprach ja meinem Temperament. – Auf die frühen Abendstunden entfielen Briefeschreiben oder Wiederholungsübungen.

Die Lehrstunden bestanden häufig aus Fragen, die uns gestellt wurden und die wir zu beantworten hatten. Meine Schulhefte bewahrte ich auf, nahm sie mit nach Berlin und las hin und wieder darin. Zu eigenem Vergnügen. Über die Erschaffung der Welt, das Paradies, Adam und Eva schrieb ich: *Es gab damals Menschen, die über 900 Jahre alt wurden.* Die Begründung dafür: *1. Die Natur der Menschen war nicht so verderbt wie jetzt. 2. Die Nahrungsmittel waren einfacher und weniger schädlich. 3. Die Arten sich zu beschäftigen erforderten nicht so viel Kräfte und Mühe. 4. Die Erde verbreitete damals noch nicht so viele schädliche Ausdünstungen.*

Unsere Gélieu und, gottlob, auch Papa und die Großmama waren Anhänger der »Aufklärung«; sonst wäre wohl das »Sonntagsgebet der Pariser«, das ich in einem der Französisch-Hefte fand, mit katastrophalen Folgen verbunden gewesen: »Vater unser in Versailles, / Dein Name ist nicht mehr geheiligt, Dein Reich zerrüttet, / Dein Wille wird nicht mehr befolgt, / Wie auf Erden, so im Himmel. / Unser tägliches Brot gib uns heute. / Nehme uns unsere Last, / Verzeihe Deinen Parlamenten, / Dass sie Deine Interessen gestützt haben, / Wie wir Deinen Ministern verzeihen, / Dass sie sich so leicht / Der Versuchung der Flasche ergeben. / Und komme nicht um, sondern erlöse uns / Vom Stempel und dem Teufel, der uns versucht. / So sei es.«

Im Religionsunterricht, dem ich mit tiefer innerer Anteilnahme folgte, vermittelte man uns, neben dem Alten und Neuen Testament, moralische Wertbegriffe und Verhaltensweisen. Was mir Höflichkeit bedeutete, erklärte ich folgendermaßen: *Höflich sein heißt, ich sehe z. B. jemand, der hat keinen Stuhl, und ich hätte einen, so tät ich aufstehen, ihnen den meinigen geben oder wären noch mehr da, ihnen einen anderen geben.* – Mein Glaube an Gott und den Sinngehalt der Religion erhielt frühzeitig Nahrung. In dem Leben, das vor mir lag und viele schwierige, ja fast ausweglose Situationen brachte, gab er mir Halt und Zuversicht.

Freimütig bekenne ich, dass Rechtschreibung und Schönschrift mir stets große Hudelei bereiteten. Ich war mir selbst Zensor: *Inhalt geschmiert … Schand über alle Schande.* In Tagebüchern und Aufzeichnungen hielt ich besondere Ereignisse fest. Diese Eigenschaft pflegte ich auch späterhin. Aber es fehlte mir an der nötigen Kontinuität, die den Wert solcher schriftlichen Zeugnisse ausmacht.

Dass ich mich andererseits um Besserung bemühte, mag dieser Tagebucheintrag belegen: *Ich habe nicht gut gelernt. Ich musste zwei Seiten abschreiben, weil die erste nicht gut war. Ich bin mit mir sehr unzufrieden … Ich habe wegen vieler Dinge zu Gott gebetet, aber er hat meine Gebete nicht erhört, ich mache aber noch ein Gebet. Lieber Gott, ich bitte Dich, mir Kraft zu schenken, damit ich meine Aufgaben machen kann; lieber Gott, mach auch, dass Melle de Gélieu mir meinen Nachtisch lässt. Ich habe meine Übersetzung gemacht und mir wurde mein Nachtisch entzogen.*

Doch Mademoiselle war gerecht. Entsprach meine Leistung ihren Ansprüchen, so belohnte sie mich mit einer Leckerei und sagte: »Fahren Sie so fort. Wenn Sie weiter artig sind, werden alle sie lieb haben; hier, Prinzessin, diese Süßigkeit schenke ich Ihnen als Zeichen meiner Zufriedenheit.«

Ausgleich für Lehr- und Lernstunden fand sich zur Genüge. Im Winter vergnügten wir uns bei Schlittenpartien, auf Bällen und Maskeraden, die Großmama auch im Alten

Palais ausrichtete. Wir spielten Theater. Der lustige, listige Onkel Georg sorgte für unser Amüsement. In den wärmeren Monaten besuchten wir den landgräflichen Sommersitz »Fürstenlager« bei Auerbach [an der Bergstraße]. Oder man fuhr zum Jagdschloss Kranichstein und nach Braunshardt. Diesen Aufenthalt liebten wir besonders. Etwas mehr als eine Hessische Meile von Darmstadt entfernt, waren Schloss und Park bald zu erreichen. Das Anwesen gehörte seit ihrem Witwentum der grand-mère. Prinz Georg, ihr Gemahl, hatte das Schlösschen erbauen und den ausgedehnten Garten mit den beiden Lindenalleen anlegen lassen. Ein Refugium für uns, an das ich in späteren Jahren oft dachte.

Mabuscha nahm uns auch auf größere Reisen mit. 1787 erstmals in die Grafschaft Broich, die ihr als väterliches Erbe zustand. Die Schiffsreise auf dem Rhein begeisterte uns. Klöster und Burgen zogen vorbei, wir sahen den *Lurleyberg*; morgens und abends sangen an den Ufern die Nachtigallen.

Vier Jahre danach – 1791 – reisten wir nach Holland. Onkel Georg dachte sich diese Voyage aus und bereitete sie vor. Zu unserer kleinen Gesellschaft gehörten, außer Großmama und Onkel Georg, Friederike und mir: Mademoiselle de Gélieu – die uns unterwegs unterrichtete –, Frau von Türkheim – grand-mères Hofdame –, Kammerfrau, Kammerdiener und Friseur. Nur »Röschen« fehlte. Im Mai 1789 hatte sie den Erbprinzen Karl Alexander [Fürst ab 1805] von Thurn und Taxis geheiratet und uns verlassen.

Zur Fahrt konnten wir keine eigenen Kutschen verwenden und mussten uns auf Miet- oder herkömmliche Postwagen verlassen. Das brachte Beschwernis mit sich. Unterwegs nach Arnheim *hatten wir einen Kutscher mit einem kleinen Hut und scheußlichen Haaren und einem Wagen aus dem Jahr 1701, und als wir unsere Nase in den Wagen steckten, glaubten wir, wir träten in eine Heringstonne ein.* Nun erst das Gasthaus »de Vergolde Ploeg« [Zum goldenen Pflug]. Nirgendwo logierten wir schlechter. Nirgendwo gab es so viele Flöhe. Obwohl es mir stets schwerfiel aufzustehen, fand ich nach dieser Nacht leicht aus dem Bett.

In Amsterdam empfing uns Regen, der nicht enden wollte. Als ich mich im Gasthof *zum Fenster begab, um an meinem Tagebuch zu schreiben und die Schönheiten Amsterdams zu bewundern, sah ich nichts als Herren mit Regenschirmen.*

Trotz des schlechten Wetters bestand Großmutter darauf, dass wir verschiedene Einrichtungen der Stadt besichtigten. Das Waisenhaus, die Börse, Synagogen, den Hafen; Rathaus und Armenhaus. Auch sahen wir zwei Aufführungen im Französischen Theater. Dort *kniff ein Herr der Großmama in den Hintern, um die Platznummer zu sehen, auf die sie sich gesetzt hatte.*

Einmal fegte ein Sturm über das flache Land, der Friederike und mich beinahe umgerissen hätte. Er richtete unsere Hüte derart zu, *dass man ihre Formen überhaupt nicht mehr wiedererkennen konnte … ein Anblick, der wirklich zum Totlachen war.* Wir besuchten Leyden, Delft und Rotterdam und fuhren auf dem Meer, bei stürmischem Wind. Auf der Schiffsreise nach Haarlem wurde die Mabuscha seekrank, und ich wurde von den Wogen nass wie ein Pudel. Die Rückfahrt führte über Utrecht nach Broich, wo wir blieben. Erst Mitte Oktober trafen wir wieder in Darmstadt ein.

Es bedurfte einiger Zeit, die lebhaften Eindrücke, die bunten Bilder zu ordnen. Auch die abenteuerlichen Vorstellungen, die ich von manchen Situationen hatte. Als ich, zum Exempel, mit Friederike und Onkel Georg zu Fuß durch Amsterdam ging, überfielen mich plötzlich Angst und Schrecken vor den *Seelenverkopern*, die Männer und Frauen aufgreifen sollten, um sie als Sklaven nach Indien zu verkaufen. Woher mir diese Gruselgeschichte kam, weiß ich nicht. Man wird es einer Fünfzehnjährigen verzeihen. – Über die Hollandreise führte ich ein Tagebuch.

Zu den Höhepunkten der gesellschaftlichen Ereignisse, die wir neugierig und mit Lust am vergnüglichen Treiben verfolgten oder gar an ihnen teilnahmen, zähle ich die beiden Kaiserkrönungen in Frankfurt.

Im Februar 1790 starb Joseph II., Kaiser des Heiligen Römischen Reiches Deutscher Nation. Er hinterließ keine Kinder. Sein Bruder, Großherzog von Toskana, trat die Nachfolge an und sollte im Oktober als Leopold II. gekrönt werden. Welche Aussichten! Ein pracht- und prunkvolles Zeremoniell stand bevor. Das zu erwartende Schauspiel überstrahlte alles. Wer dachte dabei schon an die stattgehabte Revolution in Paris vor Jahresfrist. Noch drang von ihr nur ein kräftiger Luftzug in unsere Breiten. Gehegte Befürchtungen, die Franzosen und die neue Zeit könnten auch uns erreichen, wurden geringschätzig abgetan.

Wir reisten: Großmama, Friederike, ich und Bruder Georg. Salomé de Gélieu begleitete uns. Die Oktobertage verbrachten wir in Frankfurt. Die Stadt war überfüllt, und die eintreffenden Souveräne entfalteten einen nie gesehenen Glanz. Karossen, Leibgardisten, bunt livrierte Bediente, Reiter auf reich gezäumten Pferden belebten die Straßen. Die Krönung und das große Defilee fanden am 9. Oktober statt. Einen Tag früher gingen wir zur Vorstellung beim Kaiserpaar. Ich, Luise, Prinzessin von Mecklenburg-Strelitz, trug zum ersten Mal eine Hofrobe. Die Gélieu meinte, ich hätte so schön ausgesehen wie ein Engel. Aber ich war viel zu aufgeregt, um eitle Gedanken zu haben.

Auch erhielten wir eine Einladung zu Diner und Ball des Fürstbischofs von Olmütz. Zusammen mit Therese, die sich ebenfalls mit ihrem Gemahl eingefunden hatte, besuchten wir das große Fest. Ich durfte den Ball eröffnen. Da ich gern tanzte, war mir bei diesem Menuett wohler zumute als bei der Einführung am kaiserlichen Hof.

Im Frankfurter Palais der Familie Thurn und Taxis konnte

Therese uns Geschwister nicht mehr unterbringen, da der Kurfürst von Mainz sich dort mit seinem Anhang sehr ausgebreitet hatte. Es ergab sich, dass wir mit Mademoiselle bei Elisabeth Goethe im Haus am Großen Hirschgraben Unterkunft fanden. Frau Aja, wie man sie vertraulich nannte, zeigte viel Verständnis für uns Kinder, die wir ja noch waren. Die Freiheiten, die sie uns gewährte, beschrieb sie in einem Brief an ihren Dichtersohn Wolfgang. Er hatte zu späterer Zeit Friederike in Karlsbad getroffen und seiner Mutter darüber berichtet. Sie antwortete darauf. Ich möchte Frau Ajas Erinnerungen wiedergeben, weil sie mir diesen Frankfurter Aufenthalt so lebendig werden ließen: »den 19ten August 1806. Das Zusammentrefen mit der Printzeßin von Mecklenburg« (das war Friederike) »hat mich auserordentlich gefreut – Sie – die Königin von Preußen« (das bin ich) – »der Erbprintz« (mein Bruder Georg) »werden die Jugendliche Freuden in meinem Hauße genoßen nie vergessen – von einer steifen Hoff-Etikette waren Sie da in voller Freyheit – Tantzend – sangen und sprangen den gantzen Tag – alle Mittag kamen Sie mit 3 Gablen bewaffnet an meinen kleinen Tisch – gabelten alles was Ihnen vorkam – es schmeckte herrlich – nach Tisch spielte die jetzige Königin auf dem piano forte und der Printz und ich waltzten – hernach musste ich Ihnen von den vorigen Krönungen erzählen auch Mährgen u.s.w. Dieses alles hat sich in die jungen Gemüther eingedrück dass Sie alle 3 es nie bey aller sonstigen Herrlichkeit nimmermehr vergessen«. Sie behielt recht.

Übrigens hatte Elisabeth Goethe, genauso wie ich, Schwierigkeiten mit der Orthografie. Das verschaffte ihr darüber hinaus meine besondere Zuneigung. Mutter Aja begründete den Mangel sehr geschickt. Nach ihrer Meinung »lage der Fehler am Schulmeister!«. Dieses Argument konnte ich allerdings – gerechterweise – bei Mademoiselle de Gélieu nicht anbringen.

In das Jahr des nächsten Krönungsfestes fiel meine Konfirmation. Die Vorbereitungen dazu erhielten Friederike und ich durch den Darmstädter Stadtpfarrer Johann Wilhelm Lichthammer. Sein ernstes, aufgeklärtes Wesen und die Überzeugungskraft machten mir ihn wert. Ich glaube, dass ich ihn auch ein wenig verehrte. Wenn er mit mir zufrieden war, fühlte ich mich glücklich. *Er flößte uns tugendhafte Gefühle ein, die ich mein ganzes Leben zu bewahren hoffte, weil ich erkannte, dass ohne sie nie ein Glück bestehen kann.* Am 15. Juni 1792 wurden Friederike und ich konfirmiert. In meinem Tagebuch schrieb ich unter diesem Datum: *Heute ist der wichtigste Tag meines Lebens … Gott gebe mir die Stärke, alle Versprechungen zu erfüllen, die ich ihm gemacht habe.*

Im Monat darauf war die Krönungsfeier für Franz II. anberaumt. Sein Vater Leopold II. verstarb überraschend im März des Jahres, von vielen betrauert. Die aufregenden, abwechslungsreichen, festlichen Tage der Krönung Leopolds standen mir noch lebhaft vor Augen, als sei es erst unlängst geschehen. Und ich machte mir Hoffnungen. Doch diesmal schienen die Aussichten auf eine nochmalige Reise nach Frankfurt gering. Papa wollte zum Kuraufenthalt nach Pyrmont. Unsere Konfirmation hatte eine beachtliche Summe verschlungen. Weder Prinz Karl noch Prinzessin George verfügten über allzeit gefüllte Kassen. Logis, Kost und Vergnügungen gab es jedoch nicht umsonst. Außerdem schnellten die Preise während der Festivitäten in Frankfurt in die Höhe. Wovon sollten allein die Roben bezahlt werden, die man für Bälle und Empfänge benötigte? Ich bedauerte die unglücklichen Umstände und sah uns schon ausgeschlossen.

Doch Papa und die Mabuscha erdachten ein Sparprogramm. Friederike und ich durften erneut reisen. Unter der Maßgabe, keine Besuche von Aufführungen, keine Teilnahme an Soupers und Hofbällen, was mich sehr verdross. Wir sollten uns nur tageweise in Frankfurt aufhalten dürfen, um den Einzug des Kaisers und seiner Gäste und *ein Stückchen Krönung zu sehen.* Eine Ausnahme ließ Papa gelten. Aber sie versprach wenig Aussicht auf Erfüllung. Gäbe es nämlich die offizielle Einladung zum Ball eines Kurfürsten oder Gesandten, oder gar des Fürsten Nikolaus Esterhazy – dann, ja dann dürften wir annehmen und daran teilnehmen. Einladungen aber setzten Bekanntheit und Beziehungen voraus – und wer sollte sich schon die Mühe machen, *so unbedeutende Wesen wie Friederike und mich auszugraben.* Großmama, mit ihrem liebevollen Verständnis für unsere Sehnsüchte, half nach.

Sie schrieb an die befreundete Gräfin Maria Beatrix Aloisia von Metternich. Deren Gemahl leitete die bevorstehenden Feierlichkeiten, und ihr Sohn Clemens Lothar arrangierte den abendlichen Ball, den Fürst Esterhazy am Krönungstag gab. Die Einladung dazu traf umgehend im Alten Palais ein. Ich und Friederike waren hocherfreut.

In Frankfurt hatte man für das pompöse Fest den 14. Juli, einen Sonnabend, vorgesehen. Es war der Jahrestag des Sturms auf die Bastille. Sollte das ein Zugeständnis an die neuen Ideen sein, die von Frankreich aus um sich griffen – und drohten, die alte Welt zu verändern? Oder wollte man dem Geschehen die Stirn bieten?

Morgens um 8 Uhr begab sich der festliche Zug zum Dom, unter Aufbietung von Pracht im Überfluss. Ein Bild von Reichtum und Macht. Alle Glocken der Stadt läuteten. Der Kaiser saß zu Pferde unter einem Baldachin mit der goldenen Inschrift VIVAT FRANCISCUS II., den Frankfurter Ratsschöffen trugen. Die Krönung im Dom dauerte sehr lange. Danach trat Franz heraus, bekleidet mit den Gewändern Karls des Großen und mit seiner Krone auf dem Kopf. Waren es wirklich Karls Kleider? Ich zweifelte daran.

Im Gefolge des Kaisers befand sich auch Fürst Esterhazy, der böhmische Gesandte, in wahrhaft kostbarer ungarischer

Uniform; die Knöpfe und Sporen brillantenbesetzt. Ebenso als Gefolgsmann im Zug ging Clemens Lothar Graf, später Fürst von Metternich, der zukünftige Staatskanzler Österreichs. Und mein galanter, geschickter Tänzer zum Krönungsfest. Er und ich eröffneten den Ball. Als er 1803 als österreichischer Diplomat nach Berlin kam, erinnerten wir uns an diesen Abend – und an die Tanzlust, die wir beide damals empfanden. Es sollte für die nächste Zeit das letzte große Fest bleiben.

Die politische Lage entwickelte sich bedrohlich. Bereits im Sommer 1791 kam es zu einer Liaison zwischen Österreich und Preußen, letztlich gegen das revolutionäre Frankreich. Im April erklärte Frankreich überraschend Österreich den Krieg. Kaiser Franz II. traf sich nach den Krönungsfeierlichkeiten mit dem preußischen König Friedrich Wilhelm II. in Mainz zu Verhandlungen über das weitere Vorgehen. Das Ergebnis war ein Manifest, welches beim Gegner unweigerlich Empörung auslöste und die Kriegshandlungen mit allen schlimmen Folgen in Gang setzte. Es enthielt Sätze, die Öl ins Feuer gossen: »Die Anarchie in Frankreich muss aufhören. Der König [Ludwig XVI.] muss die Sicherheit und die Freiheit und die gesetzliche Autorität haben, die ihm zusteht … Wenn die Tuilerien vergewaltigt und überfallen werden, so wird eine beispielhafte und ewig denkwürdige Rache genommen werden, indem die Stadt Paris militärischer Exekution und gänzlicher Zerstörung ausgeliefert wird.« Die ausgesprochenen Drohungen verkehrten sich ins Gegenteil. Ludwig XVI., den man mitsamt der Monarchie retten wollte, wurde zum Staatsfeind erklärt und am 10. August abgesetzt. Nun überschlugen sich die Handlungen. Mit einem Heer der Verbündeten überschritt der Oberbefehlshaber Herzog Karl Wilhelm Ferdinand von Braunschweig bei Longwy die französische Grenze. Am 20. September 1792 endete der Vormarsch in der Kanonade bei Valmy. Mangelnde Versorgung,

Erkrankungen und anhaltend schlechtes Wetter erzwangen den Rückzug.

Kronprinz Friedrich Wilhelm von Preußen nahm als Oberst an dem schrecklichen Geschehen teil. Er hatte seinem Vater vergebens von dem Unternehmen abgeraten. Die Eindrücke, die er während des Feldzugs gewann, hinterließen bei ihm Spuren und erklären auch seine Abneigung gegen den Krieg. Im Tagebuch aus jener Zeit schrieb er neben anderem: »Da lagen drei Mousquetiere und ein Tambur mit zerschmetterten Schenkeln und Beinen und wimmerten jämmerlich ... Höchst traurig war der Anblick der zurückgeschleppten Blessierten, die nachher meist alle aus Mangel an Anstalten und Pflege gestorben sind ... Beim Schlosse Grandpé wurden die Kranken, die dort gelegen, alle aufgeladen. Ein erbarmungsvoller Anblick. – Überhaupt sind keine Worte hinreichend, um den Jammer und das Elend zu schildern, welches in diesem Lazarett herrschte. – Es regnete immerfort. – Unterwegs überall Gegenstände des Jammers und Bilder des Todes.«

Die französischen Revolutionstruppen folgten dem sich zurückziehenden Heer und fielen im Rheinland ein.

Die Nachrichten versetzten uns in Angst. Von den Kurieren erfuhren wir, mit welcher Schnelligkeit die Franzosen sich näherten. Gestern standen sie noch vor Speyer, heute schon hatten sie die Stadt eingenommen und niedergebrannt. Flüchtlinge aus Worms und Speyer trafen ein. Ich sah den Landgrafen in Richtung Gernsheim abfahren. Der geflohene Bischof von Speyer passierte in Eile Darmstadt. Husaren ritten in vollem Galopp durch die Straßen. Ich war voller Furcht, konnte nicht mehr geordnet denken und nicht schlafen. Ich sah aus wie eine Tote. Anfang Oktober verließen wir das Alte Palais und begaben uns zu »Lolo« nach Hildburghausen. Dann kam das neue Jahr mit jenem 13. März, der Verlobung und dem glückhaften Sommer.

Ich liebte diesen Friedrich Wilhelm; den großen, etwas linkischen, doch so lauteren Mann. In vielem war ich das Gegenteil von ihm. Und dieserhalb hatte er wohl mit mir seine Plage. Aber ich auch mit ihm. Doch die Neigung zueinander, die mit den Jahren wuchs und durch Achtung und Vertrauen getragen wurde, half über manches hinweg. Ich fühlte in mir eine nie gekannte, unbändige Freude.

Die Entwicklung der militärischen Lage erforderte im Mai eine Verlegung des preußischen Hauptquartiers nach Bodenheim. Es liegt südlich von Mainz, dichter an der Stadt, die belagert und beschossen wurde. Diesen Ortswechsel bedauerte ich. Der Kronprinz und ich, wir konnten uns nun seltener treffen. Umso mehr erfreute mich die Nachricht, das Feldlager in Bodenheim besuchen zu dürfen. Der König lud uns dazu ein. Vor Aufregung lag ich in der Nacht wach und machte mir törichte Gedanken über das Wiedersehen. Von den Animositäten in den Lagern hatte ich gehört. Ich wollte keine Klagen über meinen Verlobten vernehmen. Sollte es doch der Fall sein, so würde ich einfach tun, als sei er für mich eine fremde Person. Es bereitete mir auch Sorge, dass er sich vielleicht betrinken könnte. Und ich nahm mir vor, ihn schriftlich um Mäßigung zu ersuchen. In meinem Brief zur Ankündigung unseres Kommens am 28. Mai ließ ich ihn wissen: *Ich freue mich wie toll, Sie wiederzusehen; das ist recht lächerlich, nicht wahr? Ich finde es nicht … ich bitte Sie, sich nicht zu besaufen unter dem Vorwande, auf meine Gesundheit zu trinken, denn es würde mir sehr übel bekommen.* Es geschah nichts dergleichen.

Als wir von Darmstadt abfuhren, regnete es und ein kalter Wind blies. Friederike und ich bemerkten wenig davon. Uns trieb die Neugier auf das Lagerleben und den Tagesablauf, und mich beseelte der Wunsch, Friedrich Wilhelm zu sehen. – Der König bat zum Dejeuner. Es verlief lebhaft und angeregt. Meine Schwester und ich, wir hielten uns in dieser Runde mit Respekt zurück. Als der Kaffee serviert wurde, kam das Gespräch auf den zukünftigen kronprinzlichen Hofstaat. Die Änderung meines Lebens kündigte sich an. Unruhe, Beklommenheit und Unsicherheit überfielen mich. Doch dann dachte ich, *da Heiterkeit mich entzückt, und da ich von Natur nicht trübsinnig bin … so hoffe ich, dass man an unserm Hofe mehr lachen als weinen wird.*

Von Bodenheim aus begaben wir uns zum Lager bei Marienborn. Dort bewirtete uns Herzog Karl August von Sachsen-Weimar-Eisenach in seinem Zelt. Zu ihm standen wir in verwandtschaftlicher Beziehung. Die Gemahlin Karl Augusts, Prinzessin Luise von Hessen-Darmstadt, war eine Cousine unserer Mutter. Erst danach hörte ich davon, dass auch der Dichter des Werthers, Herr von Goethe, im Lager von Marienborn weilte. Er begleitete den Herzog, seinen Herrn. Der Goethe soll aus dem zugehaltenen Zelt heraus mich und Friederike auf das Genaueste beobachtet haben. Dann sei er zu der Annahme gekommen, man hätte uns »in diesem Kriegsgetümmel für himmlische Erscheinungen halten« können. Nach den schlimmen Erlebnissen, die hinter den Männern lagen, mag ich das glauben.

Der gute König besaß Verständnis für seinen Sohn und mich. Er gewährte dem Kronprinzen Freiheiten. Mein Verlobter kam nach Darmstadt, sooft es die Verhältnisse erlaubten. Wir tauschten eifrig Briefe und erfreuten uns gegenseitig mit kleinen Liebesgaben. Ich sandte Friedrich Wilhelm durch den Kurier einen Kirschkuchen und eine Schachtel mit Erdbeeren und Kirschen. Er revanchierte sich mit zierlichen Handschuhen, Trüffeln und einer Ananas. Dass ich gern Süßigkeiten aß, davon hatte er Kenntnis.

Doch ab und zu bezahlte ich die Nascherei mit Magenschmerzen, oder mir war übel. Ich konnte mich nicht beherrschen. Großmama achtete streng auf meine Unsitte. Wenn sie bei Tische merkte, dass ich heimlich *köstliche Klöße, mit*

Brot und Butter gegessen hatte, so konnte ich, obgleich Braut, *einen tüchtigen Wischer kriegen.*

Die kriegerischen Auseinandersetzungen um das belagerte Mainz hielten an. Friedrich Wilhelm II. beorderte das Hauptquartier nach Marienborn. Das entführte mir meinen Freund noch weiter. Ich war in Sorge um ihn. Leid und Elend auf beiden Seiten der Kämpfenden bewegten mich. *Der Gedanke ist schrecklich, dass durch eines Menschen Willen so viele seiner Brüder fallen. Der Schmerz über all das Unglück, das es gab, zerriss meine Seele.* –

Auch den Kronprinzen bekümmerte die neuerliche Trennung. Er ließ anfragen, ob sich die Großmama vielleicht mit Friederike und mir für einige Zeit nach Braunshardt begeben könne. Es wäre dann einfacher, einander zu sehen. Kurz darauf erhielten wir – Mabuscha, ich und Friederike – die Einladung, ins Marienborner Lager zu fahren. Ich antwortete Friedrich Wilhelm mit einem Jubelbrief: *Ich werde so glücklich sein, wenn ich Sie wiedersehe, dass ich glaube, ich bin imstande und tanze, wie Herodes' Töchterlein, ein Solo vor der ganzen Armee, nach der Weise: Wenns immer, wenns immer, wenns immer so wär!* Dieses *Cripcrapsgekritzel* möge er mir verzeihen, bat ich ihn. Trotzdem tanzte ich, wie von Sinnen, durch alle Zimmer.

Anfang Juli reisten wir ins Lager. Der Tag war bezaubernd. Man verwöhnte uns mit türkischer Musik, Kirschkuchen, es wurde getafelt, vorgelesen. Wir saßen im königlichen Zelt und in einer reizenden Buchenlaube. Die Zeit ging wie im Fluge. Erst nach Mitternacht kamen wir zurück. Nach Braunshardt. Großmama hatte Friedrich Wilhelms Wunsch entsprochen. Ich fiel ins Bett, das ich mit Friederike teilte, müde, aber sehr glücklich.

Nach Braunshardt

Man sagte mir, Braunshardt liege etwa acht bis zehn Kilometer von Darmstadt entfernt, in nordwestlicher Richtung, nahe bei Weiterstadt und sei ein Stadtteil davon. Besichtigen könne man das Schlösschen nicht, aber darin zu heiraten wäre möglich. Ich mache mich auf den Weg. Durch Felder mit Spargel- und Rübenanbau. Der wilde Wein an den Häuserwänden legt schon tiefrote Herbstfarbe auf.

Den Schlossplatz überragt der Kirchturm. Das breit gedehnte, der Gartenseite zugewandte Schloss deckt ein Mansarddach, aus dem die Fenster wie dicht beieinanderliegende, neugierige Augen schauen. Im Eckstübchen der Mansarde, so sagt man, sei Luises kleines Zimmer gewesen. Sie fand es *so nett, so traulich und gut.* Und behauptete, *jede Feuerbombe, jeden Kanonenblitz* in diesen kriegerischen Zeiten von dort oben aus gesehen zu haben. Angeblich wären sogar die Trommeln zu hören gewesen, woran sie allerdings ihre Zweifel hatte. Ich auch. Mainz liegt doch ein beachtliches Stück in der Ferne.

Der Schlossflügel, der jetzt Luisenflügel heißt – benannt nach Luise von Mecklenburg-Strelitz und keiner anderen dieses Vornamens – ist baulich von heiterer Beschwingtheit. So recht ein Aufenthalt für unbeschwertes Landleben.

Überall gibt es freundliche Leute, die Türen öffnen, obwohl sie eigentlich verschlossen sind. Ich erhalte Zutritt zum Schloss, auch wenn ich nicht heiraten will. Durch ein hoch gewölbtes Entree, an dessen Wänden alte Baupläne und Schlossansichten hängen, über den Innenhof ins Foyer und in die Zimmerflucht. Im Speisesaal, der gleichzeitig Ausgang und Ausschau in den weiträumigen Park erlaubt, stehe ich mitten im anmutigsten

Rokoko. Der Raum, in goldabgesetztes, dezentes Rosa getaucht, mit zierlichen, wie mit lockerer Hand hinaufgeworfenen Stuckaturen geschmückt, atmet Festlichkeit. Zu beiden Seiten setzen sich die Salons fort. Man wandelt durch Zimmer in fein abgestimmter Farbigkeit, deren Gold- oder Silbertönung die Kostbarkeit noch erhöht. Von Zartrosa über Bleu bis Cremefarben.

Den lindgrünen Saal überspannt eine Stuckdecke aus Blüten. Verschwenderisch, als hätte sie Flora selbst dorthin gezaubert.

Zur anderen Seite gelange ich durch den grünen und violetten Salon in das blaue Gartenkabinett. Seine Wände, Türen- und Fensterfüllungen tragen versilbertes Gitterwerk. Und auf jedem Kreuzungspunkt knospt ein Röschen. Die Illusion, in einer sommerlichen Laube zu sein, setzt sich mit berankteem Schmuckspalier an der Decke fort. Diese Klause soll in früheren Tagen eine Bibliothek beherbergt haben. Ich staune. Das anschließende Badezimmer gleicht einem erotischen Traum in Rot und Weiß. Noch ist hier die Restaurierung nicht abgeschlossen.

Die Stuckaturen in den Räumen bündeln sich zu allegorischen Bildern oder schwingen übermütig in Blüten, Blattwerk und Geranke. Gespart wurde nicht an kunstvollen Kaminen aus verschiedenfarbigem Marmor und nicht an prunkenden Spiegeln. Ein Blick durch die bunte Suite bestätigt die Tagebucheintragung von Queen Viktoria, als sie in Braunshardt weilte: Die Zimmer erinnerten sie an »kleine bunte Pralinenkästchen«. Und damit nicht genug, ritzte sie doch ihren Namen in eines der kleinen bleigefassten Fenster ein. Worauf es ihr andere Familienmitglieder gleich nachtaten.

Prinzessin George hingegen verhielt sich gesittet. Ihre Initialen, einem rätselhaften Ornament gleich, zieren eine Raumecke.

Die Hand von Luises Großmama bewegte so manches in diesem schönen Anwesen. Prinz Georg Wilhelm ließ es 1760 bauen, auf dem Grund, den er mitsamt dem Gut im Dorf Braunshardt von seinem Vater als Geschenk erhielt. Der Ingenieurleutnant Johann Jakob Hill erstellte die Pläne für das eingeschossige Gebäude und ließ sich dabei von französischen Vorbildern anregen. Man spricht vom Petit Trianon.

Zum häufig besuchten Sommersitz gehört der Garten. Vom Speisesaal aus führt eine Treppe, die zum »Schreiten« bestimmt ist, in ihn hinein – in die raffiniert ausgedachte grüne Lust. Hinter der erdigen Terrasse dehnt sich eine Rasenfläche. Sie ist trapezförmig angelegt, breitet sich, weitet sich und erweckt den Eindruck, sich bis nach Nirgendwo zu ziehen. Wenigstens doch bis zum Taunusgebirge. Die Konturen eines Fontänenbeckens sind zu sehen. Blühende Kübelpflanzen und kleine Balustraden mit spiralig aufgerollten Enden und Geranientöpfen verbreiten eine gastfreundliche Morgenstimmung vor dem Schlösschen.

Tau liegt auf der Wiese. Es verspricht ein schöner Tag zu werden. Ich gehe durch eine der Alleen, die das große grüne Trapez seitlich begleiten. Dereinst von Linden bestanden, schieben sich nun Kastanien dazwischen. Eine Bodensenke war vorzeiten wassergefüllt und spiegelte einen stattlichen Weiher, der die Gartenarchitektur nach Norden im Wesentlichen abschloss. Beim Umrunden des Parks gelange ich zum »Hochzeitspavillon«. Hier zu heiraten ist die reine Wonne.

Auf der östlichen Seite lag der französisch gestaltete Gartenteil. Ich komme an einem pappelumstandenen Achteck vorbei, das überwachsen und überwuchert ist. Ein Pavillon? Ein Tempel? Nach dem alten Gartenplan liefen strahlenförmig angeordnete Wege zum Weiher. In ihren Quartieren verbargen sie Kegelbahn und Ballspielplatz, den Gartensaal unter einem Kletterpflanzendach, die Schaukel und ein Heckentheater. Man kam oft und mit dem Wunsch nach Entspannung und Vergnügen an diesen Ort.

Als Luise im Juli 1793 nach ihrem Marienborner Besuch in Braunshardt eintraf, übermüdet, spät in der Nacht, fand sie all dies noch vor.

»Es ist eine schreckliche Sache, das Heiraten, ich gesteh's«

Braunshardt im Sommer, der schönste Aufenthalt, den ich mir denken konnte. Noch dazu, wo sich nun die Gelegenheit bot, uns öfter zu begegnen. Friedrich Wilhelms Weg von Marienborn nach Braunshardt fiel um etliches kürzer aus als der nach Darmstadt. Mehr und mehr fühlte ich, *dass wir vortrefflich zueinander passten.* Es trieb mich, zu wiederholen, dass ich aufrichtig bemüht sein würde – mein Leben lang –, ihn glücklich zu machen. Sehr mutig von mir, denke ich in der Rückschau. Wer kann schon mit siebzehn Jahren Versprechungen solcher Art geben, nicht ahnend, was ihm bevorsteht. Wahrscheinlich war ich beseelt von meiner Verliebtheit, die allmählich zur Liebe wurde.

Friedrich Wilhelm kündigte seinen Besuch in Braunshardt an. Ich ließ den kleinen Wagen anspannen und fuhr ihm entgegen. Ich kutschierte selbst, auch war ich eine passionierte Reiterin. Das Pferd lenkte ich nach Groß-Gerau, denn aus dieser Richtung, über die Ginsheimer Brücke, musste er kommen. Hatte ich ihn ins Schlösschen gebracht, saßen wir nach der Begrüßung zusammen beim Frühstück, bei Schwarzbrot und frischer Butter, eine ländliche Köstlichkeit. Danach ließen uns Friederike und Mademoiselle diskret allein. Garten und Laubengänge gehörten uns. Beide waren wir hochgestimmt. Ich zumeist etwas übermütiger als er.

Unsere Temperamente unterschieden sich. Friedrich Wilhelm übte stets mehr Zurückhaltung. So war eben sein Wesen – während ich manchmal das Herz auf der Zunge trug. Wir genossen die gemeinsamen Stunden in Braunshardt. Ich freute mich nach jedem Besuch auf den nächsten.

Inzwischen fiel Mainz. Endlich. Vom Kronprinzen hörten wir Einzelheiten. Er berichtete von den pausenlosen Bombardements der Stadt, auch nachts, den beiderseitigen Verlusten, den schwierigen Kapitulationsverhandlungen. Krieg bleibt eine Schändlichkeit, gleichgültig, wo er sich zuträgt.

Die Tage auf dem Lande gefielen uns. In der gelösten Umgebung konnte man für geraume Zeit das leidvolle Geschehen vergessen. Friederike schien mir bedrückt. Sie vermisste bei Prinz Ludwig die Zuwendung, wie sie mir durch Friedrich Wilhelm zuteil wurde. Ich sprach mit dem Kronprinzen, er möge doch bei seinem Bruder ein gutes Wort für Ika einlegen. Es bewirkte wenig. – Ansonsten verlebten wir unbeschwert den Braunshardter Sommer. Herr von Bose, der Bruder von Mabuschas Hofdame, nahm sich meiner Stimme an und erteilte mir Gesangsunterricht. Er befand, dass ich ganz leidlich singen könne. Ich machte Fortschritte und beschloss, meinem Freund zu Ehre und Ruhm bei seiner nächsten Anwesenheit ein Lied zu singen.

Wir hatten auch sehr lustige Momente, die zuweilen nicht ganz von Anstand waren. Manchmal spöttelten wir hinter Mademoiselles Rücken über ihr eigenartiges Schrittmaß. Sie trug einen hohen Absatz [vermutlich litt sie an einer Beinverkürzung], und im Gehen klang es wie: einundzwanzig, zweiundzwanzig usw. – Großes Gelächter gab es, als eine komische Begegnung zwischen Frau von Bose und unserer Gélieu herauskam. *Die Bosen, die nicht wusste, wer nebenan weilte, sprach laut, während sie sich auszog; wie groß war ihr Erstaunen, als sie die Tür ihres Zimmers öffnen hörte und die Gélieu im Hemde erblickte, blink und blank und …*

Ich trank fleißig Pyrmonter Heilwasser, es sollte der schwankenden Gesundheit aufhelfen. Meinem Leichtsinn mag es mit zuzuschreiben sein, dass mich häufig Erkältungen heimsuchten. *Ich hustete beängstigend und hatte eine schreckliche Stimme, bald rau, bald ganz kläglich.* Vermutlich trug ich ein Grundübel in mir. Späterhin zeigte sich ab und zu blutiger Auswurf, und Schwächeanwandlungen befielen mich. Ermahnungen der Gélieu, mehr auf meine Gesundheit zu achten, schlug ich meistens in den Wind. Nun mahnte der Kronprinz – sehr eindringlich. Mit der Liebe kam die Einsicht. Ich versicherte ihm: *Ihre gütige Erinnerung an meine Gesundheit hat sehr gewirkt … denn kein Abend vergeht, an dem ich nicht Schals, Krawatten, Mäntel usw. anlege.*

Friedrich Wilhelms Geburtstag am 3. August. Wir wünschten uns, diesen Tag gemeinsam zu begehen. Doch die Kriegszeiten erlaubten es nicht. So blieb nur der bewährte briefliche Austausch, um uns der gegenseitigen Gefühle zu versichern. Ich schrieb in meinem Geburtstagsbrief erneut, dass ich ihn *von ganzem Herzen liebe.* Was konnte ich ihm schenken? Unsere erste Bekanntschaft lag kaum fünf Monate zurück. Wie hätte man in dieser kurzen Zeit Herzenswünsche ausspähen können? Außerdem erlaubten mir die elf Gulden, die ich als Taschengeld erhielt, keine Extravaganzen. Ich erinnerte mich an meinen Malkasten, der ihm offenkundig gefiel. Mitsamt Zeilen sollte er ihn haben.

Bei aller Innigkeit, die uns zunehmend verband, beschlich mich Unruhe, ja Angst vor dem neuen Lebensabschnitt, der Berlin hieß. Als wir im Lager Bodenheim zu Tisch saßen, kam der kronprinzliche Hofstaat zur Sprache. Namen, die für mich vorläufig gestaltlos blieben. Lediglich von der zukünftigen Oberhofmeisterin Marie Sophie Gräfin von Voß, geborene von Pannwitz, wusste ich eine Geschichte, die mich für sie einnahm. Als sehr junges Mädchen und von außergewöhnlicher Schönheit, habe König Friedrich Wilhelm I. gewagt, sie zu küssen. Empört und entschlossen ohrfeigte sie ihn. Ich stellte sie mir als beherzte uralte Dame vor, wofür ich sie mit ihren vierundsechzig Jahren halten musste. Würde ich mich mit ihr arrangieren können? Die erste Hofdame sollte Henriette von Viereck heißen und der Hofmarschall –

Valentin von Massow. Herr von Massow sei bereits in Berlin mit der Vorrichtung des Kronprinzenpalais beschäftigt, hieß es. Meine Bangigkeit wuchs.

Doch zuvor: *Viktoria! Viktoria!* Tante Auguste, Mutters jüngste Schwester, lud Mabuscha, Friederike und mich ein, nach Mannheim zu kommen und bis August zu bleiben. Ich war außer mir vor Freude. Die Besuchsstrecke zwischen Friedrich Wilhelm und mir verkürzte sich. Der König hatte nämlich seinem Sohn unvorhergesehen das Oberkommando über ein Corps gegeben, welches die Belagerung von Landau betreiben sollte. In Edenkoben [an der Weinstraße] befand sich nun das Hauptquartier. Ich räume ein, dass ich an dem Vorhaben, uns in Mannheim aufzuhalten, meine Meriten hatte.

Von Zeit zu Zeit konnten wir uns sehen. Aber es deutete sich schon an, was ich in ferneren Jahren oft dachte: *Ich bin doch auch weiter nichts als eine Soldatenfrau.*

Nach Darmstadt zurückgekehrt, plagten mich wieder die Ängste. Grandmama half mir, Verschiedenes für meine Ausstattung zu kaufen. Sie beriet mich, aber ich wählte teilnahmslos und ohne Freude. Hinzu kam, dass kriegsbedingt nur spärliche Lieferungen der französischen Haut Couture eintrafen, die doch die Mode bestimmte. Wenngleich ich zu dieser Zeit noch wenig Modebewusstsein besaß, wollte ich am Berliner Hof nicht ohne Chic erscheinen. Alle feinen Stoffe und Spitzen blieben jedoch in Lyon. *Das ist der Teufel!*

Ich klagte Friedrich Wilhelm, dass ich eigentlich nicht nach Preußen kommen könne, weil ich nichts anzuziehen hätte. Er schrieb retour: »Sie sind gut, die Reise nach Berlin zu verweigern wegen der Spitzen und Kleider und Gott weiß was für Dingen, die in Lyon verbrennen sollen … ich bin nur so die Nebensache, nicht wahr, meine Werteste?« Es war wohl ein typisch weibliches Lamento, das ich vortrug, wofür Männer selten Verständnis zeigen.

Was mich mehr betrübte – und nicht nur mich –, das war der moralische Ruf des Berliner Hofes. Er galt als verrucht. Auf dem Boulevard Unter den Linden dürften gewisse Damen unangefochten promenieren. – Selbst der König lebte recht freizügig. Jeder wusste, dass eine seiner schönen Freundinnen, Wilhelmine Rietz, geborene Enke, von ihm fünf Kinder hatte. Und sie war keineswegs die Einzige, die er an sich zog. Wie sollte ich mich in diesem Sumpf behaupten?

Vor Therese in Regensburg breitete ich meinen Kummer aus. Ich beschwor sie, nach Berlin zu kommen, um mir mit ihren Kenntnissen der großen Welt beizustehen. Man würde mich in der fremden Stadt *wie ein seltenes Tier betrachten und mit Nahsichtbrillen und Lupen versuchen, meine Fehler,* die ich ja nicht verleugnete, *recht genau zu erkennen.* Davor fürchtete ich mich.

Je näher der Termin der Abreise rückte, desto mehr wuchs meine Unruhe. Ich wünschte mir eine freundliche Aufnahme in Berlin und wandte mich dieserhalb an Friedrich Wilhelm mit der Bitte, doch vorher *allen Leuten zu sagen, dass ich ganz einfach bin.* Er bemühte sich, mich auf seine Weise zu trösten, und umgab mich mit liebevollen Aufmerksamkeiten. Dafür wollte ich ihm am liebsten *einen rechten freundschaftlich dankbaren Kuss auf der Backe drücken,* welches ich natürlich nur brieflich ausführen konnte. Er antwortete charmant: »Vielen Dank für Ihren recht freundschaftlichen Kuss auf der Backe, ich wünschte auch, ihn erwidern zu können, und zwar durch einen recht herzlichen auf dem Munde.«

Doch was sind Küsse, die man nur auf dem Papier tauscht oder in Gedanken! – Noch immer hoffte ich, die Festung Landau könne rasch fallen. Ich schrieb dem Kronprinzen, er möge schnell bombardieren, schnell nach Darmstadt kommen, denn ich wolle ihn schnell umarmen. Der Zwiespältigkeit meines Wunsches war ich mir wohl bewusst. *Ich wagte nicht, mich dem Gedanken an die Toten hinzugeben,* die dieser Kampf unweigerlich kosten würde. Sowohl das unselige Kriegsgeschehen als auch die bevorstehende Abreise nach Berlin und die Abwesenheit meines Verlobten brachten mich in trübe Stimmung. Hinzu kam das Bekanntwerden vom Tod der Marie Antoinette. *Ich erkannte recht wohl die französische Art bei der Enthauptung der unglücklichen Königin. Dieser Tod ließ erschaudern.* Rüttelte er doch auch an den Grundfesten der politischen Ordnung. Alle gingen wir in Trauerkleidern.

Die Vorbereitungen für Friederikes und meinen Umzug boten zuzeiten willkommene Ablenkung. Ein Wagen wurde angefertigt. Soweit ich mich erinnere, sollte er gelbe Farbe tragen. Darüber gab es zu lachen. Es war mir bekannt, dass mein Freund einen ähnlichen besaß und Lord Elgin, der sich ab 1795 als englischer Gesandter in Berlin aufhielt, ebenso. Wir stellten uns vor, in Zukunft der »gelbe Hof« zu werden.

Der Königin Friederike – Mutter des Kronprinzen – waren Porträts von uns beiden Schwiegertöchtern in spe zugedacht worden. Nun saßen wir mehr oder minder geduldig Modell. Wollten wir doch der schmeichelnden Schilderung, die der König von uns gegeben hatte, möglichst nahe kommen. Man fand die Ergebnisse ziemlich gut und auch recht ähnlich. Was Friederikes Abbild betraf, so konnte ich das nicht bestätigen; in Wirklichkeit war sie viel schöner. Ich trug auf dem Bild *weißen Flor mit einer Rosenborte, die Haare aufgesteckt, von Rosen durchflochten, mit schwarzem Band und einem Umhängetuch in Lila und Schwarz.*

Unsere Abreise näherte sich mit großen Schritten. Im Palais herrschte unbeschreiblicher Lärm, alles lief durcheinander, die Aufregung stieg von Tag zu Tag. Auf den Treppen war kein Durchkommen mehr. Dienstleute schleppten Wäsche, Koffer, Kleider, Körbe hinunter und – wenn sich herausstellte, dass sie am falschen Platze waren – wieder hinauf. Überall ein wilder Tumult. Fand ich irgendwo in einem stillen Winkel Ruhe, so peinigten mich die Ängste wieder. In Berlin, so stellte ich mir vor, werden *aller Augen auf die armselige Luise warten, und schon der Gedanke, so von allem und jedem beobachtet zu werden, war ganz erschröcklich.*

In jenen Tagen blieb Friedrich Wilhelm ein liebenswürdiger Freund, Ratgeber, Tröster. Er war eben ein *reizender Kerl.* Er schrieb mir gleich drei Briefe hintereinander. *Und ich? Ich little monster antwortete nicht.* Zwar bekundete ich Reue, hatte aber, wie üblich, meine Ausflüchte zur Hand.

Der Winter meldete sich mit Kälte und Feuchtigkeit. Wir schrieben den Monat November. Ich dachte an die Umstände, unter denen der Kronprinz und die Soldaten augenblicklich leben mussten. In Unterständen oder Leinwandzelten, *mit roten Nasen und vor Kälte klappernd.* Hatten wir doch wenigstens ein warmes Zimmer und ich die Gewissheit, *dass mein zärtlich geliebter Freund die Quelle meines Glückes sein würde.*

Trotzdem mehrten sich bei mir die Befürchtungen vor dem neuen Lebensabschnitt. Ich war jung und ohne jegliche Erfahrung. Großmama und die Gélieu hatten gewissenhaft versucht, uns auf das Leben am Hofe vorzubereiten. Doch die innere Angst blieb. Ich gab ja auch einen Teil der Freiheit auf, die ich besaß. Außer Friederike würde ich keine Vertraute besitzen. Von den Berliner Frauen berichtete man nichts Gutes. Es hieß, sie seien sehr kokett, und *ich verabscheute Koketterie. Ich wage es auszusprechen, dazu war mein Herz zu tugendhaft.*

Nun stand es fest. An den Weihnachtstagen sollten unser beider Hochzeitsfeierlichkeiten sein. Am 13. Dezember würden wir endgültig Abschied von Darmstadt und vom Traum der Jugend nehmen.

An den Kronprinzen Friedrich Wilhelm

Darmstadt, den 11. Dezember 1793

Umgeben von Armen und von Leuten, die sich von mir verabschieden, will ich diese Zeilen an Sie schreiben, mein Liebster ... ich weiß nicht, wo mir der Kopf steht und ob ich in meinem Zimmer oder auf dem Römer in Frankfurt bin, denn auf Ehre, das macht keinen Unterschied ... Seitdem Sie das letztemal hier waren, habe ich Mut gefasst; ich bin gewiss, Gott wird mir Kraft geben, er wird mich führen und nicht verlassen ... und meine Grundsätze, Frömmigkeit und Tugend, werden mich vor dem Bösen bewahren. Seien Sie ganz überzeugt, dass ich Ihnen gut bin und Sie liebe, dass ich alles nur Mögliche tun werde, um Ihnen zu gefallen und Sie glücklich zu machen. Seien Sie mein Beistand und mein Freund und mein Rat, Sie werden keine Undankbare an mir finden. Heute haben wir unsere Equipagen abgeschickt, die mit uns in Berlin eintreffen werden. Übermorgen früh um 4 Uhr werden wir nach Berlin abreisen. Der Abschied ist mir sehr schwer, aber er wird aufgewogen durch die Gewissheit, einen Freund zu finden, der mein Glück ausmachen wird ... Adieu, ich liebe Sie.

Luise

In der Frühe des Dezembertages verabschiedeten wir uns von Mademoiselle Salomé de Gélieu. Bereits in der neuen, bequemen, nun doch grünen Kutsche, überkam Friederike und mich brennender Schmerz. Wie von Sinnen stürmten wir zurück ins Haus zu unserer Gélieu und fielen ihr weinend um den Hals. Nach kurzer Zeit erschien Papa und rief uns zur Ordnung. Wir gaben erst nach, als er uns versprach, im Frühjahr Darmstadt besuchen zu dürfen.

Die Reise ins Ungewisse begann. Uns begleiteten Papa, die grand-mère und Bruder Georg. Die Reiseroute führte über Aschaffenburg und Würzburg nach Hildburghausen zu Schwester Lolo. Von dort über Erfurt nach Weimar, wo wir am Mittwoch, den 18. Dezember vormittags um 11 Uhr ankamen. Herzog Karl August und seine Gemahlin, eine Namensschwester von mir und Mutters Cousine, empfingen uns. Sämtliche Geheimen Räte und Hofkavaliere waren eingeladen. Gegen 3 Uhr setzen wir die Fahrt nach Leipzig fort.

Für mich unerwartet, aber auch zunehmend erfreulich und rührend, empfand ich die Sympathie, die uns die Menschen unterwegs entgegenbrachten. Ein wenig erschrak ich doch, als wir zur Abendvorstellung im Leipziger Theater mit Vivatrufen und lautem Beifall begrüßt wurden. Den achten Tag erreichten wir Dessau. Und am 21. Dezember 1793 – ich erinnere mich an den Moment – gelangten wir in der Dämmerung an die preußische Grenze.

Eigentlich sollte der Wagen schon früher eintreffen, aber die vielen Ehrungen und Aufmerksamkeiten, die uns auf der Fahrt zuteil wurden, verzögerten die Ankunft. – Man hatte sich eine illustre Begrüßung ausgedacht, die besonders Papa beeindruckte. Ein Reitertrupp aus 16 Postillionen unter mecklenburgischen und preußischen Farben blies zum Empfang. Hernach eskortierte uns eine Schar der Garde du Corps bis zum Schloss in Potsdam. Wir fuhren durch eine dicht gedrängte, jubelnde Menschenmenge, Fackeln brannten, in den Fenstern leuchteten Kerzen. Obwohl bereits winterliches Dunkel herrschte, erschien die Stadt in hellem Licht.

Die Anstrengungen der Reise fielen von mir ab, als uns, am Schloss angekommen, Friedrich Wilhelm und Prinz Ludwig begrüßten. Ich wusste nicht, ob ich lachen oder weinen sollte. Der Kronprinz gestand mir am Abend, als der offizielle Teil vorüber war, dass er sich »wie närrisch« auf meine Ankunft gefreut habe.

Den nächsten Tag erwartete ich mit Herzklopfen. Es war ein Sonntag und für die Jahreszeit recht mild. Den Hofstaat hatte man Friederike und mir schon am vergangenen Abend vorgestellt. Mit der Oberhofmeisterin Frau von Voß und der Gräfin Brühl bestiegen wir beide die große goldene Staatskarosse, die vor dem Schlossportal hielt. Hinter uns folgte der Wagen mit Papa und der Großmama und Georg. Ein prächtiger Festzug und berittene Corps, Zünfte, Gilden, Bürgerabordnungen und viele, viele Menschen geleiteten uns nach Berlin. Die Musik spielte und Salutschüsse wurden abgegeben. Ich dachte an die Krönungsfeierlichkeiten in Frankfurt. Damals waren wir die neugierigen Zuschauer. Nun betraf das große Spektakel uns selbst. Für einen Augenblick wurde mir schwindelig – aber das verging rasch.

Am Potsdamer Tor hieß uns der Magistrat der Stadt willkommen. Und dann erreichten wir die berühmte Straße »Unter den Linden«. Wie oft erinnerte ich mich später an sie. Gehörte sie doch zu meinen Lebensumständen in der preußischen Residenz. Hier nun gab ich Anlass zu einer Verstimmung der Oberhofmeisterin – und erhielt einen strengen Verweis. Es blieb nicht der einzige. Sie und ich, wir benötigten lange Zeit, bis wir uns freundschaftlich fanden.

Der Hergang ist bald erzählt. Man hatte uns zu Ehren ein festliches Tor mit drei Portalen errichtet und in der mittleren Öffnung eine doppelte Brautkrone befestigt. Der Wagen hielt, Knaben und Mädchen umringten ihn. Eines von ihnen überreichte mir einen Myrtenkranz samt Willkommensgedicht, von dem es einige Zeilen sprach. Ich freute mich herzlich über die Gaben, nahm das Mädchen in die Arme und küsste es. Die Voß zeigte Entsetzen. »Was haben Ewige Königliche Hoheit gemacht? Das ist ja gegen allen Anstand und Sitte!« Ich empfand das anders – und fragte etwas erregt und laut zurück: »Wie? Darf ich das nicht mehr thun?« Die Umstehenden konnten und sollten es hören.

Bruder Georg gab der Oberhofmeisterin bald einen Beinamen und nannte sie »der Öllerich«. Was er sich bei dieser

Bezeichnung dachte, konnte er selber nicht genau beschreiben. Es musste wohl der Ausdruck für etwas Bestimmendes, Resolutes sein. Nicht ohne Grund hieß Sophie Marie von Voß bei Hofe offengeheim »der Feldwebel«.

Es blieb keine Zeit für weitere Erörterungen, wir erreichten gegen 3 Uhr das Schloss. Wie am Tag zuvor in Potsdam begrüßten uns Friedrich Wilhelm und sein Bruder. Die Prinzen waren am Morgen bereits zur Stadt vorausgefahren. Ich bemühte mich, meine Befangenheit zu verbergen. Friederike gelang es besser.

Beide gingen wir in weißen Atlaskleidern und hatten Federkränze im Haar, blau und rosa. Wahrscheinlich trug ich den blauen, weil er besser zu meinen Augen passte. Im Audienzzimmer stellte uns Friedrich Wilhelm II. der königlichen Familie vor. Gesichter, Namen, Zeremoniell – alles zog an mir vorüber, als beträfe es mich nicht. Ich hatte das Gefühl, außerhalb meiner selbst zu stehen.

Am Abend war Cour und Souper bei der regierenden Königin Friederike, geborene Prinzessin von Hessen-Darmstadt, einer Cousine meiner Mutter und Mabuschas Nichte. Das hielt die Königin nicht davon ab, Friederike und mich gleich am ersten Tag zu tadeln. Beide entsprächen wir mit unserem Verhalten nicht der Etikette. Ich kann nicht behaupten, dass der Tadel mich betroffen machte, eher wohl forderte er Widerspruch heraus. Dem ließen wir am nächsten Abend ein wenig die Zügel schießen.

Ball beim König. Und Tanz und Walzer. Ich hatte darauf bestanden, ihn zu tanzen. Vielleicht war es der Wunsch, im Schwingen und Springen die Zwänge abzuwerfen, die uns so einengten. Bisher unterlag dieser Tanz am Hof einem Verbot. Die Königin missbilligte unsere Indécence, von der sie meinte, dass es eine sei. Dem König gefiel, wie wir den Walzer tanzten.

Am Tag der Vermählung, dem Weihnachtsfest, schlug

die Aufregung hoch. Nach dem Diner mit grand-mère und den Damen begann die Ankleidung. Als ich mich besah: die lange Schleppe meines Kleides, dessen Ausschnitt Diamant-Rosetten schmückten, das Kron-Kollier um den Hals, bestaunte ich mein Spiegelbild. Großmama achtete darauf, dass ich pünktlich abends um 6 Uhr die Räume der Königin betrat. Sie setzte mir die von Diamanten funkelnde Krone der preußischen Prinzessinnen auf. Friedrich Wilhelm bot mir den Arm. Und der Hochzeitszug bewegte sich feierlich durch die vielen Gemächer bis zum festlich erleuchteten Weißen Saal.

Dort stand der Altar unter einem rotsamtenen Baldachin. Hofprediger Friedrich Samuel Gottfried Sack nahm die Trauung vor. Während der etwas umständlichen Rede gelobte ich im Stillen, dem Manne neben mir, den ich aus vollem Herzen liebte, Alles zu sein. Nach Sacks Schlussgebet und Amen donnerten aus dem Lustgarten zweiundsiebzig Böllerschüsse (man sagte mir, dass es so viele gewesen seien).

Die anschließenden Feierlichkeiten wurden mit einem Bankett im Rittersaal eröffnet, bei dem zwei Generäle, Kammerherren und Hofdamen bedienten. Inzwischen begannen im Weißen Saal die Vorbereitungen für den Fackeltanz, einen alten Brauch am preußischen Hof. Dann zogen 18 ehrwürdige Staatsminister – darunter schon sehr ehrwürdige – in einer Art Polonaise, mit Wachsfackeln in der Hand und von Pauken und Trompeten begleitet, an uns vorüber. Ich warf dem Kronprinzen einen Blick zu, den er verstand.

Am 25. Dezember, nach dem Gottesdienst im Dom, bezogen wir »unser Haus«. Das Kronprinzenpalais, welches dem Zeughaus gegenüber in der Straße Unter den Linden stand. Hofmarschall Valentin von Massow hatte es aufs Beste und zur Zufriedenheit meines Mannes vorrichten lassen. Friedrich Wilhelm schätzte die einfache Lebensform. Und von Massow, einfühlsam und kunstverständig, trug dem Rechnung.

Friederikes Hochzeit verlief ähnlich der meinen. Doch bemerkte ich die kühle, ja fast abweisende Haltung, die Prinz Ludwig seiner Frau gegenüber einnahm. Und ich ahnte, welchen Kummer sie noch werde erleiden müssen. Am liebsten hätte ich den Arm um sie gelegt und sie aus dem vorgegebenen Protokoll hinausgeführt. – Nicht lange danach zog Friederike, Ika, Ixelchen, nun auch Prinzessin Ludwig oder Louis geheißen, in nachbarliche Nähe, in das etwas kleinere Palais neben uns, das der Berliner Architekt Heinrich Gentz eigens für sie und Prinz Ludwig ausgebaut hatte.

Mit dem 1. Januar und einer Gala-Oper gingen die Festivitäten zu Ehren unserer Vermählungen zu Ende – aber nur, um den nächsten gesellschaftlichen Ereignissen Platz zu machen. Der Karneval begann. Maskenbälle lösten einander ab. Assembléen, Spazierfahren, Konzerte, Theateraufführungen, Einladungen – oder wir luden ein. Auf den Bällen frönten Friederike und ich dem Tanzvergnügen. Und *was das Tanzen angeht, so weiß man ja, dass die Mecklenburger sich darauf verstehen und dass es sehr schwierig ist, sie völlig fertig zu machen.* Ich hatte mir vorgenommen, den geliebten Walzer bei Hof einzuführen. Nach hartnäckigem Bitten gelang es. Obwohl die Königin, meine Schwiegermutter, sich nach wie vor darüber echauffierte.

Wenn das Wetter es zuließ, promenierten wir auf »unserer Straße« Unter den Linden. Weder Friederike noch ich fragten dazu um Erlaubnis; der Gedanke kam uns nicht, und ich wollte es auch nicht. Wir nickten den Vorübergehenden freundlich zu, und sie erwiderten den Gruß respektvoll und erfreut.

Zu den wöchentlichen Pflichten gehörten die Besuche bei der Königin an ihren Cour-Tagen im Schloss Monbijou: Sonntag und Donnerstag. In den oberen Etagen hielt die betagte Elisabeth Christine, Witwe König Friedrichs II., mittwochs Gesellschaftstag. Im Winter zog dort eisige

Kälte durch die Zimmer, und gepaart mit den langweiligen Gesprächen fühlte ich sie doppelt. Hätte ich wählen dürfen, *so hungerte ich lieber den ganzen Tag und wäre ruhig und still in meinem kleinen Kabinettchen geblieben.*

Für das strenge Reglement entschädigten mich Bälle und Maskeraden. In Prinz Louis Ferdinand von Preußen fand ich einen glänzenden Tanzpartner. Ich lernte ihn kennen als einen musisch begabten, fantasievollen, gut aussehenden jungen Mann, voller Ungestüm und verrückter Einfälle. Er gehörte zur »Ferdinanderie«, die im Schloss Bellevue residierte. Sein Vater, Prinz Ferdinand, war der jüngste Bruder König Friedrichs II. Zu dieser Familie wahrte unser König, aus internen machtpolitischen Gründen, stets etwas Distanz. Obgleich er mich mit Güte und Nachsicht behandelte, sah er es ungern, wenn ich die »Ferdinanderie« besuchte.

Zu Prinz Louis Ferdinand entspann sich ein Verhältnis, das wohl der Suche nach einem Gleichgesinnten in dieser fremden Umgebung entsprang. In manchem waren wir uns ähnlich: Lebenslust, Widerspruchsgeist, Abneigung gegen überzogene Vorschriften, Freiheitssinn. Ich will nicht leugnen, dass ich hin und wieder mehr als freundschaftliche Gefühle für ihn hegte. Aber es waren Sentiments des Augenblicks, die vergingen, wie sie gekommen waren. Nie hätten sie meine Liebe zu Friedrich Wilhelm gefährden können.

Die Hochzeitsgäste reisten einer nach dem anderen ab – Papa, die Mabuscha und zuletzt Bruder Georg. *Die Leere, die in meinem Hause war, war wirklich unbeschreiblich … Ich glaubte, von Tränen erstickt zu werden, wie ich niemand von meinen Verwandten erblickte.* Eigentlich hätte ich mich in der neuen Häuslichkeit geborgen fühlen müssen, die so ganz auf mein Wohlbefinden abgestimmt war. Ich ging durch die Räume, die in der Beletage lagen. Da waren Vorzimmer und Salon, dessen Wände grüne Atlasbespannung trugen und in dem Möbel aus Mahagoniholz standen. Vom Eckzimmer aus konnte man auf den Opernplatz und auf »die Linden« schauen. Mein Arbeits- und Schreibkabinett war mit Bücherschrank und Schreibtisch ausgestattet, auch hatte ich dort ein Piano zur Verfügung. Die gelben Tapeten und blauen Bordüren gaben dem Zimmer Freundlichkeit. Durch das Türkische Kabinett gelangte man in das Schlafzimmer. Groß und reich ausstaffiert. Die Malerei an der Decke bestand aus blütenüberquellenden Füllhörnern und geometrischen Mustern. Umlaufend an der Deckenkehle zogen Festons entlang, aus demselben tiefblauen Atlasstoff gefertigt, wie er die Wände überzog. Zwei Säulen aus Stuckmarmor teilten den Raum, an dessen Ende unter einem Himmel das Mahagonibett stand. In seinen Kissen versank man. Hier schlief ich genüsslich in den Tag hinein – wenn die Umstände es erlaubten.

Friedrich Wilhelm hatte sich im Parterre etabliert, um vieles einfacher und beinahe spartanisch.

Wahrscheinlich belastete mich auch die angespannte Atmosphäre, die sich zusehends ausbreitete und die ich deutlich fühlte. Wolken zogen auf. Sicherlich hatte ich daran meinen Anteil. Man verübelte mir so einiges. Ich bat meinen Mann um die intime Anrede zwischen uns und sagte »Du« zu ihm und »mein lieber Fritz«. Er stimmte freudig zu. Da wir es auch in der Öffentlichkeit so hielten, verärgerten wir den König. Er rügte seinen Sohn. Der Kronprinz bot Paroli, diplomatisch angemessen: »Geschieht aus guten Gründen. Mit dem ›Du‹ weiß man doch immer, woran man ist; dagegen bei dem ›Sie‹ ist immer das Bedenken, ob's mit einem großen S geschrieben wird oder mit einem kleinen.« Für diese Standhaftigkeit hätte ich ihn geküsst, wenn ich dabei gewesen wäre.

Meine Tanzlust warf man mir vor. Mit Frau von Voß geriet ich darüber mehrfach in Streit. *Sie nahm manchmal einen anmaßenden Ton an, den ich gar nicht leiden konnte, und wenn sie das bemerkte, so war sie manigmal so kriechend, dass ich sie hätte treten können.* Sie schrieb sogar an Prinzessin George in Darmstadt. Das erschreckte mich, denn um nichts in der Welt wollte ich unserer Großmama Sorgen bereiten. Ich empfahl mich ihrer Huld. Und sie nahm mich in Schutz.

Man sagte mir Verstöße gegen die Etikette nach. Standesdünkel war mir fremd, gestelztes Benehmen ebenso. Und verbiegen konnte ich mich nicht. Der Umgang mit Prinz Louis Ferdinand wurde mir ebenfalls vorgeworfen. Schmerzhaft jedoch trafen mich Auseinandersetzungen mit meinem Mann, die sich einschlichen. Noch verstand ich nicht die schwierige Situation, in der er sich befand. Die Liebe zu mir einerseits und die Angriffe der höfischen Gesellschaft andererseits brachten ihn in eine Zwangslage.

Mein achtzehnter Geburtstag unterbrach die Querelen für eine Weile. Die Tage davor und danach waren unglaublich anstrengend. Ein Fest folgte dem anderen. *Ich habe immer nur getanzt.* Hinzu kamen Konzerte beim König, Theaterabende und große Gesellschaften. So etwa war die Abfolge: *Am Donnerstag bei mir Ball bis morgens 5 Uhr, am Freitag Tanz bei Alvensleben, am Sonnabend bei Podewils und am Sonntag bei dem König. Da konnte man wirklich seine Seele verlieren und sein Testament machen.* Schwester Therese schrieb ich nach Regensburg, sie müsse darauf vorbereitet sein, zu erfahren, dass ich in Bälde sterben würde, weil ich mich zu Tode tanzte.

Zu meinem Jubeltag schenkte mir der König Schloss Oranienburg. Nun besaß ich eine Lokalität für den Sommeraufenthalt. Umso mehr traf es mich, als meine Hofdame Henriette von Viereck im Auftrag des Königs mir Vorhaltungen machte und mich aufforderte, mehr Zurückhaltung zu üben. Dabei blieb es nicht. Friedrich Wilhelm II. sandte seinem Sohn ein väterliches Ermahnungsschreiben, in dem er sich trotz seines Unwillens kulant ausdrückte. Ich sei, so hieß es darin, »bisweilen ein bisschen unbesonnen und launenhaft«.

Bei allem Verständnis für mich wäre ich aber, wie jede Frau, dazu da, dem Willen des Gatten zu gehorchen. Ansonsten bekäme ich die königliche Ungnade zu spüren. Erneut verteidigte mich Fritz gegen seinen Vater.

Es blieb nicht aus, dass wir beide ernsthaft über die Probleme sprachen, stritten und ich dabei unsachlich und unbeherrscht, eben unbesonnen wurde. Ich ahnte ja inzwischen, dass es besser wäre, sich den gesellschaftlichen Regeln anzupassen. Doch es gelang mir noch nicht. Die Erlösung hieß – zumindest für den Augenblick, Potsdam.

Dort begannen die Frühjahrsmanöver. Das Regiment des Kronprinzen lag in der Potsdamer Garnison. Die militärischen Übungen nach der Winterpause erforderten seine Gegenwart. Friedrich Wilhelm wünschte meine Anwesenheit. Nichts tat ich lieber. Entkam ich doch dem lästigen und zermürbenden Gerede bei Hofe, in das ich geraten war. Wir zogen um und richteten uns im dortigen Stadtschloss ein. Ich fühlte mich wie neugeboren.

Leider musste ich Friederike zurücklassen, die ich gern bei mir gehabt hätte, *aber ein Soldatenweib muss ihrem Berufe nachgehen, und das tat ich. Ich aß Punkt zwölf, ich trank Tee nach fünf … und aß zu Nacht Punkt acht. Ich ging zu Bett mit den Hühnern, Küken und Kikerikis und stand mit höchstdenselben wieder auf. Aber ich war besser als sie, denn ich las Geschichte, schrieb Briefe und lebte zum Vergnügen meines Mannes.* Es wurden wundervolle Tage. Sie glichen unserem Sommer im vergangenen Jahr. Die Ängste und Beklemmungen wichen.

Die sechs Wochen, die ich in Potsdam mit ihm zugebracht habe, waren unstreitig die glücklichsten meines Lebens. Ganz ohne Gêne und Etikette, so ganz nach seinem Willen hab ich gelebt, und ich fühlte das Glück, solch ein Leben zu führen, nie lebhafter, als wenn ich von Berlin Nachricht bekam: heute ist großer Ball oder heut ist groß Konzert und Souper. Ach, da war ich vergnügt, mich an der Seite meines Mannes zu finden, in einer Linonchemise [leichtes Baumwollgewand], *unfrisierte Haare, und ihm recht vorschwatzen zu können, wie sehr ich ihn liebte und schätzte, und dann so gegen 7 Uhr, gerade um der Zeit, wo die Tanzenden sich fürchterlich zerhabten und zersprangen, um warm zu bekommen, setzte ich mich im Wisky* [einspänniger Wagen] *mit ihm, um Gottes schöne Luft zu genießen, mich dadurch gesund und frisch zu machen.*

Wieder griffen Kriegsunruhen in unser Leben ein. Die zweite Teilung Polens führte zu einem Aufstand in Warschau. Die russischen Truppen mussten die Stadt räumen. Der König ließ das preußische Herr ostwärts marschieren. Friedrich Wilhelm und Prinz Ludwig, Friederikes Mann, schlossen sich mit ihren Regimentern an. Für mich kam es einem Sturz aus den Wolken gleich. Denn die Zeit in Potsdam hatte uns innig zusammengebracht, und innere Ruhe begann einzuziehen. Ich erwartete ein Kind.

Die Vorstellung, in der großen Stadt, im Kronprinzenpalais ohne meinen verständnisvollen Freund zu bleiben, erschien mir wie ein Unglück. Gewiss, Friederike befand sich in der Nähe, doch brauchte sie eher Hilfe, als dass sie hätte Trost spenden können. Mir kam der Gedanke, die Sommermonate in Potsdam, in der schönen Umgebung von Sanssouci zu verleben. Ich ersuchte den König um diese Gefälligkeit. Er gewährte sie mir.

In den ersten Maitagen fuhren wir nach Berlin zurück. Die königliche Familie gab den Offizieren vom Regiment meines Mannes ein Abschiedssouper. Ich kämpfte gegen meine Traurigkeit.

Kurze Zeit darauf verließen die Prinzen mit ihren Regimentern die Stadt. Friederike und ich begleiteten sie bis nach Steinhöfel. Schloss, Park und Ländereien gehörten unserem Hofmarschall Valentin von Massow. Er und seine Frau boten uns Gastfreundschaft für den letzten gemeinsamen Tag. Von

Massow stand im Begriff, nachdem er durch den Architekten David Gilly einen Schlossneubau hatte errichten lassen, nun auch den Park in einen Landschaftsgarten umzugestalten. Schloss und Park gefielen uns als Landsitz ausnehmend gut. Wäre nicht die bedrückende Abschiedsstimmung gewesen, wir hätten gern noch verweilt. In dieser angenehmen Umgebung keimte der Gedanke, Ähnliches zu besitzen.

Am 15. Mai 1794 trennten wir uns. Mussten wir uns trennen! *Als er nachher unten auf seinen Bruder wartete, da stand ich am Fenster, um noch einen wohltuenden Blick zu erhaschen. Ich kann nicht schildern, was ich beim Abschied gelitten habe … denn was war ich ohne ihn, den geliebten Freund?*

Es begann der Sommer in Sanssouci. Fünf Monate fern voneinander ließen unsere geübte und bewährte Notverbindung – den Briefwechsel – wieder aufleben. Friedrich Wilhelm nannte mich seine »liebe Herzensluise«. Und er schrieb mir sehr offen über die militärischen Vorgänge im polnischen Feldzug, der nach seiner Darstellung halbherzig und oft nicht aufeinander abgestimmt geführt wurde. Ich nahm es als einen Beweis des großen Vertrauens, das er mir entgegenbrachte. Er ließ auch seinem Unmut über die vorgefundenen Verhältnisse freien Lauf. In einem Brief vom 4. Juni 1794 hieß es:

»Weißt Du, liebe Freundin, ich bin jetzt wütend und höchst missgestimmt über den Befehl, den ich für meine zukünftige Bestimmung erhalten habe … Ich begab mich ins Hauptquartier und erfuhr hier, dass ich sofort nach Petrikau zurückgehen und dort das Kommando über drei Bataillone und drei Schwadronen übernehmen solle; ich wäre dazu bestimmt, mit diesem elenden kleinen Korps nach Malagocz zu marschieren, um einen ebenso elenden Ablenkungsangriff auszuführen … Nun sage mir, was kann man mit drei Bataillonen machen, überhaupt nichts! … Im Allgemeinen herrscht hier ein solches Durcheinander, dass niemand weiß, wer Koch noch Kellner ist … Ich kann Dir nicht sagen und Du kannst Dir gar nicht denken, wie böse ich bin und wie unangenehm meine Lage ist … Will der König mich zu nichts Ordentlichem gebrauchen, so lass er mich zu Hause. Adieu, liebe beste Luise. Ich liebe Dich von ganzem Herzen.«

Und an anderer Stelle ließ er mich wissen: »Gestern habe ich innerhalb 18 Stunden zwei Kuriere empfangen, jeder brachte völlig verschiedene Befehle mit … Man möchte vermuten, dies alles geschieht, um mir den Krieg gründlich zu vereckeln, und das ist nahezu gelungen, er steht mir schon bis an den Hals.«

Im Juni waren die preußischen Truppen bis nach Krakau vorgedrungen und hatten die Stadt, ohne auf besonderen Widerstand zu stoßen, besetzt. Und am 13. Juli erreichten Teile der russischen und preußischen Armee Warschau.

Ich erhielt die Briefe meines Mannes in dichter Reihenfolge, während Friederike oft längere Zeit auf Nachrichten von Prinz Ludwig warten musste. Es tat mir weh, denn sie war doch meine Herzensschwester. Ich schrieb Friedrich Wilhelm, dass er auf seinen Bruder Einfluss nehmen und ihn bewegen solle, sich mehr seiner Frau zuzuwenden, als einer *gewissen Person.* Jedem von uns, einschließlich Friederike, war dieses Verhältnis bekannt.

Inzwischen besorgte ich mir ein große Landkarte von Polen, auf der ich die Örtlichkeiten kennzeichnete, die *mein lieber Fritze* passierte. So konnte ich immer in Gedanken mit ihm reisen. Die russische Kaiserin, Katharina II., so hörte ich sagen, sei *schrecklich aufgebracht wegen der Polen und sei entschlossen, fürchterlich den Schimpf zu rächen, den ihre Truppen aus Warschau erduldet hätten.* Dem preußischen König wolle sie es überlassen, einen gemeinsamen Operationsplan als Strafmaßnahme aufzustellen. *Die Russen und wir waren also sehr gut zusammen, und Katarinchen und ich waren natürlich Busens-Freunde … Ein Gedanke, der mir wirklich die Seele durchbohrte, war, dass kein Ende wieder bei diesem Krieg zum Voraus zu sehen war, als Hunger und große Not.*

Und mein lieber Mann befand sich irgendwo *bei die infamen Polen.* Gewiss lachte er im Geheimen über mich, *weil ich mich mit politischen Reden beschäftigte.* Aber es ließ sich nicht vermeiden, über das Geschehen nachzudenken und darüber zu sprechen und daran Anteil zu nehmen. Friedrich Wilhelm berichtete mir bis ins Detail von dem militärischen Vorgehen, den Strategien, den Fehlschlägen und Winkelzügen. Er beurteilte, verwarf, verurteilte so manche Handlung dieses Kriegszuges. Wie konnte ich davon unberührt bleiben? Es bewirkte, dass ich eintreffende Nachrichten begierig aufnahm und wertete. Sie betrafen mich mit ihren erfreulichen oder traurigen Inhalten ebenso wie jede einfache Soldatenfrau, die um ihren Mann bangte.

Sobald sich Möglichkeiten boten, Friedrich Wilhelm Mitteilungen oder kleine Freuden zukommen zu lassen, nutzte ich sie. Mit einer Stafette, die nach Polen abging, schickte ich ihm frische Kirschen, die ich *früh aus dem Garten bekommen hatte.* Ich stellte fest, *dass diese herrlichen Früchte mir gar nicht gefallen wollten; wahrscheinlich, weil ich sie früher stets mit ihm gemeinsam verzehrt hatte.* Wohl eher waren es die Umstände der Schwangerschaft, die mir so manches Übel verursachten und *wo die Nerven viel delikater und reizbarer sind als sonst. Ich sorgte mich, ob mein Mann wieder bei mir sein würde, in den Stunden der Angst und Schmerzen, die mich im Oktober erwarteten.* Nun wurde aus mir allmählich ein *kleines dickes Ungetüm, nichts als Bauch, von welcher Seite aus man es auch betrachtete.*

Friederike und ich erhielten in Sanssouci oft Besuch. Auch kam die Königin, *sie überhäufte uns mit Güte und Freundlichkeit … und hat sich hier sehr gut unterhalten. – Mit der allerliebsten und vielgeliebten Schützengilde erwartete uns eine reizende Vergnügungspartie. Sie hatte sich schon zum zweitenmal die Ehre ausgebeten, uns bei sich zu sehen, mit dem angenehmen Zusatz, dass sie hätten ein Zelt aufschlagen lassen und zwei Schildwachen davor gestellt, damit wir nicht von dem Pöbel belästigt würden, hätten allerhand Eis und Kuchen backen lassen und freuten sich höchlich uns zu sehen; was blieb uns also übrig, wir mussten, wollten wir oder wollten wir nicht, uns schmoren lassen und vielleicht gar toll werden, um die Ehre zu haben, den Bürgern die Cour zu machen.* Nun denn, wir gingen und hofften, *dass wir wieder gesund von der Schützengilde kämen, nebst dem gesunden Verstande.*

Aus Strelitz trafen außergewöhnliche Nachrichten ein. Der regierende Herzog Adolf, unser Onkel, war am 2. Juni verstorben, unvermählt und ohne Kinder. Papa, als sein nächstjüngerer Bruder, übernahm die Amtsgeschäfte. Ich gratulierte ihm, dem neuen Herzog von Mecklenburg-Strelitz. Und ich gab gleichzeitig meiner Meinung Ausdruck, dass ich Regieren nicht für ein Vergnügen halte, wohl mehr für eine harte Last. Nicht lange hin, und ich sollte es selbst erspüren können.

Vorerst lebte ich in größter Aufregung wegen Warschau. Gott allein wusste, ob es zu einer Bataille kommen würde oder nicht. Mein Mann schrieb, man habe die Truppen näher an Warschau herangeführt, aber die Stadt sei nicht im Sturm zu nehmen, es laufe wohl auf eine Belagerung hinaus. *Warum glaubte man denn, die Einnahme von Warschau werde schwierig sein, und man müsse jetzt die Stadt bombardiern? Ich fürchtete schon im Voraus für die armen Menschen, die bei diesem Kampfe untergehen und das Opfer dieses Sieges sein würden.* Bereits in Potsdam, vor dem Aufbruch nach Polen, hatte Friedrich Wilhelm geäußert: »Dies scheint ganz der zweite Teil der Französischen Revolution werden zu wollen.« Traf es am Ende zu?

Den Sommeraufenthalt in Sanssouci unterbrachen wir mit Fahrten nach Charlottenburg und auch ins Potsdamer

Schloss. Vom Regiment Friedrich Wilhelms sah ich dort niemanden *als die Schildwache vor dem Schloss, die war sehr sauber; ich als Generalin gab sehr acht darauf!* Ich ging viel spazieren. Der Kronprinz wünschte es – meiner Gesundheit und der des Kindes wegen. Wir hielten uns im Fasanengarten auf oder liefen durch die langen Alleen, die Schatten spendeten. Bei schönem Wetter speisten wir in dem hübschen Laubengang. Hernach etablierte ich mich auf der Terrasse, meist vor Friedrichs II. Konzertzimmer. Es wurde gelesen, vorgelesen und räsoniert. Ich strickte Strümpfe für meinen liebsten Freund. Diese Art der Beschäftigung brachte ein wenig Ausgleich in meine Besorgnis, die mich nicht verließ.

Die Briefe meines Mannes enthielten, neben der Versicherung seiner Liebe, schlimme Botschaften. Was ich las, war dazu angetan, *die Schwarzegelbsucht zu bekommen.* Die Herren Russen, auf die man baute, enttäuschten – *wenn man sie brauchte, ließen sie einen in der Sauce allein.* Es fehlte an allen Mitteln. Man hatte, so teilte er mit, auch diesen Feldzug »auf die leichte Achsel« genommen. »Gott, was ist dies wieder für ein elender Krieg«, brach es aus ihm heraus. Friedrich Wilhelm warnte mich, solche Äußerungen von ihm weiterzugeben, sie müssten unter uns bleiben. Dazu bedurfte es keiner Aufforderung.

Über die Gefechte vor Warschau schrieb er mir: »Es war ein mörderisches Feuer, und wir haben grausam viel Menschen verloren … Ich kann Dir versichern, ich habe so etwas noch nicht gesehen. Die Blessierten kamen immer haufenweise zurück, so dass der König sie einmal für ein zurückgekommenes Bataillon hielt. Der Anblick war erschrecklich, und man musste ohne Empfindung sein, um dieses mit Gleichgültigkeit mit anzusehen. Ich konnte es nicht, und die Tränen standen mir und mehreren in den Augen … Nein, gewiss, ich vergesse es nie.«

Diese Schilderung erschütterte Friederike und mich. Trotzdem versuchte ich die Briefe an den Kronprinzen mit einer gewissen Unbekümmertheit auszustatten. Er sollte bei dem Grauen und den Strapazen doch wenigstens für einen kurzen Augenblick lächeln können. Deshalb fragte ich an, *ob denn die allmähliche Vermehrung seiner Wäsche durch die Strümpfe, die ich so hübsch und vor allem so fein strickte,* dem Rentmeister nicht auffiele? Und ich schloss: *Ich liebe Dich verzehrentlich aus ganzem Herzen und von ganzer Seele. Amen Luise.*

Im Westen stand es ebenfalls nicht zum Guten. In Westfalen *begannen die Teufel* – die Franzosen – sich wieder zusammenzurotten, und der Koalitionskrieg verlief nicht nach den Vorstellungen der Bündnispartner. Einen Krieg an zwei Fronten zu führen war noch nie von Erfolg gekrönt. Ende August, als wir die Generalin Bischoffwerder besuchten, erfuhren wir, dass der König und die beiden Prinzen in längstens einem Monat zurück sein würden. Ob nun verbürgte Nachricht oder nicht – ich *war halb närrisch vor Freude; seit dem glücklichen Augenblick, als mir diese Hoffnung gegeben wurde, war ich viel fröhlicher, ich nahm an der Freude der anderen teil und hatte nicht mehr diese Zeiten, wo ich manchmal verzweifeln mochte.*

Die Nachrichten über eine mögliche Rückkehr verdichteten sich. Mein Mann schrieb mir, dass es an der Zeit sei, »den Ruhm hierselbst fahren zu lassen« … die Retraite wäre bestimmt. Der König habe den »zwar harten, jedoch weisen Entschluss« zum Rückzug gefasst. Am 6. September 1794 hob man die Belagerung von Warschau auf. Den 7. September schrieb mir Friedrich Wilhelm den schönsten, ersehnten und lang erwarteten Brief: »Sage mir zunächst, engelgleiche Luise, würdest Du erschrecken, wenn unerwartet einer, der Dir nicht gleichgültig ist … erscheinen würde? … Kann Dein Herz wohl erraten, um wen es sich hier handelt? … Alles, was ich Dir sagen kann, ist, dass er fast närrisch vor Freude ist, aber er wagt nicht, sie merken zu lassen.«

An den Kronprinzen Friedrich Wilhelm

Sanssouci, den 12. September 1794

Folle, Splitter rasend toll vor Freude … in diesem Zustande befinde ich mich, und das – ich wette, Du wirst es schon erraten haben – und das durch Deinen göttlichen Brief vom 7. September … Welch göttliche Nachricht, erst recht angenehm, weil ich gar nicht darauf zu hoffen wagte … Ich zitterte vor Freude, als ich Deinen Brief las, mein Atem wurde ganz kurz, ganz kurz … Was wird es erst geben, wenn Du kommst? Wenn ich nur nicht niederkomme vor Freude! Aber ein rechtes Glück ist es, dass ich es so lange voraus weiß, wahrhaftig, ich glaube, ich wäre umgekommen, denn so eine Sensation lässt sich gar nicht beschreiben! Ach Gott! Was ein Glück! welche Freude erwartet meiner, ich zittere an Arm und Bein, wenn ich daran denke! … Du willst den Tag unseres Aufbruchs von dem geliebten Sanssouci wissen? Der ist heute über acht Tage festgesetzt, nämlich den 20. Ich bitte Dich aber auch recht inständig, mir den Tag Deiner Ankunft zu schreiben, denn ich muss es wahrhaftig wissen, sonst sterbe ich oder erschrecke wenigstens zum Tode, kämst Du so und machtest eine Surprise. Sollte Deine Ankunft früher als den 20. sein, so lass es mir … wissen, denn da käme ich eher nach Berlin, um Dich da zu empfangen … Lebe wohl, ich umarme Dich, toll vor Freude

Luise

Um den großen freien, windigen Schlossplatz herum, hin zur Straße Unter den Linden, bilden die Scheinfassade der Bauakademie, Friedrichwerdersche Kirche, der Kuppelbau der Hedwigskathedrale, Kommandantenhaus, Zeughaus, Altes Museum, der gewaltige Dom und das Skelett des Palastes der Republik einen Rundhorizont. Kräne ragen in den Januarhimmel.

Auf der Schlossbrücke sind die Figuren verhüllt. Athene, Iris, Nike und die jungen Krieger erwartet eine Verschönerung. Obwohl keine Touristensaison ist, schlendern fotografierende, vielsprachige Berlinbesucher auf den Gehwegen und lassen sich die imponierenden Bauten des »Forums Fridericianum« erklären. Sie staunen darüber, wie sich aus einem alten Reitweg, der vom Schloss in den Tiergarten führte und den der Große Kurfürst mit 2000 Linden- und Nussbäumen bepflanzen ließ, die hauptstädtische Prachtstraße entwickelte. Die Pracht hält sich zur Zeit in Grenzen.

Im ehemaligen Kommandantenhaus, Unter den Linden Nr. 1, einstmals Wohnhaus des Festungsbaumeisters und Oberbaudirektors Johann Gregor Memhardt, residiert »Bertelsmann«. Nebenan, mit der Hausnummer 3 versehen, steht das Kronprinzenpalais. Verwaist und eingerüstet und eingehüllt. Die Verhüllung flattert im Wind, ist zum Teil zerschlissen und lässt darunter die Renovierungsbedürftigkeit des Gebäudes erkennen.

Aus dem privaten Wohnhaus von 1663, das für die Kronprinzenzeit König Friedrichs II. zum kleinen barocken Schloss umgebaut wurde, entstand ein stattliches Palais – mehrfach verändert, wie es der Lauf der Zeit mit sich bringt. Trug es einst ein schlichtes, gefälliges Mansarddach, so prunkt der Bau nun mit aufgesetztem Attikageschoss und Portikus über der zweiläufigen Rampe. Vier Skulpturen stehen über dem Mittelrisalit. Ich blinzle gegen die Sonne zu ihnen hinauf. Mehr als ihre üppigen Formen lässt sich nicht erkennen.

Die ganze Herrlichkeit stürzte im Zweiten Weltkrieg zusammen. Ende der Sechzigerjahre des vergangenen Jahrhunderts begann der Wiederaufbau. Das Gebäude erhielt architektonisch ein modernes Innenleben und diente der Regierung der DDR als Gästehaus. – Ein Säulengang geleitet seitlich zum Palaisgarten. Er ist von Mauern umgeben und kaum einsehbar. Ich gehe um das Kronprinzenpalais herum, so weit man herumgehen kann, und versuche, mir an irgendeinem Schlupfloch Eintritt zu verschaffen oder einen Blick zu erhaschen. Vergebens. »Durchgang verboten«; Absperrungen, Gitter. Abgewiesen.

Das Prinzessinnenpalais, Unter den Linden Nr. 5, in dem Luises Schwester Friederike ihren Familiensitz aufgeschlagen hatte, zeigt sich zugänglicher. Das Geschwisterpaar konnte sich in die Fenster schauen, so dicht liegen beide Häuser nebeneinander. Auf der Grünfläche vor dem langgezogenen, schmalen Bauwerk paradiert die Generalsriege. In Bronze und Marmor. Mehr oder minder verwegen, posieren auf ihren Sockeln die Herren Gneisenau, Blücher (Leberecht, wie immer draufgängerisch und markig), York, Scharnhorst und Bülow. Eine ausladende, gut gewachsene Platane hält die kriegerischen Geister auseinander.

Das Palais mit dem heiteren Charakter wurde 1733 aus zwei Bürgerhäusern gefügt und erhielt einen ansehnlichen Garten, den der Festungsgraben begrenzte. Es steht eigensinnig quer und lag zurückgenommen zur Straße Unter den Linden. Die Festungsanlagen erzwangen dereinst diesen Bauplan. Man hat das Gebäude späterhin durch einen Übergang mit dem Kronprinzenpalais verbunden und mit einem Kopfbau an die »Linden« herangezogen. Nun passte es sich an die vorgegebene Straßenfront an.

Die kleine Schönheit brannte im Krieg aus; und erstand in den Jahren 1962 bis 1964 wieder – als Operncafé, nun Opernpalais geheißen.

Vor dem großen Spiegel im Foyer platziert, grüßt Schadows »Prinzessinnengruppe« en miniature den Gast. Friederike und Luise und Mitglieder des königlichen Hauses sind allgegenwärtig. Die kleinen Salons heißen »Augusta«, »Alexandra«, »Charlotte« und »Friederike«. Am großräumig gewendelten Treppenaufgang zum Obergeschoss hängen Altberliner Stadtansichten und die Kopie von Friedrich Georg Weitschs großem Gemälde, auf dem beide Schwestern die Büste ihres Schwiegerpapas Friedrich Wilhelms II. schmücken. Der »Prinzessinnensaal«, in Rosé und Gold und durch zwei Fensterreihen in helles Licht getaucht, wird soeben einer Renovierung unterzogen.

Eine Kopie des Tischbein-Gemäldes von Luise als junger Frau, mädchenhaft-zart, lehnt im Vorraum an der Wand. Selbstverständlich gibt es einen nach der Königin benannten Saal. Doch er ist verschlossen.

Ich begebe mich ins Café, vorbei an einem verführerischen Kuchen- und Confiserie-Büfett, suche mir eines der kleinen Separees. An der Wand fällt mein Blick auf die junge Majestät, wie sie Böttner 1799 in dem hochgegürteten, weich fallenden, feingewebigen Gewand malte (Kopie). Genüsslich esse ich ein Stück Luisentorte. Kreation aus Baumkuchen und Schokoladencreme und einem Dekorationsblättchen aus Marzipan mit den fein gezeichneten Zügen von …? Von wem schon …!

Geraden Weges in die schöne Stadt Potsdam. Und zielgerichtet zum Park von Sanssouci. Vom Platz an der Dortustraße her tönt ein Glockenspiel. Auf der kurzen Wegstrecke zum Parkeingang »Am grünen Gitter« begegnet mir Luise als -Apotheke, -Forum, -Platz, -Hotel. Womöglich habe ich bereits den Luisenblick.

Der Morgen ist für einen Januarfreitag erfreulich mild. Wenige hingewischte Wolken am Himmel und ein Lüftchen, das an Märztage denken lässt. Der Park ist kaum begangen. Im Marly-Garten überbieten sich Amseln im Gesang. Ihre Flötentöne erklingen zu früh. Die stille Allee biegt rechtwinklig ein. Und vor mir liegt die Sommerlust. Schloss Sanssouci. Es krönt die Weinbergterrassen, in deren Mitte die Gartentreppe wie in Kaskaden herabläuft. Dieser verspielte, hingebreitete, gelb leuchtende Ausbund des Rokoko wirkt wie ein Magnet. Dort hinauf möchte man.

Die seitlichen Wasserläufe am Hauptweg wellt der Wind; Baumstrukturen werfen ihr Spiegelbild hinein. Auf den weiten Wiesenflächen, säuberlich vom gefallenen Laub befreit, machen sich die Maulwürfe zu schaffen. Im Becken der großen Fontäne rudern Wildenten um den behaglich blubbernden Springquell. Dass er zu majestätischer Höhe aufsteigen kann, traut man ihm nicht zu. Die Skulpturen, die das Rondell umstehen, sind »eingehüttet« bis zum Frühjahr.

Nun aber aufwärts über die vielen leicht geschwungenen Stufen. Feigenbäume und Weinstöcke stehen geschützt an den Terrassenwänden. Auf den Plateaus sind die Rebstöcke zur Zierde als Festons gezogen. Von der Schlossterrasse aus geht der Blick nach Süden über Park und Stadt bis zu den eiszeitlich geformten, bewaldeten Höhenzügen hinüber.

Die Gartenseite des Maison de Plaisance strahlt in überquellender, ausgelassener Laune. Bacchantinnen und Bacchanten tragen das Gesims, als sei es federleicht und diene nur als Stütze ihrer Weinseligkeit. Früchte und Blüten in üppiger Fülle, Krüge, aus denen wohl kein Wasser fließt. Friedrich Christian Glume schuf die Gesellschaft, man sieht sie taumeln, hört ihr Gelächter.

Dem Schlossherrn sei Reverenz erwiesen, bevor ich sein Haus betrete. Neben dem Ostflügel unter einfacher schlichter Grabplatte, die nur die Schriftzüge »Friedrich der Große« trägt, fand er nach langer Irrfahrt im August 1991 Ruhe, an dem Ort, den er schon zu Lebzeiten für den letzten Aufenthalt vorbereiten ließ. Und – wunschgemäß – unweit seiner Hunde, den Lieblingen ihres Herrn. Elf Gräber, deren Namen teilweise noch lesbar sind: Alcmene, Thisbe, Diana, Philis ... Wenigstens zwei der getreuen Vierbeiner genossen die Ehre, vom Hofmaler Antoine Pesne gemalt zu werden.

Sanssouci – das Schloss mit den zwei Gesichtern. Wer den Laubengang an der Südfront und den goldgrünen Pavillon, luftig leichtes Kunstwerk, durchschreitet, wähnt sich noch inmitten der Gartenfreuden. Wenige Schritte um die Hausecke, und man nimmt gesittete Haltung an. Der Ehrenhof empfängt. Auf der Nordseite wird es königlich, offiziell, maßvoll. Klassisch gezähmt umsteht ein Säulenhalbrund den Eingang, den zu wählen hatte, wer Friedrich II. aufsuchen wollte (oder musste), gleichgültig aus welchem Anlass, betrat man doch sein privates, ureigenes Reich, das Georg Wenzeslaus von Knobelsdorff ganz nach des Königs Gusto baute. »Sans souci«, »Ohne Sorge« lautete das Programm – wenngleich in der beschwingten, gelösten Atmosphäre nicht alle Sorgen draußen vor der Tür blieben.

Eintritt ins Vestibül. Luises vergangene Gegenwart suche ich, Friedrichs Geist umweht mich. Hier offenbarte er seine intimen Neigungen, seine Wunschträume, sein Wesen als Schöngeist. – Im Zusammenspiel von Grau und Gold und mit seinen Säulenpaaren wirkt das Entree mächtig, prächtig, Respekt gebietend. Doch nur ein Blick empor zur Decke – und die Vorankündigung des zu Erwartenden beginnt. Dort oben schwebt Flora mit ihrem Begleitvölkchen und streut Blumen und Früchte. Welch geniale Vorbereitung auf die sich steigernde Nonchalance in den Räumen. Die kleine Galerie, mehr ein galanter Flur, darf man als Auftakt zu den hauseigenen Finessen des Friderizianischen Rokoko betrachten. Gemälde französischer Künstler, darunter auch Antoine Watteau, quellen über von Lebensfreude und locken mit Szenen ländlichen Vergnügens. – Viel Gold, viel Spiegelglas, antike Skulpturen und wertvolle Sitzgelegenheiten, in bläulich getöntem Rosa überzogen. Die Möglichkeit, darauf zu sitzen, erscheint mir sehr eingeschränkt, so schmal sind sie gearbeitet. Nichts für Korpulente und nichts für Bequeme. Und schon gar nichts für Tändeleien, wie sie auf den darüber hängenden Bildern zu sehen sind. Hier rutscht man beim Küssen von der Kante.

Die Schlossführerin geleitet in Friedrichs Wohngemächer. Beim Anblick der rund angelegten Bibliothek beschleichen mich Gelüste, die Bücherschränke zu öffnen. Das Arbeits- und Schlafzimmer des Königs, obwohl nunmehr verändert und frühklassizistisch gewandelt, lässt die Lebensatmosphäre der Majestät noch spüren. Prüfen, anordnen, revidieren und mancherlei Verrichtungen, von morgens zwischen 4 und 5 Uhr an. In der Geschäftigkeit quengelten die lebhaften Hunde, denen mehr Freiheiten zugestanden wurden als dem Gast. Danach, so berichtet man, sah es auch aus.

Neugierig betrete ich das Konzertzimmer. Nicht der Marmorsaal, in dem die bekannte Tafelrunde tagte, der Raum festlichen Musizierens hat meine Zuneigung. Vielleicht besteht diesbezüglich ein Zusammenhang mit Adolph von Menzels Gemälde »Flötenkonzert in Sanssouci«, das ich in der Alten Nationalgalerie Berlin lange betrachtete. Zumal bekannte Musiker wie Johann Joachim Quantz und Carl Philipp Emanuel Bach, Franz Benda und Heinrich Graun unter der Gesellschaft sind und Friedrichs geliebte Schwester Wilhelmine herausgehoben auf der Chaise sitzt.

Dem Konzertzimmer ist ein zierlicher goldener Überwurf verliehen, der einen Gartenpavillon vortäuscht. Am Plafond verknüpft ein Spinnennetz alle Details. Hofmaler Antoine Pesne zauberte Geschichten aus Ovids »Metamorphosen« in die Wandfelder. Und unter Glas liegt, wie es der Bestimmung entspricht, eine Flöte.

Durch Audienzzimmer und Marmorsaal geht es zu den Gästeunterkünften im Westflügel des Schlosses. Sie sind nebeneinander gereiht und um vieles einfacher ausgestattet als die königliche Suite. Doch die Mittagssonne fällt herein, und man kann von jedem der Zimmer auf die Terrasse hinaustreten; und sich am weiten Umblick erfreuen. Oder den Tee dort servieren lassen und eine kleine Gesellschaft arrangieren. Die Dienerschaft hielt sich in den dahinterliegenden bescheidenen Stuben auf und hatte Zutritt zu den Gästezimmern. War es das Domizil der Schwestern Luise und Friederike im Sommer 1794? Erinnerte die Kronprinzessin in dieser Umgebung nicht so manches an die vergangenen Tage in Braunshardt?

Auf dem Rückweg in die Stadt prüfe ich die beiderseits der Weinbergterrassen angelegten Rampen. Luise soll auf ihnen »wagehalsig« hinuntergeritten sein. Dazu bedurfte es keiner Wagehalsigkeit, versichere ich. Zurücklehnen, Vorderextremitäten des Pferdes entlasten und es leicht an die Zügel stellen. Das wusste die geübte Reiterin und hätte diesen Ritt mühelos bewältigt. Hinauf und hinunter. Nicht grundlos sagte Friedrich Wilhelm von seiner Frau: »Sie war nie schöner als zu Pferde und ritt dreist und gut à l'Anglaise.«

Das Luisen-Forum in der Brandenburger Straße wirbt mit Porträts der Königin und mit Elogen (»Außergewöhnlich populär war sie schon zu Lebzeiten, berühmt für ihren Charme, ihre Lebensfreude und ihre Schönheit«) um Besucher. Im Hof sind kleine Geschäfte angesiedelt, darunter ein Antiquariat. Den »Kunst- und Krempelladen« im Souterrain füllen Bücher bis unter die Decke. Dazu Puppen, Tischlampen, Spiegel, Schirme; ein winziges mit gelben Bändern garniertes Strohhütchen – auf das ich begehrlich Blicke werfe. Hinter Literaturstapeln verbirgt sich eine Skulptur. Luise auf dem Thron? Um in ihre Nähe zu gelangen, müsste ich Bücherwelten zum Einsturz bringen. Etwas hilflos wende ich mich an den Antiquar. Er hat längst verstanden: »Nein, nicht Luise«, sagt er, »vielleicht ihre jüngste Tochter. Aber wahrscheinlich ist es Mischmasch!« Ich frage nach einem seit Langem gesuchten Buch, ohne Hoffnung, es bei ihm zu finden. Aber er holt es aus seinen Literaturtürmen hervor.

Ich bin hocherfreut und begleiche die Rechnung. Er legt das Strohhütchen dazu. »Damit hat es seine Bewandtnis«, meint der Bücherfreund. »1810, am letzten Abend in Charlottenburg, bevor die Königin nach Neu-Strelitz reiste, gab es eine kleine Gesellschaft auf der Terrasse. Friedrich Wilhelm, vom Anblick seiner Frau sehr angetan, soll geäußert haben, er habe seine Frau nie schöner gesehen als zu dieser Stunde und ein neuer Strohhut habe ihr allerliebst gestanden. Deshalb nenne ich den Kopfputz ›Luisenhütchen‹. Er gehört Ihnen.«

»Ach, Luise ist ein Weib wie alle andern …«

Ich hatte ihn wieder. Am 21. September 1794 traf der Kronprinz in Berlin ein. Unser Wiedersehen glich einem Freudentaumel. Noch ahnte ich nicht, dass Glück und Unglück dicht beieinanderlagen. Ich befand mich im neunten Monat der Schwangerschaft. Die Erwartung des ersten Kindes und die Rückkehr meines Mannes stimmten mich froh. Dann stürzte ich auf der Treppe im Kronprinzenpalais. Am 7. Oktober brachte ich eine tote Tochter zur Welt. Es war ein schönes Kind. *Meine Tränen erstickten mich … Ich trug mit Ergebung den Willen Gottes … Auch sind Tränen kein Murren, sondern Empfindungen der Wehmut, der sich ein mütterliches Herz nicht erwehren kann!*

Friedrich Wilhelm umsorgte mich. Ich sah die Angst, die er um mich ausstand, seine *Befürchtung, dass mein bettlägeriger Zustand nach der Geburt eines toten Kindes gefährlich werden könnte.* Ich fühlte, er brauchte mich – so wie ich ihn brauchte. Noch trug ich tiefe Trauer. Doch die Gewissheit, dass dieser seltene Mann mich *zum glücklichsten Weibe der Erde machen würde,* half mir.

Die königliche Familie bemühte sich rührend, mich den Kummer vergessen zu lassen. Vom König erhielt ich einen wunderbaren Diamantenstrauß. Ich wäre keine Frau, hätte ich mich nicht darüber gefreut. Und der Kronprinz verwöhnte mich mit *einer ganzen Reihe von Sachen, Tassen, einem pelzgefütterten Mantel mit Zobel, Parfümfläschchen, Fächer, einem Jäckchen und 200 Louisdor.* Als jedoch Ende Oktober Friederikes Sohn geboren wurde, brach der Jammer wieder aus.

Mehrmonatige Trennung, Gefahren und Bangen und das

Unglück mit unserem Kinde hatten eine Veränderung bewirkt. Die durchlebten Schwierigkeiten verbanden uns auf andere Weise als Zuneigung und Liebe. Uns waren Schmerzen widerfahren, die wir beide gleichermaßen zu tragen hatten.

Nur allmählich fand ich in diesem Winter zu Gewohnheiten und Pflichten, die mir die Repräsentation auferlegten, zurück. Friedrich Wilhelm und ich gingen, wenn es die Zeit erlaubte, Arm in Arm und ohne Begleitung durch den Tiergarten. Einfachheit und Nähe, abseits von Pomp und höfischem Reglement, taten uns gut.

Kaum begann sich meine Seele zaghaft zu glätten, da erfuhr ich vom Tod des dreijährigen Sohnes meiner Schwester Therese. *O Gott, wie sehr erinnerte mich dieser Verlust an meinen eigenen.* Ich ließ den Tränen freien Lauf – und weinte doch eigentlich das persönliche Leid aus. *Am Abend musste ich zu einer großen Gesellschaft gehen, auf der alle Leute wegen meiner rotgeweinten Augen miteinander flüsterten. Ich stand wie auf Kohlen, denn mit meinem schweren, übervollen Herzen wusste ich nicht, wohin ich mich wenden sollte.*

Bruder Georg kam mit seinem Mentor Albert von Graefe nach Berlin und sorgte für Ablenkung und Abwechslung. Zu dritt, Friederike, Georg und ich, versuchten wir, die Darmstädter Zeit, die unbeschwerten, angenehmen Tage wieder aufleben zu lassen. *Was waren wir doch glücklich, die paar Wochen, die wir zusammen zugebracht hatten.*

Den Kronprinzen bedrückten die politisch-militärischen Verhältnisse, von denen der König ihm nur vage Kenntnis gab. Mit Frankreich waren Verhandlungen im Gange, um im Westen die Lage zu beruhigen und die eigene schlechte Finanzsituation aufzufangen. Im Osten bedurften die hinzugekommenen Gebiete der Ordnung und Verwaltung. So erklärte es mir mein Mann. Die Bedingungen diktierten die Franzosen, und sie waren für Preußen nicht günstig. Österreich und England reagierten verärgert auf diese Bemühungen, da sie glaubten, Preußen falle ihnen nun gemeinsam mit Frankreich in den Rücken. Friedrichs des Großen Kampfgeist lagerte eben noch über Europa.

Tatsächlich versuchte Frankreich Friedrich Wilhelm II. als Bündnispartner zu gewinnen. Das aber ließ sich der König nicht abschwatzen. Jetzt wollte er Frieden. Wir alle wollten ihn. Am 5. April 1795 wurde er in Basel beschlossen.

Im Sommer nahmen wir uns Zeit für einen Aufenthalt in Oranienburg. Ika und ihr Mann, Fritz und ich. Gewiss waren es erholsame Tage, doch in der großen vielräumigen Anlage vermissten wir die Intimität. Friedrich Wilhelm sehnte sich nach ländlicher Einfachheit, nach familiärer, vertrauter Umgebung. Er sprach von Steinhöfel und vor allem von Braunshardt. Ich dachte an Sanssouci.

Als wir zurückkehrten, begann Friedrich Wilhelm nach einer Bleibe auf dem Lande Umschau zu halten. Durch Johann Rudolf von Bischoffwerder, einen Freund des Königs, der in Marquardt am Schlänitzsee ein Gut besaß, erfuhr er, dass der Nachbar in Paretz nicht abgeneigt sei, das seinige zu veräußern. Paretz blieb im Gespräch.

Die größte Freude – nicht ohne ein Quäntchen Angst, wegen des Vorfalls im vergangenen Jahr – brachte mir die Gewissheit einer neuen Schwangerschaft. Ich tat alles und vermied alles, dem Kinde zuliebe. Es war mir klar, dass ich nicht nur den in mich gesetzten Erwartungen entsprechen würde, sondern dass ich mit diesem Kinde den Schmerz um mein erstgeborenes Luischen überwinden konnte.

Mein Tagesablauf folgte einem vorbestimmten Rhythmus, dem ich eigene Absichten unterschob. Morgens zwischen 8 und 9 Uhr erwachte ich. Das Mundwasser wurde gebracht und etwa eine halbe Stunde später das Frühstück. Meistens bestand es aus »drei Tassen Chocolade mit Saane vermischt« und etlichen Zwiebäcken. Die Neigung zu Süßigkeiten blieb mir. Um diese Zeit kam die Oberhofmeisterin Voß, und wir besprachen die Tagesanforderungen. Sie legte mir auch den Küchenzettel vor. Ich besaß keine Skrupel, zu streichen, was mir nicht schmeckte. Wir berieten die Toiletten. Gab es einen besonderen Anlass, so geschah dies sehr ausführlich. Anschließend las ich in den Hamburger Zeitungen und in Büchern. Gegen 11 Uhr wurde mir ein Brei aus Gerstenschleim gereicht, den ich »als eine Art von Kur gebrauchte.«

Meine Gestalt war überaus schlank und entsprach nicht unbedingt dem Schönheitsideal der Zeit. Deshalb versuchte ich auf unterschiedliche Weise, stärker zu werden. Dabei half auch Stettiner Bier, das ich gern trank. Nach 11 Uhr stand ich auf und wusch mich mit kaltem Wasser. Es sollte einerseits der Reinlichkeit, andererseits der Abwehr von Krankheiten dienen.

Nach dem Ankleiden empfing ich Besuche; verpflichtete Lehrer kamen zu Vorträgen und Gesprächen. In späteren Jahren fanden sich die Kinder ein und tobten durch die Räume. Danach fuhren wir aus oder spazierten in den Tiergarten, mit Friederike und in Gesellschaft. Oder ich fuhr mit Friedrich Wilhelm allein, um »so eine halbe Stunde traulicher Unterhaltung zu genießen«. Bei unseren Ausflügen vergaß ich hin und wieder die Zeit, kehrte zu spät zurück, beendete die Toilette nicht rechzeitig und erschien unpünktlich zum Mittagsmahl, das für 2 Uhr vorbereitet war. Fritz sah es ungern. Und er schmollte bisweilen mit mir. Vorliebe für süßes Zeug und die Unpünktlichkeit mussten mir wohl angeboren sein.

Nach Tisch folgte eine Ruhezeit. Am Nachmittag wechselten Gänge ins Theater, Besuche und die Teestunde einander ab. In geselliger Runde wurde musiziert, diskutiert und zuweilen auch Hofklatsch gehalten. Um 9 Uhr aßen wir zu Abend, ebenfalls in Gesellschaft. Man blieb noch im Gespräch beisammen. Und gegen 11 Uhr endete der Tag. Selbstverständlich ergaben sich Veränderungen im beschriebenen Ablauf, wie es momentane Erfordernisse verlangten. Bei alledem blieb nur wenig Zeit für persönliche Belange.

In diesem Herbst begann Johann Gottfried Schadow, Leiter der Hofbildhauerwerkstatt, einen Auftrag umzusetzen. Er sollte vom Kronprinzen, von Friederike und mir Büsten anfertigen, die nach Gelingen als offizielle Bildwerke und in Gipsabgüssen zum Erwerb gedacht waren. Schadow erhielt im Kronprinzenpalais ein Zimmer. Der Bildhauer, das bemerkte ich sehr wohl, arbeitete mit Begeisterung und wie ein wenig berauscht von uns Schwestern. Friederike kam in der Mittagsstunde zu den Sitzungen herüber. Mich begleitete Friedrich Wilhelm in die obere Etage und hielt gleichzeitig Audienz, wenn ich Modell saß. Es tat mir gut, ihn überaufmerksam und womöglich etwas eifersüchtig zu sehen.

Meine und Friederikes Büste fanden des Königs Zustimmung. Und als Schadow ihm vorschlug, eine Figurengruppe von uns beiden anzufertigen, willigte er sofort ein.

Das größte, freudigste Ereignis blieb jedoch die Geburt meines Sohnes Friedrich Wilhelm. Morgens um 6 Uhr am 15. Oktober 1795 schossen die Kanonen zweiundsiebzig Mal. Nach dem ersten Schreck, der mich immer bei Kanonendonner befiel, wurde mir warm vor Glück. – Ende Oktober empfing der kleine Kronprinz in unserem Palais die Taufe durch den Oberkonsistorialrat Sack. Nun hatte der bewährte Hofprediger nicht nur meinen Mann getauft und konfirmiert, uns getraut, sondern auch unseren ersten Sohn aus der Taufe gehoben.

Vieles wandelte sich, meine Person inbegriffen. Einerseits aus Pflichtgefühl, andererseits aus wiedererwachendem Vergnügen nahm ich in den Wintermonaten am höfischen Leben teil. Es war aufs Neue angefüllt mit festlicher Geselligkeit: *Heute Ball bei Graf Arnim, gestern war Soupé bei dem Könige, vorgestern Cour bei der Königin …*

Am 22. Dezember, auch einer von den Tagen, die mir unvergessen bleiben, hielt ich Rückschau auf die Stunden unserer Ankunft vor zwei Jahren in Berlin. *…wie bange mir wohl das*

Herz pochte, als ich den Toren … näher kam und alle die Freuden- und Ehrenbezeugungen empfing, die ich dazumal noch nicht verdiente als durch den festen Vorsatz, alles Mögliche zu tun, meinen zukünftigen Mann recht fröhlich und womöglich glücklich zu machen und dadurch den Beifall des guten Volkes zu verdienen. Ja, es war eine feierliche Stunde für mich, in der ich Berlins Einwohnerin ward und gleichsam von allen meinen Lieben, Eltern, Geschwistern und Freunden losgerissen; aber nie würde ich diesen Augenblick bereuen, da ich hier so ganz unaussprechlich glücklich war an der Seite eines in jedem Sinne rechtschaffenen Mannes.

Die Freude an unserem Sohn war bedroht. Der kleine Engel sollte gegen die Pockenkrankheit geimpft werden. Ich sah es als meine Pflicht an, *es zu tun, da ich es für gut hielt, Kinder so frühe als möglich diese Krankheit aufzusetzen.* Friedrich Wilhelm und ich waren uns einig, ein Beispiel zu geben. Die Leute zweifelten nämlich am Erfolg einer solchen Behandlung, aber es starben so viele Menschen an diesem schrecklichen Übel. Die Impfungen geschahen noch als Versuch. Man wusste die zu verabreichende Menge der Lymphe nicht genau. Jedes Kind konnte auch anders reagieren. Hätte ich geahnt, welche Aufregung und Angst mir bevorstanden, wahrscheinlich wäre diese Behandlung nicht vorgenommen worden. *Da lag nun der Wurm, rang mit Leben und Tod … und ich, ich musste ausgehen, musste tanzen, aber mit welchem Herzen, ach! das wusste Gott allein. Der gute Voto* [Oberhofmeisterin von Voß] *war Zeuge meiner Leiden.*

Ich bin ein Bild des Leichtsinns und der Nachlässigkeit! Wie konnte ich nur die Besuche vergessen, die uns wieder so froh stimmten. Georg, unser Bruder und die grand-mère reisten nach Berlin. Jedes Mal, wenn sich Mitglieder unserer Darmstädter oder Strelitzer Familien hier einfanden, war alle Schwermut vergessen. Mit Georg entwickelte sich in den folgenden Jahren ein reger Schriftwechsel. So jung, wie er war, so leicht konnte ich ihm mein Herz öffnen.

Friederike zog mit Mann und Kindern nach Schwedt. Prinz Ludwig hatte dort als ernannter Chef des Dragonerregimentes Nr. 1 wichtige Aufgaben zu erfüllen. Uns Schwestern fiel der Abschied schwer. Verloren wir doch, jede an der anderen, eine liebe Gefährtin.

So im Wechsel trieben die Geschicke.

Friedrich Wilhelm erhielt vom König zwei Wochen freie Zeit, um mit mir nach Strelitz zu reisen. Große Begeisterung! Ich sollte Papa wiedersehen und das Land meiner Familie väterlicherseits endlich kennenlernen. Wir fuhren mit der Oberhofmeisterin und den Kammerfrauen Mitte Juli über Oranienburg nach Hohenzieritz, dem Sommersitz meines Vaters. Die Überraschung gelang nicht vollständig. Papa war abwesend, als wir eintrafen. Umso lauter setzte das Freudengeschrei bei seiner Rückkehr ein.

Wir erkundeten die schöne Umgebung, machten Fahrten nach Strelitz, besuchten Prinz Ernst, Vaters Bruder, und blieben »auf ein Nachtquartier« in Groß-Giewitz, dem Landgut unserer lieben Voß. – In Hohenzieritz, das meinem Mann überaus gut gefiel, mitsamt dem Park und dem zwanglosen Landleben, bekam der Gedanke, Paretz bald in Besitz zu nehmen, neuen Schwung. Es blieb Fritzens Wunschtraum, den er nicht aus den Augen ließ.

Die Sommerwochen vergingen in Berlin und Schwedt, wo wir Friederikes Familie einen Besuch abstatteten und im viel geliebten Potsdam. Zwischenhinein plagte mich das alte Leiden: *eine geschwollene Backe und ein rheumatisches Geschwür, das 6 Zähne bedeckte … Wie ich nun wieder gesund war, so musste ich von Potsdam weg, und seit ich in Berlin war, hatte ich ein halb Dutzend Diners gehabt und selber welche gegeben, zwei Bälle durchschwärmt. Robe und alles, was dazu gehört, ausgehalten, kurz, ich war zu einer wahren Mondäne geworden, seit ich Potsdam auf dem Rücken hatte.*

Ich lernte wieder Englisch. Mein kleiner Fritz, der muntere Kerl, hatte einen schlimmen Katarrh und Fieber, worüber ich mich ängstigte. Und Friederike kam nieder mit einer Demoiselle. Friederikchen, so hieß sie nach ihrer Mutter, *war so wohl, wie ein Fisch im Wasser, war aber nicht viel größer als wie Rheingründlinge.*

Der Briefwechsel mit meinen Lieben geriet ins Stocken. Begonnene Schreiben lagen um mich herum, es gelang mir nicht, sie zum gewünschten Ende zu bringen. Wenn mein Mann mich am Schreibsekretär überraschte, sagte er wohl lakonisch: »Und dieser«, womit er den Brief meinte, an dem ich mich soeben abquälte, »wird vermutlich der siebente werden, der nicht fertig ist und der die Zahl der Papiere vergrößern soll, die so ordentlich um dich herumliegen.«

Ich war wieder schwanger. In mir wechselten Angst und Freude. In solchen Augenblicken meldeten sich die Seelennöte nach Luischens Geburt und Tod schmerzhaft wieder. Nun stand mir nicht der Sinn nach lärmenden Festen und geschwätzigen Tischgesellschaften. Ich sehnte mich nach *der kleinen Welt* und wäre abends am liebsten nur mit meiner Familie zusammen gewesen. Aber das verboten die royalen Vorschriften. Friedrich Wilhelm, der ähnlich fühlte wie ich, versuchte sie, im Rahmen des Möglichen, zu umgehen. Nicht immer gelang es. Er tröstete mich mit der Aussicht auf Paretz.

Sosehr wir uns auf das Weihnachtsfest freuten, Geschenke auswählten, den Christmarkt besuchten, so bedruckt sahen wir dem Heiligen Abend entgegen. Prinz Ludwig lag an der Bräune [Diphtherie] schwer erkrankt im nachbarlichen Palais. Friederike umsorgte und pflegte ihn Tag und Nacht.

Am Weihnachtsabend hatten wir kleine geschmückte Tische aufgestellt und darauf jedem beschert. Die königliche Familie kam zu uns. Doch die Besorgnis war uns allen anzusehen. – Am 28. Dezember 1796 verstarb Prinz Ludwig, der Sohn des Königs, Friederikes Mann, Friedrich Wilhelms Bruder, mein Schwager. Ludwig war dreiundzwanzig Jahre alt. – Ich bangte um Friederike, eine verzweifelte, sehr junge Frau mit drei Kindern. Und um meinen Mann. Den Kronprinzen traf der Verlust hart. Er hatte seinen Lieblingsbruder und Freund nicht mehr.

Wahrscheinlich war es dieser Schmerz, der ihn schwächte und ebenfalls erkranken ließ, an denselben Erscheinungen wie sein Bruder. Er konnte nicht schlucken, ihn quälten Hals-, Kopf- und Ohrenschmerzen. Mir blieb bald das Herz stehen. Ich war immerfort Krankenwärterin am Bette meines Mannes. Dr. Brown, der Hofarzt, und der gute Voto standen mir zur Seite. Allmählich besserte sich sein Zustand. Noch sah er schmal und schlecht aus, doch der Appetit kehrte zurück. Und auch meine Hoffnung.

Im Januar starb, hochbetagt, im Schloss Schönhausen die Witwe Friedrichs II., Königin Elisabeth Christine. Was war das bloß für ein Jahresbeginn?! Nun hieß es Trauer tragen, in Wolle und Kreppschleiern gehen, unter denen man sich kaum erkannte. – Der König bot Friederike an, Ihren Wohnsitz im Schloss Schönhausen zu nehmen. Sie willigte ein.

Nachdem sich Friedrich Wilhelm wohler fühlte, erwachten auch meine Lebensgeister. Pflichten waren zu erfüllen, eingefordert von der Staatsraison. Auch wollte ich dem Kronprinzen wieder die heitere Freundin sein, die ihn zum Lachen bringt. – Mein Kind bewegte sich. Die Zeit der Niederkunft stand bevor. Als der Voto am 22. März 1797 mir ankündigte, dass es wohl bald so weit sei, glaubte ich es nicht. Und wenige Stunden später betrat er die Welt, der kleine Prinz Wilhelm Friedrich Ludwig, den wir im April auf diese Namen tauften. Doch wurde er »Wilhelm« gerufen, denn einen großen und einen kleinen Fritz hatte ich bereits. – Der »große Fritz« ging zu den Manövern nach Potsdam, und wir pflegten wieder den erprobten Briefwechsel, der meinerseits allerhand Drollerie enthielt und als Beigaben – wie in unserer Verlobungszeit – Kirschen oder Orangen oder was ich eben ergattern konnte.

An den Kronprinzen Friedrich Wilhelm

Berlin, den 25. April 1797

Keine Nachricht, kein Brief, keine Antwort von seiner königlichen Hoheit … Das Gallenfieber ärgere ich mich am Halse, doch das will ich bleiben lassen … An Neuigkeiten weiß ich nur, dass Mama gestern in Charlottenburg gewesen ist; heute ist sie bei mir (ohne mir etwas davon zu sagen) … Übrigens, teuerster Gemahl, ist es 10 Uhr, ich opfere für Dich Schlaf, Augen, Gesundheit und alles, nur um mit Dir zu reden, weil ich Dich – liebe. Apropos, ich habe mir was ausgedacht. Um Dich dafür zu bestrafen, dass Du sonnabends so viel Champagnerwein trinkst, teile ich Dir mit, dass ich mich für die ganze Zeit meines Aufenthalts in Potsdam schminken lassen werde, und wenn ich erfahre, dass Du kommenden Sonnabend auch noch soviel trinkst, werde ich es auch in Paretz ebenso machen, ja, ja … Denk nur Heynitz [Friedrich Anton von Heynitz, Kurator der Kunstakademie Berlin] *war gestern bei der Voß und hat ihr gesagt … er würde morgen früh mit diesem schwedischen oder dänischen Maler* [Henrik Ploetz, dänischer Maler] *kommen und mich malen lassen, weil er, die Akademie, die Porzellanmanufaktur, kurz alle Welt danach begehre und schreie. Wohl oder übel muss ich armes Weibsen dran. Also morgen um 11 sitze ich da und blase höllisch Trübsal. Leb wohl, ich will meine Anmut ausruhen, um frischer zu sein als der anbrechende Morgen … Du lieber Kriegsknecht, bleibe mit treu und gut, und mache mich stets so glücklich, wie ich es nun drei Jahre durch Dich bin.*

Deine Luise

Paretz, das Zauberwort. Ich kannte das Anwesen von einer Fahrt, die wir im vergangenen Jahr unternommen hatten. Die Gegend gefiel mir. Das einfache Gut sollte erworben und nach den Vorstellungen meines Mannes in ein schlichtes Landhaus verwandelt werden.

Im Januar 1797 wies der großmütige König dem Kronprinzen 80 000 Taler als Schenkung an. Die Kaufverhandlungen kamen wenige Tage danach zu gutem Ende. Familie von Blumenthal, die Vorbesitzer, gehörten zur Verwandtschaft unseres Hofmarschalls von Massow. Das erleichterte so manches.

Der bereits in Steinhöfel eifrig tätige David Gilly – ein renommierter Mann – übernahm es, das neue Paretz zu gestalten. Und von Massow beaufsichtigte den Ablauf. Mein Mann drängte, und man forcierte die Bauarbeiten. Friedrich Wilhelm versicherte mir, es bliebe kein Stein auf dem anderen. Das alte Gutshaus sei nun schon bis auf die Grundmauern und eine Kaminwand abgerissen. Valentin von Massow ließ mitteilen, dass im April das Richtfest des neuen Hauses stattfinde. Wir waren Gutsherrschaft geworden. Welch glücklicher Gedanke.

Wir malten uns aus, wie es denn sein würde, mit den Kindern auf dem Lande zu leben und der gesellschaftlichen Maßregelei zu entfliehen. Zumindest für eine Weile. Ich war voller Neugier und Lust und spürte schon das Belebende der frischen Luft dort draußen. Den Park richtete man vor. Ich würde also, wie in Potsdam, das ich so sehr vermisste, wieder Stunden im Garten verbringen können. Der »Luisch« konnte es nicht erwarten, dass es nach Paretz ging.

Um Friederike machte ich mir Sorgen. Sie fuhr, wie auch der König mit der Gräfin Lichtenau [Wilhelmine Rietz, Favoritin Friedrich Wilhelms II.], dieser empörenden Person, nach Pyrmont. Geriet Ika in ihrer Unerfahrenheit dort nicht in prekäre Situationen, die ihr schaden konnten? Papas

Anwesenheit in dem Badeort, den er ohnehin des Öfteren aufsuchte, beruhigte mich ein wenig. Doch ließen sich unliebsame Szenen, wie ich befürchtet hatte, nicht vermeiden.

Mein Mann und ich reisten ebenfalls nach Pyrmont, um mit dem König noch einige Zeit zusammen zu sein. Trotz der Behandlungen und Trinkkuren fühlte er sich unwohl und schwach. Die Ärzte sprachen von Brustwassersucht. *Ihn, den guten Mann, leiden zu sehen … war ein nagender, elender Anblick. Die Möglichkeit einer Änderung unseres so glücklichen Schicksals machte mich beinah trostlos; dann gute Nacht schöne Freiheit, schöne Unabhängigkeit.*

Paretz – damit verdrängte ich die düsteren Überlegungen. Am 2. September gegen Mittag erreichten wir den schönen Landsitz. In Potsdam hatten wir noch Fritzens Generaladjutanten von Köckeritz mitgenommen. Ich war aufgeregt und kribbelig wie ein Kind, dem etwas Heißersehntes in Aussicht stand. Es würde unser persönlicher Zufluchtsort werden, so empfand ich, als das einladende Landschlösschen vor mir lag. »Unser Sanssouci«, dem wir die freie, familiäre Atmosphäre geben würden, die wir uns wünschten.

In diesen ersten Tagen spürte man allerdings wenig davon. Alle Welt besuchte uns, um in Augenschein zu nehmen, was sich hinter dem viel beredeten Paretz verbarg. Mein geliebter Bruder Georg, der sich auf der Durchreise nach Strelitz befand, erschien. Wir veranstalteten Landpartien, Friedrich Wilhelm und ich machten weite Ausritte. Ein Erntetanz für die Paretzer fand statt; und wir tanzten alle. Sogar unsere Voß, die sich in dieser Umgebung nicht recht fortune fühlte, ließ sich bewegen, mitzutanzen. Und Fritzen sah ich amüsiert und drollig und gelöst und bei bester Laune, wie seit Langem nicht.

Ausflug nach Paretz

Nordwestlich von Potsdam, dicht bei Ketzin, nahe dem Havelgewässer ist es anzusiedeln – Paretz.

Theodor Fontane kam von Uetz herüber – und zu einer anderen Jahreszeit. »Von Uetz nach Paretz ist noch eine gute halbe Meile. An einem Sommernachmittag ein entzückender Spaziergang. Der Weg führt durch Wiesen rechts und links; der Heuduft dringt von den Feldern herüber, und vor uns ein dünner, sonnendurchleuchteter Nebel zeigt uns die Stelle, wo die breite, buchte- und seenreiche Havel fließt. Paretz verbirgt sich bis zuletzt.«

Schloss und Ortschaft im Frühling. Auf den Wiesen schwelgt der Löwenzahn. Warme Luft und sonntägliche Gefühle locken die Städter ins Freie; nicht anders als vor mehr als zweihundert Jahren. Auf dem Parkplatz reihen sich die Autos dicht aneinander und tragen Kennzeichen von Berlin, Potsdam, dem Havelland und von weiter her. – Ich erfuhr, die königliche Familie sei mit Personal und Bagage zum Sommeraufenthalt in Paretz mit bis zu 40 Kutschen angereist. Das mag eine ähnliche Drängelei gewesen sein.

Soll ich es edel-bescheiden nennen oder von schlichter Anmut getragen, dieses herrschaftliche Landgut, das sich nur wenig von den nachbarlichen Herrenhäusern der Gegend unterscheidet? Etwas preußisch Ordentliches haftet ihm an, als sei es eine Geste an die Gewissenhaftigkeit des einstigen königlichen Hausherrn.

Vom früheren harschen Umgang mit der kleinen Residenz auf dem Lande ist nur noch wenig spürbar. War sie bis 1945 respektvoll und in Erinnerung an zurückliegende Glanztage und an ihre Bewohner bewahrt und behandelt worden, so rollte auch in diesem abgelegenen Winkel die Weltgeschichte über sie hinweg. Plünderung, Unterkunft für Kriegsflüchtlinge, dann Einzug von landwirtschaftlichen Institutionen. Um- und Ausbauten veränderten das historische Gesicht des Bauwerks. Die beiden hohen Pappeln, dieses schlanke Säulenpaar vor der Hoffassade, fielen; vielleicht hatten sie auch ihr Lebensalter erreicht. – Es überlebte ein solide gebautes, farbloses Haus, dem man seine ureigene Geschichte genommen hatte. Nunmehr in freundlichen hellen Farbton getaucht, zwei neu gesetzte Pappeln vor dem Hauptportal, heißt es den Besucher willkommen: SALVE.

Mit dem Eintritt beginnt das Staunen. Von den Wänden des Eingangsbereiches grüßen die ehemaligen »Gutsbesitzer«: Der »Dorfschulze« und die »Gnädige Frau von Paretz« – so wünschten Friedrich Wilhelm und Luise in dem ländlichen Zirkel genannt zu werden. Die beiden lebensgroßen Figuren malte Wilhelm Böttner 1799. Luise vor einer Parklandschaft, den blühenden Rosenstock zur Seite und ein gepflücktes Röschen charmant in der Hand. Ihr Gewand ist aus leichtem Stoff und hoch gegürtet. Am ebenmäßigen Dekolletée kräuselt sich feine Spitze. Sie hat sich ein tiefblaues langes Schaltuch umgelegt (man erinnere sich ihrer Passion für schicke Tücher), lächelt und hat heitere Augen. – Weshalb nur schaut ihr lieber Freund Fritz auf seinem Bild so melancholisch drein?

Die Räumlichkeiten erhielten eine sorgfältige Restaurierung und lassen nun die Stimmung nachempfinden, die vorzeiten herrschte. Mithilfe einer vorhandenen sehr guten Dokumentation gelang die Angleichung weitgehend. Die im Wechsel gelegten Rhomben des Vestibülbodens sind wieder von »blauen und weißen italienischen Marmor-Fließen«, wie 1810, ausgewiesen. Und »die Wände sind geputzt, und auf blaue schlesische Marmorart gemahlt.« Inmitten dieser Farbgestaltung residiert die Königin in ihrem blauen Überwurf …

Luises Suite lag an der Hofseite. Friedrich Wilhelm wohnte

mit Gartenblick. Ein Leben Rücken an Rücken. Ich halte nach Raritäten Ausschau. Die augenfälligsten sind wohl die wertvollen Tapeten. Gedruckt und zum Teil auch gemalt, entstammen sie überwiegend Berliner Werkstätten um 1800. Nach dem Zweiten Weltkrieg wurden sie abgenommen, ausgelagert, bewahrt, später restauriert und wieder angebracht. Die Abfolge sagt sich leicht hin. Ohne die hohe Fertigkeit der Restauratoren und ohne Geldmittel wären diese Kunstwerke nicht zu bewundern.

In Luises Schreibzimmer schmücken sie die Wände mit fantasievollen Landschaften. Wege, Wasserflächen, Wald; Tempelchen und Balustraden, hinter denen man vermeintlich steht und ins Land schaut. Bei genauem Hinsehen erkennt man das Schloss auf der Pfaueninsel und das Marmorpalais in Potsdam, beides königlicher Besitz. Und wenn Luise auf dem ihr gehörenden, originalen Tafelklavier klimperte – sofern es an dieser Stelle stand, so blickte sie in die illusionäre Natur.

Im Billardzimmer erstrahlen die Tapeten im Gelb des reifen Getreides. Die umlaufenden Bordüren, so möchte man meinen, sind der Wegrain, an dem Feldblumen farbenfroh gedeihen. Auf der Tapete im Ankleidezimmer der Königin steht der rote Mohn in voller Blüte, anzusehen, als sei es das Stoffmuster für ein leichtes Sommerkleid. Im Gartensaal hat sich an den Wänden ein Paradiesgärtchen aufgetan. Die botanische Fantasie des unbekannten Malers scheint schier unbegrenzt gewesen zu sein. Palme und Vogelbeerbaum, Kaiserkrone und Schwertlilie, Rosenstock und üppig rankender Wein. Schmetterlinge und Vögel huschen im Gebüsch. Man verweilt.

Nicht nur vor den ausgesucht schönen Wanddekorationen lohnt das Verweilen. Erlesene Möbelkunst, zusammengestellt aus wenigen Paretzer Originalstücken und ergänzt im Wesentlichen aus ehemaligen Einrichtungen der Schlösser Potsdam, Kronprinzenpalais, Berlin-Charlottenburg.

Bildwerke, Porträts. Luise zu Pferd, sportlich im Sitz; Luise im

Profil, fraulich und ernst; die Kronprinzessin, mädchenhaft mit staunenden (blauen) Augen unter brünettem Lockengeringel, das blaue Umlegetuch über dem fließenden, geschürzten Kleid. Und das »Streitbild« von Johann Friedrich August Tischbein (um 1796). Ist's Friederike, die Schwester, oder ist es Luise? Ich plädiere für Friederike, wegen der Augenfarbe und der weichen Züge.

Auch hier treffe ich Familienangehörige: Prinz Karl von Mecklenburg-Strelitz, den Papa; die grand-mère Prinzessin Marie Luise von Hessen-Darmstadt; Therese, die Schwester – und Friedrich Wilhelm III., der Mann mit den traurigen Augen, gemalt von Friedrich Wilhelm Ternite.

Wenn ich im alten Gästebuch blättere und nachlese, wer sich außer dem Besitzerehepaar noch alles in Paretz einfand, dann zweifle ich an der ländlichen Stille, die geherrscht haben soll. Ein Blick auf den Speisenplan der königlichen Hofküche in Potsdam, die am 30. September 1804 ein Menü von 28 Gängen lieferte, erklärt die Art hochnobler Abgeschiedenheit.

Ich suche nach Preziosen Luisens, von denen unlängst die Rede ging: Ohrgehänge mit Aquamarinen. – Aus sehr hellen, wirklich wasserhellen ovalen Steinen sind sie gearbeitet, in Brillanten gefasst und von brillantenbesetztem Schnörkelwerk bekrönt. Ein meisterliches Stück der Goldschmiedekunst, und raffiniertes Spiel mit Luisens Augen.

Eine kuriose Äugelei erlaubte sich ein Verehrer und aufmerksamer Beobachter der »Gnädigen Frau von Paretz«: »Fünf Augen von Königin Luise und ihren Kindern Friedrich Wilhelm, Wilhelm, Charlotte und Carl. 1802.« Das Aquarell mit der vergleichenden Darstellung zwingt hinzusehen. In der Lidstellung unterscheiden sie sich allesamt. Luises Auge – wer erwartet anderes – blickt klar und offen und gewinnend.

Als habe die Hausherrin in Paretz bei der letzten Abreise etliches vergessen – man weiß ja um ihre Schusseligkeit –, steht da ein Nähkörbchen, dort ein Bostonspiel, liegt ein blaues Schaltuch gefaltet und ... »ein Bändchen von dem Morgenhäubchen, dass sie täglich umband«.

Zur Paretzer Kirche geht man nur wenige Schritte. Ein kurzer Spaziergang. Fontane beschreibt: »Dem Schloss gegenüber, hinter einem uralten Maulbeerbaum halb versteckt, liegt die Kirche, ein weit zurückgehender Bau, dessen Alter bei den vielen Wandlungen, die er durchzumachen hatte, schwer zu bestimmen ist.« Neogotisch und etwas befremdlich mit ihrem gedrungenen Turm steht sie im »Kirchgarten«. Als im Ort auf Weisung Friedrich Wilhelms das rasante Bauen begann, war die Kirche vorerst aus Zuständigkeitsgründen davon ausgenommen, obwohl sie eine Rekonstruktion sehr nötig hatte. Niemand wollte mehr den Turm besteigen, um die Glocken zu läuten; allein ein volles Geläut hätte schon Schaden anrichten können.

Valentin von Massow, der die Paretzer Bauaufsicht führte, suchte Abhilfe zu schaffen. Man einigte sich darauf, vonseiten des Hofes großzügige Unterstützung zu leisten, die Umgestaltung sollte jedoch weitgehend höfischen Vorstellungen entsprechen. Ungewiss bleibt, wer dazu die Baupläne vorlegte. Wahrscheinlich hatte David Gilly die Hand im Spiel. Im Sommer 1797 nahm man die Arbeiten auf. Die Oberhofmeisterin Voß, ohnehin nicht begeistert von ihrem ersten Besuch in Paretz, notierte am 3. September: »Wir gingen zum Gottesdienst, der in einer Scheune gehalten wurde, weil die Kirche noch nicht fertig ist. Der Pastor predigte recht gut. Zu Tische hatten wir wieder Officiere, es regnete den ganzen Tag. Nachmittags und Abends spielte ich mit dem Kronprinzen Billard.« – Den schmalen alten blauen Bänken im Innenraum haftet, trotz des spartanischen Sitzgefühls, etwas Freundliches an. Dazu Forsythia- und Efeuschmuck. In die Kirche ist der Frühling eingezogen. Im Altarraum werden die Fresken restauriert; Gerüst und Planen schirmen ihn ab. Um die Königsloge einzusehen, nehme ich den Zugang von der Nordseite her. Die Tür steht offen.

Der »Königsstuhl« sei wie ein kleines Zimmer, schreibt Fontane, und an der Westwand befinde sich die »durch den Stich mannigfach bekannt gewordene Arbeit Schadows: ›Die Apotheose der Königin Luise‹. Mehr eigentümlich als schön.« Das »eigentümliche Stück« ist ein Tonrelief, altarähnlich aufgestellt und heutzutage etwas stirnrunzelnd zu betrachten, was den Sinngehalt angeht. Es ist eben eine Verklärung, hinter der Zeitgeschmack und Zeitgeist stehen. Luise hätte, so vermute ich, in Anschauung der merkwürdigen Schöpfung geäußert: *Um jottes Willen! ... Du lieber mein Himmel, gib deinen Segen dazu.*

Zur Darstellung: Die Königin schwebt in wehendem Gewand auf Wolken. Über ihr funkelt ein Sternenkranz. Vier Gestalten, ihr zur Seite, stehen für Glaube, Liebe, Hoffnung und Treue. Engel bevölkern zur Genüge die himmlischen Gefilde. Im unteren Teil der Tafel senkt der Genius des Todes seine Fackel über der Erdkugel. Diese trägt die Inschrift: »Hohenzieritz, den 19. Juli 1810 vertauschte sie die irdische Krone mit der himmlischen ...« Borussia, Symbol Preußens (Adler und Schild zu Füßen), und Brennus (mit dem Bären), Ahnherr des brandenburgischen Geschlechtes, betrauern Luisens Hingang.

Zur Vorgeschichte: Ein Jahr nach dem Tod der Königin betrat Herr Pilegaard, Premierleutnant und Salzinspektor aus Frankfurt/Oder das Atelier Johann Gottfried Schadows. Er sprach mit dem Bildhauer und gab, ganz privat, eine Allegorie auf Luisens Abschied in Auftrag. Der Mann aus Frankfurt hatte im August 1800 das Königspaar auf der Durchreise nach Schlesien in seinem Amtsgebäude beherbergt. Leutseligkeit und Schönheit der Fürstin trafen ihn ins Herz. So tief, dass er »sein Haus [in Frankfurt] der Königin Luise zu widmen« gedachte. Das Relief sollte ein marmornes werden. Schadow nannte die Kosten. Daraufhin verständigte man sich auf gebrannten Ton. 1812 fertiggestellt, war es in der Berliner Akademie der Künste zu sehen und erhielt große Anerkennung. Drei Jahre danach reiste das Kunstwerk auf dem Wasserweg nach Frankfurt. Pilegaard konnte aber die

Raten nicht mehr zahlen. Also holte es Schadow nach Berlin zurück. Friedrich Wilhelm III. kaufte das Relief, brachte es ins Schloss Monbijou. Und schließlich schenkte er der Paretzer Kirche die Verklärung seiner Frau.

Den Tag auf dem Lande beschließe ich mit einem Gang durch Luisens Schlosspark, an dem die Voß herumnörgelte: Der Garten sei ja nicht übel, und wenn er nicht so feucht wäre, könnte er ganz erträglich sein. Bei ihr fiel den ganzen Tag Regen. Bei mir war schönstes Frühlingswetter. Der Unterschied macht es.

»Ich bin nicht zur Königin geboren …«

Zurück aus Paretz, und die Herbstmanöver begannen. Ich fühlte, dass ich *vermutlich nie mehr so glücklich sein* würde wie in den vergangenen Tagen. Friedrich Wilhelm, der sonst in guter Stimmung den Manövern entgegensah, war schrecklich verdrießlich. Zweierlei lastete auf ihm: der politische Wind, der im Westen und Süden rau blies, und der Krankheitszustand des Königs.

Im Oktober schlossen Frankreich und Österreich Frieden. Preußen und auch Hannover bewahrten ihre Neutralität. Noch galten die Abmachungen des Baseler Friedens. Doch in den Beschlüssen vom 17. Oktober 1797 [Friede von Campo Formio] sollte es einen geheimen Passus geben, der einen großen Teil des Rheinlandes Frankreich zusprach. *Diese Teufel von Franzosen würden Mainz, Worms und Speyer, Germersheim, Koblenz und noch eine Menge Städte, deren Namen ich vergessen habe, behalten … und ihre neuen Besitzungen erstreckten sich bis Wesel … Der Gang der Politik musste den müßigsten Zuschauer unruhig machen; wie sollte ich es nicht sein … Die Franzosen streckten die Hand nach dem Lande Hannover aus, was wir nicht gleichgültig ansehen konnten; musste das nicht alles bekümmern und trostlos machen?*

Der König fühlte sich zusehends schwächer. Kamen Tage, an denen er leichter atmete, so schöpfte ich Hoffnung, dachte aber zugleich, es würde wohl doch nur eine *Henkersfrist* sein. Der traurige Ausgang stand bevor. Am 15. November fuhr mein Mann mit der Königin hinaus nach Potsdam ins Marmorpalais, wo der König lag und einen Schwächeanfall erlitten hatte. Am nächsten Morgen brachte ein Feldjäger die Botschaft, dass es um Seine Majestät schlecht stehe. Der Kronprinz wollte sofort aufbrechen, zögerte jedoch und verließ mich erst gegen Mittag mit den Worten: »Meine Prüfungszeit wird beginnen, und unser friedliches Glück wird ein Ende nehmen.« Es schnürte mir die Kehle zu.

Um 1 Uhr traf General von Bischoffwerder im Kronprinzenpalais ein, mein Mann hatte ihn gesandt, und meldete sich bei der Oberhofmeisterin an. Sie trat bei mir ein, wie sie ging und stand, im Pudermantel: »Monsieur de Bischoffwerder demande à parler à Votre Majesté.« Friedrich Wilhelm II., König von Preußen, war am Vormittag um 9 Uhr gestorben. Ich betete: *Gott sei seiner Seele gnädig und helfe meinem Mann in seinen schweren Arbeiten, die schrecklicher sind als man glaubt.*

Am 11. Dezember 1797 wurde der verstorbene König unter Glockengeläut und großem Aufwand vom Schloss zum Dom gebracht und beigesetzt. Dann donnerten wieder die schrecklichen Salutschüsse, bei denen man zusammenfährt und angstvolle Gedanken hat.

Die Schwere und Vielzahl der neuen Aufgaben belasteten meinen Mann. Wir führten lange Gespräche, in denen er nach Klarheit suchte. Ich hörte zu, er trug mir seine Bedenken und Zweifel vor und auch seine Ideen zur Führung des Landes. Er übernahm ja ein hochverschuldetes Staatswesen. Es sollten Sparsamkeit, weniger Etikette und mehr Ordnung herrschen; auch sei es um die Gerechtigkeit schlecht bestellt. Und die Korruption in seiner Umgebung verabscheute er. Aber über allem stand für ihn das Bewahren des Friedens. Erhalten, Befrieden, Beruhigen, danach strebte er.

Ich spürte seine Unsicherheit, die Mutlosigkeit angesichts der Schwierigkeiten, die ihn erwarteten. Er sah, dass die Zeiten sich grundlegend wandelten. Das bedeutete, Reformen einzubringen, um blutige Auseinandersetzungen wie in Frankreich zu verhindern, ihnen zuvorzukommen. Wo fand

Friedrich Wilhelm Menschen, denen er vertrauen durfte? Er brauchte sie, um in seinem Machtbereich klug zu regieren und außerhalb geschickt zu taktieren. Mein Mann ließ mich erneut wissen, dass ich ihm die verlässlichste Freundin sei. Und ich wollte ihm natürlich nach besten Kräften zur Seite stehen. Die vor uns liegende Ungewissheit nahm ich als Herausforderung an.

Das Palais Unter den Linden blieb unsere Wohnung. Sparsamkeit und die vertraute Umgebung, die Friedrich Wilhelm liebte, gaben den Ausschlag. Apanagen erhöhte er nicht, weder für sich noch für mich. »Der König wird von den Einkünften des Kronprinzen leben müssen«, legte er fest … und schenkte mir zu Weihnachten *unter anderen Herrlichkeiten zwölf sehr große birnenförmige Perlen und vierzehn kleinere.*

Meine vierte Schwangerschaft war gewiss. Jedes Mal stellten sich ähnliche seelische Zustände ein. Freude und Besorgnis. Sowohl die Kinder als auch die Repräsentationspflichten der Königin beanspruchten mich. Mit dem Briefeschreiben geriet ich ins Hintertreffen. Mein lieber Bruder Georg machte sich Gedanken um mich, er wusste von *meinem dicken Zustand.* Außerdem hatte mich eine Erkrankung niedergeworfen, von der Dr. Brown, unser Leibarzt, behauptete, es seien die Masern gewesen. Im März legte Georg ein Veilchen in seinen Brief und *was unglaublich war, dass es noch recht stark roch.* Das Veilchen erfreute mich genauso wie die Perlen vom Rex.

Großmama kam zu uns nach Berlin, zusammen mit Fräulein von Bose, die bei mir nur »der Boto« hieß. Mit ihr trank ich morgens immer Kaffee, *und das war ein herrlich Stündlein,* in dem wir freiweg und ohne Unterlass schwatzten. Ganz anders zu den Audienzen, wo Gesandte und viele Menschen die Königin von Preußen erwarteten und nicht die übermütige »Luwatze«. Da *war ich geputzt voller Juwelen und steif wie ein Brett. Wenn es vorbei war, konnte ich mich totlachen.*

Trotzdem blieb es mein Anliegen, für jeden ein freundliches Wort zu finden.

Mit Fritz ging ich nach Potsdam. Dort fand ich mehr Ruhe *als in dem lärmenden Berlin.* Erschrocken hörte ich von Friederikes Not. Der kleine Prinz Karl von Preußen lag in Agonie und starb am 6. April. *Wie gut ging es mir in der Welt, und wie verschieden war das Schicksal gegen der guten Friederike. Verdiente ich es denn mehr wie sie? Nein, gewiss nicht; Gott musste es ihr noch einmal recht gut gehen lassen; sie verdiente gewiss Glück und hatte nichts als Kummer.*

Wir reisten. *Zu der Huldigung nach Ost- und wirklich Preußen.* Mein Fritz bat mich, ihn zu begleiten. Ich konnte ihm von Nutzen sein. *Er liebte nicht Cour, Gêne, Etiquette, und wie die Dinger alle heißen, und diese Reise war ja eine Kette von solchen Dingerchen; ich wollte also diese Last ehrlich mit ihm teilen.* Dazu nahm ich mir vor, *alles anzuwenden, um ohne Zwang die Liebe der Untertanen durch Höflichkeit, zuvorkommendes Wesen, Dankbarkeit da, wo man mir Beweise der Liebe und Anhänglichkeit geben würde, zu gewinnen und zu verdienen.*

Der Reiseweg sollte im weiten Bogen über Danzig nach Warschau und Breslau führen und mich rechtzeitig im Juni nach Berlin zurückbringen, wo ich dann im Schloss Charlottenburg meine Wochen halten konnte. *Sonst reiste ich nach Frankfurt* [am Main], *um Krönungen zu sehen, jetzt ließ ich mich beinahe doch nun selbst krönen.* Man sorgte umsichtig für Bequemlichkeit. *Ich hatte meine eigenen Kutscher und Vorreiter. Außerdem wurden alle Wege meiner teuren Person wegen ausgebessert.*

Am 24. Mai 1798 brachen wir frühzeitig auf. Über Freienwalde – wo ich noch Onkel Ernst traf, der mir von Papa berichtete, nach Stargard. Unterwegs und an den Relaisstationen warteten viele Menschen, die Tücher schwenkten und mir Blumen überreichten. *Drei- oder viermal frühstückten wir; ich litt sehr unter der Hitze.* In Köslin versammelten sich die Bürger auf dem Marktplatz und machten *einen entsetzlichen Lärm mit Zimbeln und Trompeten.* Überall geschmückte Häuser, Freudengejubel, Ehrenpforten. Als wir durch Schlawe fuhren, flog dem Voto ein aufgescheuchtes Huhn an den Kopf. Beide erschraken sehr. Adelige Damen wünschten vorgestellt zu werden, Einladungen zum Tanztee, Bälle und Abendmusiken.

In Lauenburg, wo wir am 29. Mai gegen sechse ankamen, wollte mich Graf Kurowsky, »der ein bißchen wunderlich« schien, wie die Voß meinte, bereden, bei ihm zu wohnen. Doch in seinem Haus herrschte ein so schlechter Geruch, dass ich es vorzog, bei der Familie des Bürgermeisters einzukehren. Deputationen wurden vorgelassen und überschütteten uns mit Geschenken und Freundschaftsbeweisen. Oder brachten ein Ständchen mit Janitscharenmusik. *Die guten Pommern, die immer ihren Königen zugetan waren, bewiesen mir ihre Liebe durch endlose Vivatrufe … und meine Dankbarkeit war ihnen gewiss.*

Als ich mit mehreren Landleuten sprach und sie nach ihren Verhältnissen fragte, *sagten sie mir ganz ehrlich ›Reich sind wir nicht, aber zufrieden‹ … wie wenig Menschen können wahrheitsgemäß sagen, dass sie sich zufrieden fühlen. Mochte Gott ihnen dieses glückliche Gefühl bewahren und sie niemals mit den Bedürfnissen und dem Prunk der Städte bekannt machen, die so viele Familien ins Unglück stürzten, weil sie den Launen der Mode, des größten Tyrannen unserer Tage, nicht genug tun konnten.*

Die Anstrengungen, das heiße Wetter und wenig Schlaf setzten uns zu, *dass wir Halali waren.* Und doch fühlte ich mich wohl. Es war mir selbst ein Rätsel, wie das zuging.

In Danzig fuhren wir bei Kanonenschüssen ein. Die Schiffe standen sämtlich unter Flagge, und die ganze Stadt war auf den Beinen. Besichtigungsfahrt durch die prachtvollen Straßen, diesen Kündern des Reichtums. – Wie überall Empfänge, Festreden, Polonaisen, nächtliche Illuminationen;

nur um einiges festlicher, verschwenderischer als auf den vorangegangenen Stationen. Man hatte eine Schiffsfahrt auf der Ostsee vorbereitet und eine Fahrt nach Oliva zum Abteischloss und den Parkanlagen. *Der Ort, eine Meile von Danzig, ist ein irdisches Paradies seiner schönen Lage halber, Berge, Kaskaden, Täler, schöne, majestätische Aussichten ins Meer gewähren dem Auge beständige, höchst angenehme Abwechslungen.*

Der Aufenthalt in Königsberg, wo die eigentliche Huldigung stattfand, war für mich sehr ermüdend. Als wir bei großer Hitze und in Staubwolken das Schloss erreichten, standen dort alle Generäle und höheren Offiziere parat und eine unüberschaubare Menschenmenge. Das Schloss gefiel mir nicht, es ist groß und ungefällig. Auch hier Präsentationen ohne Ende, Fackelzüge der Studenten und ein Feuerwerk. Anlässlich der Huldigung hatte man eine Medaille geprägt, die erste meines Mannes; es bestand wirklich Ähnlichkeit. Ich war sehr stolz. Festlichkeiten, mit viel Geschmack ausgerichtet, folgten pausenlos aufeinander. Ich selber gab, abgespannt und erschöpft, einen großen Empfang, *wobei ich glaubte, auf der Stelle zu sterben.*

Auf der Weiterfahrt nach Warschau geschah ein Malheur. Schlechte Wege und ein Missgeschick des Postillions ließen meinen Wagen umschlagen. Ich tat einen tüchtigen Sturz. Gott sei Dank *ging die Sache so langsam vor sich, dass ich Zeit hatte, zu denken: Wir werden fallen, wir fallen, wir sind gefallen.* Man zog mich mit aller Vorsicht aus der Karosse, und für meinen Zustand entstanden keine nachteiligen Folgen.

Warschau, unvergessliche Stadt, die mir besonders gefiel, obwohl wir völlig durchgeregnet und aufgeweicht ankamen. Eigentlich berührte es mich peinlich – aber hier betete man mich förmlich an. Das Menschengeschiebe bei den öffentlichen Spaziergängen, die wir machten, war unvorstellbar. Mir schlug eine ungewöhnlich temperamentvolle Herzlichkeit entgegen.

Am 18. Juni erfüllte man mir einen besonderen Wunsch. Ich sollte den eben vollendeten Garten »Arkadia« der Fürstin Helena Radziwill besuchen. Ich war ganz außer mir in Vorfreude. Von Warschau aus fuhren wir westwärts und erreichten am Nachmittag den herrlichen Park. Ich gehörte zu den ersten Besuchern. Man hatte mir ein Tempelchen errichtet. Wir gingen gepflegte, verschlungene Spazierwege entlang, kamen an Grotten vorbei, an Wasserfällen und einem gotischen Cottage. In der schönen Landschaft erhielt auch Diana ihren Tempel. Der kleine See trug eine Insel, die mit ihrem Monument an Rousseaus Grab in Ermenoville erinnern sollte, erklärte man mir. Die Ruhe und das viele Grün taten ihre Wirkung. Nach dem Wirbel der letzten Tage fühlte ich mich in dieser Umgebung wunderbar erholt.

Die Breslauer, die von meiner Schwangerschaft wussten, machten mir zur Ankunft ein entzückendes Geschenk. Am Abend, auf dem Fest der Kaufmannschaft, überreichte man mir eine kostbare Kassette, in der Kinderzeug lag. Feines Leinen, ein Wiegenband und eine silberne Kinderklapper an goldener Kette. Ich fühlte tiefe Dankbarkeit.

Die Reise näherte sich ihrem Ende. Ich war froh darüber, denn die vielen Verpflichtungen wurden mir zunehmend beschwerlich. Von Krossen nach Grünberg und Frankfurt. In Steinhöfel vorbei, wo wir bei von Massows dinierten. Und endlich am 29. Juni erreichten wir Charlottenburg. Bei allen und bei uns große Freude. Wenige Tage später dann der große Huldigungsakt in Berlin. Durch die Reise im Zeremoniell geübt, bestand ich auch diesen strapaziösen Tag.

Am 13. Juli 1798 in Charlottenburg bekamen unsere beiden Söhne eine Schwester. Friederike Luise Charlotte Wilhelmine. Wir riefen sie Charlotte.

Schloss Charlottenburg

Die Pfützen vor dem Charlottenburger Schloss spiegeln Eis. Februar und März streiten um den Vorrang. In dem weitläufigen Bereich des Schlosses gedenke ich, die illustre Gesellschaft beisammen zu finden. Hier wohnten die Mitglieder des königlichen Hauses und ihre Vertrauten zeitweilig, oder sie waren Tagesgäste. An- und Durchreisende, Beliebte und Ungeliebte kamen, blieben, gingen. Längst war aus dem bescheidenen Sommeraufenthalt – der Lietzenburg – von Kurfürstin, später Königin, Sophie Charlotte eine glanzvolle barocke Dreiflügelanlage entstanden, über der sich ein Kuppelturm erhebt, den hinwiederum eine vergoldete Fortuna überflügelt. Die Nachfolgenden bauten um, an und aus. Dehnten den Erstbau nach Westen (Große Orangerie) und nach Osten (Neues Schloss). Das imposante Ensemble – ein »Klein-Versailles«?

Friedrich II. wies nach seinem Regierungsantritt 1740 den Architekten Georg Wenzeslaus von Knobelsdorff an, für ihn und nach seinen Vorstellungen den »Neuen Flügel« an das alte Schloss zu setzen. Nach zwei Jahren stand der zweigeschossige Bau – gediegen von außen, in Glanz erstrahlend von innen.

Ich schaue nur aus dem Augenwinkel in Friedrichs »Goldene Galerie«, widerstehe der Versuchung, in dieses Wunder des Rokoko hineinzugehen, und schwenke in die »Winterkammern«, die Wohnräume Friedrich Wilhelms II. in den kühlen Monaten.

Der Eintritt wirkt wie ein Epochensprung. Von verschwenderischer Galanterie in verhaltene Eleganz. In den beiden Hautelisse-Zimmern, die nach der besonderen Webart ihrer Gobelins heißen, begegnet mir Vertrautes.

Aus dem Kronprinzenpalais fanden Luises »Flügel-Fortepiano« und die Pedalharfe den Weg hierher. Sie sang, traktierte das Piano, spielte Gitarre, harfte sie auch? – Das Schwesternpaar Luise und Friederike in allegorischer Mission auf dem großen Gemälde von Friedrich Georg Weitsch (1795). Luise reckt sich hoch und bekränzt die Büste Friedrich Wilhelms II. mit dem Lorbeer, den er für den Friedensabschluss von Basel verdiente. Man mag das Ereignis auslegen, wie man will, es brachte doch einige friedliche Jahre. – Friederike, die Kindhafte, hält die Rosengirlande, die ebenfalls dem Schwiegerpapa zugedacht ist und vielleicht den Sockel schmücken soll. Einige Blüten sind zu Boden gefallen. Die beiden tragen kleidsame Gewänder, in der Taille mit Schaltüchern zusammengehalten.

Eine Büste des Kronprinzen als sehr junger Mann ist zu sehen. Verschlossen, verschüchtert, ein wenig unter Weltschmerz leidend, so erscheint er mir. Auf dem Konsoltisch steht die zur Genüge bekannte Schadowsche Doppelplastik der Schwestern in Kleinformat und in Biskuitporzellan. Schon bin ich im Vorbeigehen begriffen, bemerke ich im Wandspiegel die Rückenpartien der beiden, den weichen Faltenwurf ihrer Kleider und – dass Friederike aufgesteckte Zöpfchen trägt. Das war mir am Original in der Alten Nationalgalerie entgangen.

Die Schlafkammer des Königs erhielt nach seinem Tod Schwiegertochter Luise als nächtliches Gemach. Am Alkoven ist der Vorhang herabgelassen. Napoleon soll in diesem königlich-femininen Bette geschlafen haben, in der Nacht, bevor er am 27. Oktober 1806 in Berlin einzog. Ob er hier den Griff in Luises persönliche Briefschaften tat, wie man erzählt?

An den Wänden mit der lebhaft gelbbeige gestreiften, von Blumen übersäten Atlastapete finden sich Porträts von Familienangehörigen in Pastell. Unter ihnen Prinz Ferdinand von Preußen, das Oberhaupt der »Ferdinanderie«, und Prinz Louis Ferdinand, sein Sohn, dem auf diesem Abbild gar nichts Verführerisches anhaftet. Luisens Schwestern Charlotte und Therese –

das ausgesucht Delikate, Berückende muss wohl in der mecklenburgisch-darmstädtischen Familie liegen.

Endlich auch Luises Schwiegermama Königin Friederike Luise, geborene Prinzessin von Hessen-Darmstadt. Eine mollige, verschmitzt blickende, schelmisch lächelnde Dame, leutselig, vielleicht auch redselig (wie die grand-mère), mit einem Anflug von Unbedarftheit und Melancholie.

Und Karoline von Berg, geborene Gräfin von Haeseler, enge Freundin Luises, von ihr auch »Der Berg« oder »Barg« genannt. Karoline, mit Herder, Goethe, Jean Paul und Karl vom und zum Stein in vertrautem Kontakt, unterhielt in Berlin eine gesellige Runde, in der Dichter, Gelehrte und am anspruchsvollen Gespräch Interessierte willkommen waren. Sie regte Luise an, sich eingehender mit der deutschen Dichtung zu befassen. Friedrich Wilhelm hegte eine Abneigung gegen die Dame. Sein Urteil: »... diese Frau hat durch ihren seltsamen unverdienten Einfluss, den sie immer weiter zu poussieren sich bemühte und ihrem Gemisch aus Enthusiasmus und hoher Poesie mit Trivialität, exzentrischem Wesen, mit Natürlichkeit und Austerität [Strenge], mit Leichtsinn und Adulation [Schmeichelei] gepaart, wenig Gutes, aber manches Ueble gestiftet.«

Vielleicht fürchtete der König Karolines intellektuellen Einfluss auf seine Frau. Aber Luise ließ sich, was den »Barg« betraf, von ihrem Fritz weder etwas ein- noch ausreden. Karolines Porträt ist das einer hellwachen, aufmerksamen, selbstbewussten Frau, deren schmaler Mund feinen überlegenen Spott verrät. Friedrich Wilhelms Besorgnis mag nicht unbegründet gewesen sein.

Durch-die-Räume-gehen ist wie das Blättern in einem Familienalbum. Noch einmal begegne ich Prinz Louis Ferdinand, ich sehe ihn so, wie Dichtung und Wahrheit sein Bild entwarfen. Den Draufgänger, den Liebling der Musen und Frauen. Sinnlich, fordernd, ungestüm, mit wehendem Haar vor einer gewittrigen Landschaft.

Auch Luises Papa ist in der Nähe. Der Maler Francisco Vieira ließ ihn sich leger an ein Monument lehnen, umgeben von viel Natur. Weniger der Herzog von Mecklenburg-Strelitz in gravitätischer Pose, mehr ein Mann von generöser Denk- und Lebensart, gebildet und belesen – trägt er doch die modische Werther-Tracht: gelbe Beinkleider und blauen Überrock.

Der Schweizer Maler Anton Graff, der es wie kaum ein anderer verstand, das Wesen der von ihm Porträtierten unverstellt durch Machtgehabe und Eitelkeiten ins Bild zu setzen: Er malte Friedrich Wilhelm II. Der König, fünfundvierzigjährig, von den Anforderungen royaler Geschäfte und dem ausgeprägten Hang zu Sinnesfreuden gezeichnet, wirkt müde. Sein leicht aufgedunsenes, blasses Gesicht mit den freundlich-verständnisvollen Augen ist das eines älteren Herrn, der auch weiterhin dem Genuss nicht abhold sein wird. Ahnt er, dass ihm dazu nur noch acht Jahre bleiben?

Der biedere Köckeritz, General der Infanterie und Generaladjutant von Luises Mann: ein fülliger Heerführer, geradeheraus, ein wenig polterig, aber eine treue Seele. Es steht ihm gut an, wenn er nach einem Aufenthalt in Paretz 1797 festhält: »Wir haben uns ungemein divertiert und alles Angenehme des Landlebens in ganzer Fülle genossen, wobei die Jagd und Wasserfahrt die Hauptbelustigungen waren.« Und zum stattgehabten Erntefest: »… hier waren im eigentlichen, aber wahren Verstande Freiheit und Gleichheit. Ich selbst dachte nicht daran, dass ich 54 Jahre zurückgelegt, und tanzte gleichfalls mit, desgleichen die Frau Oberhofmeisterin v. Voß.«

Von dem »Voto« kannte ich nur zwei Altersporträts. Eine beherrschte, nicht unkritische Dame, der man Aufrichtigkeit zugesteht. Mich verlangte nach der jüngeren Marie Sophie, von der die Markgräfin Wilhelmine von Brandenburg-Bayreuth geschrieben hatte: »Die junge Pannwitz war schön wie ein Engel.« So schön und begehrenswert musste sie gewesen sein, dass August Wilhelm Prinz von Preußen bei ihrer Vermählung mit Ernst Johann von Voß vor Liebesleid in Ohnmacht fiel.

Im »blauen Vorzimmer« des »Neuen Schlossflügels« sehe ich sie, wie Antoine Pesne sie um 1746 malte, die Siebzehnjährige mit dem Beiwerk einer Jägerin. – Ich schaue in das sympathische Gesicht einer jungen Frau mit gleichmäßigen Zügen, nicht ohne sinnlichen Reiz, stolz, diszipliniert, ihrerseits die Betrachter musternd. Trete ich zur Seite, so lässt sie mich nicht aus dem Blick – und schenkt mir ein Lächeln. Ihr glaube ich, was sie von der jungen Luise sagte: »Die Prinzessin ist wirklich anbetungswürdig, so gut und so reizend zugleich ...«

Luisens Schlafgemach – an romantischer Stimmung nicht zu überbieten.

Als die königliche Familie 1809 aus dem Exil nach Berlin zurückkehrte, erhielt Karl Friedrich Schinkel den Auftrag, im geliebten Charlottenburg den nächtlichen Ruheraum Ihrer Majestät neu zu gestalten. Was Schinkel entwarf, wirkt sehr weiblich. In diesen vier Wänden ist alles luftig, duftig, schwebeleicht und sehr weiblich. Die Wanddekoration soll den aufsteigenden Morgen und feine Nebelschleier imitieren. Auf raffinierte Art wird es angedeutet. Vor rosafarbenen Papiertapeten hängen durchscheinende Voilebahnen. Die Morgendämmerung weicht Auroren. Mit ein bisschen Fantasie und großzügiger Auslegung gelingt der Eindruck.

Das geschwungene Bett taugt eher zur Draperie für eine entspannte Ruhelage als für den Tiefschlaf. Zwei Blumenständer neben der Liegestatt werden mit Blütenfülle und Duft die Morgenstimmung vollendet haben.

Die silbervergoldete Toilettengarnitur zieht die Augen auf sich. Wahrscheinlich trägt dieses betörende Gefunkel Mitschuld an Luises Unpünktlichkeit, die Friedrich Wilhelm III. seiner Frau öfter vorwarf. Vor dem Spiegel sitzend, behielt sie vermutlich die auserlesenen Stücke mit dem geschlungenen »L« etwas länger in der Hand (wer ergötzt sich nicht an solchen Gegenständen?!), das zögerte die Schönheitspflege hinaus. Und so kam es, dass die Königin hin und wieder zu spät im Theater, zum Ball, bei Tisch, zur Ausfahrt erschien.

Luise ist allgegenwärtig. Und doch erlebt man sie in unterschiedlicher Gestalt: die Liebreizende auf Josef Maria Grassis Porträt, die noch Mädchenhafte mit dem hübschen Schleierkopfputz, wie Henriette-Félicité Tassaert sie (nach Johann Friedrich August Tischbein) malte. Unfern, beinahe in Augenkontakt mit ihr, Friedrich Wilhelm III. als Kronprinz – ausgeglichen, ja andeutungsweise heiter. Fanden die Sitzungen für die Malerin nach dem Paretzer Aufenthalt statt? – Johann Heinrich Schröder gibt eine frauliche Luise wieder, im einfachen Gewand und in die königsblaue Stola gehüllt. Auf Anton Zellers Gemälde von 1798 kann ich die junge Königin kaum erkennen. Schmal und nachdenklich; ein wenig bedrückt wirkt sie. Waren es die Anstrengungen der Huldigungsreise oder die Sorge um ihre Schwester Friederike, die ihr ins Gesicht geschrieben stehen?

Die französische Malerin Elisabeth Louise Vigée-Lebrun, im Jahr 1801 auf einer Durchreise in Berlin, fertigte Studien der Königin an. Sie nutzte diese später als Vorlagen zu einem Porträt, dem man nachsagt, es sei die beste Wiedergabe von Luisens Erscheinung. Das Pastell zeigt die Lebendige, Temperamentvolle, Tatkräftige; eine Frau, die sich auch ihres Charmes bewusst ist. Die von der Königin begeisterte Malerin schreibt über den Besuch:

»Der Zauber ihres himmlischen Gesichtes, das Wohlwollen und Güte ausdrückt, die so zarten und regelmäßigen Züge, die Schönheit ihrer Gestalt, ihres Halses, ihrer Arme, die blendende Frische ihrer Hautfarbe, mit einem Wort, alles an ihr übertrifft noch das Zauberhafteste, was man sich denken kann. Die Krone von schwarzen Jetperlen auf dem Haupte, hob, weit entfernt davon nachteilig zu wirken, die blendende Weiße ihrer Hautfarbe nur noch mehr hervor. Man musste die Königin von Preußen gesehen haben, um zu begreifen, dass ich bei ihrem Anblick wie verzaubert dastand.«

Vor dem Spaziergang durch den Charlottenburger Schlosspark betrachte ich Friedrich Georg Weitschs Gemälde vom Königspaar im nämlichen Parke. Zwei Menschen, die sich lieben. Der schlanke junge »Fritz« in blauem Uniformrock und weißen eng anliegenden Hosen (sehr kleidsam) hält, zärtlich zugetan, Luises Hand. Sie legt ihre Linke auf seine Schulter. Wieder wählte sie ein hauchdünnes Kleid, welches das Reizvolle ihrer Erscheinung betont. Der goldgelbe Schal steht ihr besonders gut. – Beide verhalten sie in einer baumreichen Landschaft. In der Ferne erkennt man Schloss Charlottenburg. Luise und Friedrich Wilhelm lustwandeln, posieren kurz an einem Parkdenkmal – für Weitschens Skizze – und werden in Bälde vertraulich weitergehen. Ich halte es ebenso und blicke mich im großzügig gestalteten Garten um nach der Tannenallee, in der Luise oft spazierte, »die sie ihres eigenthümlichen Schwermüthigen Karakters wegen gern mochte«, erzählt ihr Mann. Die Tannen sind nunmehr hohe dunkle Douglasien, die dem Parkbesucher Feierlichkeit und Melancholie auferlegen. Am Ende der Allee weist ein Rondell zum Ort der Ehrerbietung für die Königin – dem Mausoleum.

Luise freute sich im Sommer 1810 über alle Maßen auf einen Besuch, den sie ihrem Vater abstatten wollte.

An den Herzog Karl von Mecklenburg-Strelitz

Charlottenburg, den 22. Juni 1810

… Hussa Trallala! Ich bin so innerlich glücklich, daß ich immer Psalmen singen möchte an Gott … Ich komme also Montag, nehme mit großem Dank das dejeuné fressaille in Fürstenberg an und bitte von da um Pferde, auch Gaul genannt. Der König den Donnerstag, auch von da Pferde. Fressaille will er nicht, aber Thee und dicke Milch und Butterbrot in Hohenzieritz. Nein, es ist zu schön! … Also in drei Tagen Halleluja … Atsché bester Vater. Luise

Am 25. Juni reiste die Königin nach Neustrelitz. Und am 19. Juli 1810 – »morgens gegen 9 Uhr« starb sie im Schloss Hohenzieritz.

Luises Tod hinterließ bei allen, die ihr nahestanden, große Trauer. Im Auftrag des unglücklichen Königs entwarfen Karl Friedrich Schinkel und in der Endausführung der Architekt Johann Heinrich Gentz einen kleinen dorischen Tempel für Luises letzten stillen Aufenthalt. Er wurde später erweitert.

Ein Sperling ist durch die offen stehende Tür hereingeflogen und trippelt auf den Liegefiguren der Grabmonumente. Ich bin allein in der Gedenkhalle. Über Stufen geht man hinauf zu den vier aus Carrara-Marmor geschaffenen Grabkunstwerken. Die eigentlichen Särge der Verstorbenen sind in der darunterliegenden Gruft aufbewahrt. Nebeneinander ruhen, auf den schlichten Altar ausgerichtet: Das Königspaar Luise und Friedrich Wilhelm III., vor ihnen das Kaiserpaar Wilhelm I., Sohn der Vorherigen, und dessen Frau Augusta. In den Boden eingelegte Tafeln geben Auskunft: »Hier ruhet in Gott LUISE Auguste Wilhelmine Amalie Koenigin von Preußen Prinzessin von Mecklenburg-Strelitz geboren den 10ten Maerz 1776 gestorben zu Hohenzieritz den 19ten Juli 1810. Ihrem Wahlspruch getreu wie der Herr es gewollt also ist es geschehen.«

Ich sehe es so: Sie schläft, den Kopf zur Seite geneigt. Das gewellte Haar schmückt ein Diadem.

Ich riskiere in einem unbeobachteten Augenblick den Schritt über die Seilabsperrung, um in ihr Gesicht zu schauen. Ein wissendes Lächeln liegt darüber, das sich nur dem offenbart, der sich in ihr Antlitz vertiefen darf.

Bewegt denke ich an Theodor Körners Zeilen: »Du schläfst so sanft! – Die stillen Züge hauchen / Noch Deines Lebens schöne Träume wieder; / Der Schlummer nur senkt seine Flügel nieder, / Und heil'ger Friede schließt die klaren Augen! ...«

Der Schöpfer dieses Meisterwerkes, der auch das Grabdenkmal für Friedrich Wilhelm III. gestaltete, heißt Christian

Daniel Rauch. Das Königspaar hatte ihn während seiner Ausbildung unterstützt. Er erhielt, neben anderen Bewerbern, den Zuschlag, reiste 1811 nach Carrara, wählte den Marmorblock aus und begann in Rom mit der Arbeit. Nach der Fertigstellung geschah der Transport auf einem Schiff unter englischer Flagge. Unterwegs geriet es – da sich England und Amerika im Kriegszustand befanden – in amerikanische Hand. Doch gelang die Rückeroberung des Seglers. Das Schiff landete in Großbritannien. Und Luises Monument traf von dort aus im Mai 1815 endlich in Charlottenburg ein.

Draußen im Park herrscht noch spätwinterliche Ruhe. Das Leben verharrt. Die Stille auf den Wegen fügt sich den Gedanken, mit denen ich mich verabschiede.

»Großer Gott, ich bin kein Engel, sondern eine Frau …«

Wir hatten einen heißen Sommer in diesem Jahr 1798. In Charlottenburg ließ er sich ertragen. Zu meiner unbändigen Freude besuchte uns Georg und blieb eine Zeit lang. Friederike scheute sich nicht, von Schönhausen die anderthalb Meilen nach Charlottenburg zu fahren, und wir drei pflegten in Schloss und Park vergnügliche Geselligkeit.

Meinen Mann indessen betrübte und verstimmte die allgemeine Lage. Die Franzosen blieben nicht untätig. Diese Unruhestifter wirbelten die halbe Welt durcheinander. Sie hatten einen General, der aufhorchen ließ – Napoleon Bonaparte. Damals dachte ich noch, man würde ihnen beizeiten Widerpart bieten und den Spuk beenden. Aber es war erst der Anfang vom schrecklichen Ende. Aus Österreich und Russland trafen Abgeordnete ein, die Friedrich Wilhelm für eine Koalition gegen Frankreich gewinnen wollten. Dann stellte sich in Berlin ein neuer französischer Gesandter vor, der seinerseits alles daransetzte, den König Frankreich geneigt zu machen. England brachte sich beharrlich in Erinnerung. Unser Preußen erschien mir wie eine Insel, an der sich rundherum die Brandung brach. Ach, der arme Rex, man wusste doch, dass für ihn die Erhaltung des Friedens das Gesetz aller Gesetze war. Er ließ sich auf nichts ein, verabschiedete die Abordnungen unfreundlich und unhöflich, ohne dass sie die jeweils erhoffte Antwort erhielten. Danach fand er sich bei uns ein, misslaunig, ärgerlich, gereizt. Diese schlechten Humeurs galt es zu vertreiben. Meistens gelang es mir. Oftmals genügte ein Scherz oder ein Kuss oder ein Lied, das ich lauthals sang. Zuweilen gelang es nicht. Dann heulte ich los und schalt ihn – im Stillen – einen störrischen Esel; einen Esel, den ich liebte.

Der König machte es mir schwer, einem Bedürfnis nachzugeben, das mich hin und wieder befiel. Wissen und Kenntnisse waren bei mir nicht in dem Maße vorhanden, wie ich es wünschte. Aber er schätzte mein Bemühen um Bildung nicht. Von klugen Frauen hielt Friedrich Wilhelm nichts. Besonders dann nicht, wenn es die eigene Frau betraf. Weibliche Wesen hätten andere Aufgaben, sagte er. Aber denen kam ich ja nach! Mit den Kindern verbrachte ich mehr Zeit, als man mir dafür zubilligte. Die Pflichten der Königin nahm ich ernst. Und für Fritz tat ich ohnehin alles, was in meinen Kräften stand und was die Liebe mich tun ließ. – Fällt Männern der Umgang mit engsinnigen Frauen leichter? Fürchten sie einen weiblichen geistigen Gleichstand? Ich weiß es nicht. Mit Bruder Georg sprach ich darüber und sagte ihm scherzhaft, mein Kenntnisstand sei so beschaffen, dass ich kaum noch wisse, ob London eine Stadt in Deutschland oder England sei.

Den Rex wollte ich mit diesem meinem Bestreben keinesfalls verärgern. Handelte es sich um die Wahl von Lehrmeistern, so mussten sie selbstverständlich seinen Vorstellungen entsprechen. Wen er nicht akzeptierte, den versuchte ich auch nicht durchzusetzen.

Ich entschied mich für Geschichte, der schon immer mein Interesse galt, und für die Verbesserung und Erweiterung meiner englischen Sprachkenntnisse. Dagegen konnte Friedrich Wilhelm nichts einwenden. Therese schickte mir gelehrte Bücher, auch geografische Werke. Ich las, dass mir Hören und Sehen verging. Aber nicht unentwegt! Von Potsdam aus, wo die jährlichen Herbstmanöver abgehalten wurden, war es nicht weit nach Paretz oder zur Pfaueninsel, dem idyllischen Eiland in der Havel. Es gehörte bald in die Reihe unserer Lieblingsplätze. Das dortige Schloss, *dessen Mau-*

ern bekanntlich von Papier sind und jeden Seufzer verräterisch seinen Nachbar hören lässt, bot besonders an warmen Sommertagen erquickenden Aufenthalt. Mein Mann wählte das Ländchen bevorzugt als Geburtstagsinsel und ließ sich am 3. August dort feiern. Zur Freude der Familie.

Dem König gefiel es, wenn ich beim Exerzieren zuschaute oder einer Fahnenweihe beiwohnte – Gefälligkeiten, denen ich natürlich nachkam und die zu den Potsdamer Aufenthalten gehörten. An Gästen fehlte es nicht. In Sanssouci lud ich zum Tee. Jean Paul, der Dichter, den Schwester Lolo in Hildburghausen zu ihrem Musenkreis zählte, stellte sich zu späterer Gelegenheit ebenfalls ein. Er machte mir Elogen, nannte mich an anderer Stelle gar eine »gekrönte Aphrodite«. Es beeindruckte mich wenig. Er und seine Werke waren nicht uneingeschränkt nach meinem Geschmack. Die »Grobheit« und »Taktlosigkeiten«, die man ihm nachsagte, stießen mich ab. *Ich liebte nicht dies Amalgam von Trivialem und erhabenen Ideen, diese Mischung von Heiligem und Profanem.* – Im November gingen die Potsdamer Tage ihrem Ende zu, und *wir sollten in Kurzem wieder in der stolzen Königsstadt sein.*

In Berlin überraschte uns eine böse Nachricht. Friederike erwartete ein Kind. Sie hatte nicht den Mut gehabt, es mir persönlich zu sagen. Ich erfuhr es von Wilhelmine, der Schwester meines Mannes, der sie sich in ihrer Not anvertraute. Die Konsequenzen waren furchtbar und meine Betroffenheit unbeschreiblich. *Wenn diejenigen unglücklich waren, die ich liebte, und das noch obendrein durch ihre Schuld, o! dieser Gedanke war nicht zu ertragen.* Ich schwankte zwischen Enttäuschung und Verständnis. Die arme Ika kannte nicht die Erfüllung in der Ehe, wie sie mir zuteilwurde. Unausgesprochen aber blieb ihr die Sehnsucht danach. Mir waren Andeutungen über eine Liaison mit dem Prinzen Friedrich von Solms-Braunfels zu Ohren gekommen. Doch ich hielt es für eine harmlose, freundschaftliche Beziehung, der ich keine

Ernsthaftigkeit beimaß. Und nun dieses Unglück. – Die Anordnungen fielen rasch und wie harte Schläge. Friederike war im sechsten Schwangerschaftsmonat. Sie heiratete am 10. Dezember. Prinz Solms wurde nach Ansbach zurückversetzt. Meine Schwester durfte das preußische Wappen nicht mehr führen, verlor den Titel »Königliche Hoheit« und ihren Hofstaat. Und ihre beiden Kinder! Sie sollten in unserer Familie bleiben. Im Januar 1799 verließ sie Berlin. Die treue Gefährtin hatte ich nun nicht mehr an meiner Seite. *Dieser Gedanke, diese Gewissheit umhüllten dermaßen meine Sinne, dass ich auch gar nichts anderes dachte und fühlte.* Ich bat Gott, mir diese schwere Trennung tragen zu helfen. *Wenn ich mir vorstellte, dass Friederike unglücklich werden könnte, so recht elend und gequält, so konnte ich Augenblicke haben, wo ich ganz verzweifelt und trostlos war.* Einzig beruhigend blieb, *dass sie den Prinz Solms über alles liebte … Dass sie ihn liebte, bewies ja wohl die heimliche Verbindung, die sie einging.*

Die Karnevalszeit brachte Unterbrechung, ohne meine trüben Gedanken vollends zu zerstreuen. Friedrich Wilhelm versuchte, mich aufzumuntern und zu erfreuen. Er gewährte mir großzügig, ein wenig Verschwendung zu treiben; ich durfte exqusite, mich besonders kleidende Garderobe wählen. Der »Dernier Cri« war die Mode à la greceque. Die Gewänder bestanden aus weich fallendem Stoff, zum Beispiel Silberlinon, trugen unter der Brust eine Gürtung und fielen von dieser Partie an in reichem Faltenwurf abwärts. Diese superbe Einfachheit hatte etwas Sylphidenhaftes. Die Damen würden neuerdings im Hemde gehen, mokierten sich manche. Mir gefiel diese »Hemdenmode«.

Was der vergangene Sommer zu heiß war, das brachte der Frühling 1799 überreichlich an Kälte. Ende März zogen wir um nach Potsdam, wie der Beginn der Manöver es erforderte. Am 1. April fiel Schnee. Ich fror jämmerlich. Nur *dank einem Berg glühender Kohlen und einem fürchterlichen Feuer gelang es mir, mich zu erwärmen.* Fast wäre ich der Kälte erlegen, *die das Blut in meinen Adern erstarren ließ ... Potsdam war entsetzlich traurig, alles war so kalt, alles war so still.* Ich bekam eine heftige Erkältung mit quälenden Hustenanfällen und blutigem Auswurf. Der gute Voto eilte sofort von Berlin nach Potsdam und blieb bei mir.

Auf die Frühjahrsmanöver folgte zumeist – so wollte es der königlich preußische Programmablauf – die Reisezeit. Diesjährig mit einem Plan, der mich jubeln ließ. Fritz hatte sich alles ausgedacht und arrangiert, ein neuer Beweis seiner Liebe für mich. Anfang Mai unternahm mein Mann eine größere Inspektionsreise, auf der ich ihn begleitete. Doch in Minden trennten wir uns. Ich fuhr in Eile weiter nach Hildburghausen, getrieben von der Vorfreude auf ein *Wiedervereintsein mit allen denen, die mir teuer waren.* Mit allen! Auch mit meiner Schwester Friederike. Der Rex hatte ihre Anwesenheit gebilligt – aus Liebe zu mir. Kaum zu beschreiben, *was mein Herz gegen diesen edlen, durchaus rechtschaffenen Mann empfand!*

Am 2. Juni konnte ich sie alle umarmen. Papa, Großmama, meine Schwestern, die Brüder Georg und Karl, Nichten und Neffen. Wir schwelgten. Das kleine Hildburghausen trubelte und quoll über von Angereisten. Die Wärme und Geborgenheit der Familie genoss ich. Es bestärkte mich darin, in ihr den Hort von Sicherheit und Wohlbefinden zu sehen. – Auf großer Route reisten wir nach fünf gemeinsamen Tagen weiter; berührten auch Darmstadt und Frankfurt. Welch ein Wiedersehen! Georg besuchte Frau Aja und musste gleich bei ihr zu Mittag essen. Er richtete ihr meine Einladung aus, gegen Abend ins Thurn- und Taxissche Palais zu kommen. Mutter Goethe war hochbeglückt. Wir plauderten von zurückliegenden Zeiten und erinnerten uns auch ihrer schmackhaften Pfannekuchen. Sie meinte, es würde in allen Cafés und Weinhäusern der Stadt die nächsten Tage über nichts anderes geredet werden, als dass der mecklenburgische

Erbprinz sie habe zur preußischen Königin holen lassen. Nun werde sie »einen Nimbus ums Haupt haben, der ihr gut zu Gesicht stünde«, sagte sie in ihrer drolligen Art.

Mein Mann und ich trafen in Kassel wieder zusammen. Anfang Juli kehrten wir zurück. Ich war schwanger und erwartete im Oktober die Niederkunft. Wir blieben in Charlottenburg, den Kindern zur Freude, die den freien Lauf in Schloss und Garten auskosteten. Zum Erntefest fuhren wir en famille nach Paretz. Übermut und Neckerei überkamen mich in dieser Umgebung. Ich schrieb einen Brief an den »großen Fritz«, der ihn späterhin noch zum Lachen brachte.

An den König Friedrich Wilhelm III.

Paretz, 10. September 1799

Allerdurchlauchtigster, Großmächtigster König und Herr! Unter den vielen Bittschriften, die Ihre Königliche Majestät täglich bekommen, möge doch der Herr wollen, dass diese mit einem gnädigen Blick beleuchtet werde, damit meine alleruntertänigste, demütigste, wehmütigste Bitte nicht unbefriedigt bleibe. Hierbei liegende Strümpfe sollen als Probe meiner Geschicklichkeit in der Strickerkunst zum Beweise dienen und mir hoffentlich mein Gesuch zu erlangen helfen, es besteht nämlich darin: »dass Ihro Majestäten die Gnade für mich hätten und mir zukünftig alle dero Strümpfe stricken ließen und mir dabei den Titel als wirkliche Hofstrickerin allergnädigst erteilen ließen.« Diese hohe Gnade würde ich all mein Leben in tiefster Untertänigkeit erkennen und mit dankbarem Herzen ersterben. Ew. Königl. Majestät als aller untertänigste Magd und Untertanin Luise.

Untertänigstes Postscriptum. Ist noch zu bemerken, dass jede Masche, so ich knütten würde, von Dankbarkeit durchdrungen wäre.

Am 14. Oktober 1799 ward ich von einer Tochter entbunden. Sie erhielt den Namen Friederike – ein zartes, zierliches Wesen.

Georgs Studien in Rostock zeigten nicht den erwarteten Erfolg. Eine junge Dame, Fräulein Grebe, hatte ihren Anteil daran. Der Närrische trug sich mit dem Gedanken, sie zu heiraten. Eine Unmöglichkeit! Ich erinnerte ihn an die vorgegebene Ordnung, die er wie alle Menschen einzuhalten habe. Sicherlich war es der Familiensinn, der mich geharnischt reden ließ. An meinen Lieben wollte ich keinen Tadel haften lassen. *Wenn jedermann nach seinem Gang handeln wollte, jeder seinen Neigungen folgen wollte, was würde da aus uns allen werden.* Ich hielt ihm eine rechte Predigt – und Papa sagte NEIN zu Georgs Unterfangen.

Wir beschlossen, ihn nach Berlin zu holen. Waren doch hier für einen jungen Mann alle Möglichkeiten der Bildung und auch des Amüsements – außer Fräulein Grebe – vorhanden. Er konnte *in des seligen Prinzen Ludwig seinen Stuben wohnen,* und wir lebten sozusagen unter einem Dach. So geschah es. Und *ich brüllte mit vollem Halse: ich freue mich halbtot Dich hier, und das bald, zu sehen.*

Das Weltgeschehen stand nicht still. Im November gelangte dieser Napoleon mithilfe eines Staatsstreiches an die Macht. Man verjagte das Direktorium. Im weiteren Verlauf erhielt Napoleon Bonaparte, unter dem Titel eines Ersten Konsuls, auf zehn Jahre die Gewalt eines konstitutionellen Fürsten. Durch geschicktes Taktieren und militärische Erfolge beendete er (vorläufig) die Auseinandersetzungen mit Österreich [1801 Friede von Luneville] und England [1802 Friede von Amiens]. Bei den Abschlüssen erwirkte er vorteilhafte Bedingungen für Frankreich. Was würde man von diesem Emporkömmling noch zu erwarten haben?

An König Friedrich Wilhelm III.

[30. März 1800]

Lieber Freund! Unser armes Kind lebt nicht mehr seit einigen Minuten. Mein Herz ist zerrissen. Sie hat nicht mehr gelitten und ist gestorben, wie Du sie verlassen hast, nämlich immerfort schlafend. Mehr kann ich Dir darüber nicht sagen … Ich bin wohl, aber in Tränen, das Herz von Schmerz und Traurigkeit durchbohrt. Leb wohl, mein lieber Freund, verändere Dich nie mir gegenüber, das wird immer mein Trost und mein Glück sein. Unwandelbar Luise

Den Tod unserer kleinen Friederike wollte ich nicht annehmen. Ich litt unsäglich unter dem Verlust und glaubte, ihn nicht überwinden zu können. Hinzu kam, dass meinen Mann ein starkes Fieber überfiel. Vor Angst war ich wie gelähmt. Doch bemühte ich mich, an seinem Krankenlager zu lächeln, um dem Leidenden Mut zu geben. Für ihn nahm es einen guten Ausgang. Mir blieb der Schmerz, ein Kind verloren zu haben. Ich baute darauf, Gott würde mir helfen und mein *Kleeblättchen erhalten.*

Nach den üblichen militärischen Übungen bei Potsdam ging der König mit seinem Bruder Heinrich zu Revuen nach Pommern. Ich trennte mich schwer von ihm. Friederikchens Tod lag auf meiner Seele. Die Nähe meines Mannes brachte mich für Augenblicke zur Ruhe.

Die Bekanntschaft, spätere Freundschaft und Vertrautheit mit Karoline von Berg begann. Ich vermag nicht mehr zu sagen, wie wir zueinanderfanden. Mag sein, dass es im Gespräch mit der Voß geschah, deren Enkel Karolines Tochter verehrte (unter Frauen spricht man auch über Amouren). Wissen, gedankliche Wendigkeit und der anregende Umgang mit Karoline zogen mich an. Jean Paul sagte von ihr, sie sei

»eine geistige Amazone«. Diese Verbindung ließ ich mir von Friedrich Wilhelm, der sie ungern sah, nicht nehmen.

Zwischenhinein *saß ich Herrn Johann Heinrich Schröder gegenüber*, mehrmals, der mich malte. Jean Paul sandte mir einen Band seines Romans »Titan«. Daraus ersah ich, *dass er noch immer fortfuhr, seine Zeitgenossen mit Wahrheiten zu unterhalten … die ihre Wirkung gewiss nicht verfehlen würden.*

Allmählich gewann ich wieder Fassung, freute mich auf Fritzens Rückkunft und war bereit, an Späßen und Scherzen teilzunehmen. In Sanssouci, Anfang Juni, benahmen wir uns einmal *wie die Tollen.* Wir maskierten uns am Abend als Hexen und Teufel und spazierten im Mondschein durch den Park. *Und als die Gesellschaft sich dem Ort zu bewegte, wo die Hunde begraben sind, haben wir sie umschlossen und einen Teufelslärm gemacht; dann zur Voß, bei der wir sangen: »Wach auf, wach auf aus Deinem Sündenschlaf« … der Spektakel dauerte bis 12½ Uhr.* In dieser schönen Ungebundenheit verlebten wir mit den Kindern die Tage. Manchmal dachte ich, *könnt' ich doch Rang und Würde ablegen und bloß mit Menschen umgehen, die ich lieben könnte.*

Im August war eine Reise nach Schlesien vorgesehen. Mir zu Ehren veranstaltete Graf Hans Heinrich von Hochberg, nahe seinem Besitztum Fürstenstein, ein mittelalterliches Turnier. Nach dem Stechen hatte ich die Preise, sogenannte »Ritterdanke«, zu verteilen. Ein seltsamer Brauch, dem ich eigentlich nichts abgewinnen konnte.

Zu Beginn des neuen Jahres traf lieber Besuch in Berlin ein. Erbprinz Friedrich Ludwig von Mecklenburg-Schwerin und seine Gemahlin Großfürstin Helena Paulowna, Tochter des Zaren Pauls I. von Russland. Sie und ich empfanden auf den ersten Blick Sympathie füreinander. Helene war eine natürliche, bildschöne, schlanke junge Frau von einfachem Wesen. Man sprach von ihr nur als »la belle Hélène«. Ihre liebenswerte Art verwirrte sogar den sonst so verschlossenen Rex. Noch ahnte Helene nichts von dem schrecklichen Ereignis, das sich am 23. März 1801 zutrug: die Ermordung des Zaren. Nachfolger auf dem russischen Thron wurde ihr Bruder Alexander. Wie würde er seine politischen Prämissen setzen?

In einem Schreiben an den König kündigte der neue Zar die Übernahme seiner Regierung an. – Helene und Friedrich Ludwig hielten sich im Sommer in St. Petersburg auf, erzählten Alexander von ihrem Berliner Besuch und den geknüpften freundschaftlichen Banden zwischen uns. Es beeindruckte den jungen Zaren, der den höfischen Zwang ebenso wenig schätzte wie wir. Der Gedanke einer Begegnung mit dem preußischen König nahm Gestalt an. Das Erbprinzenpaar trug auf der Rückreise Friedrich Wilhelm den Wunsch vor. Der König erwog, das Treffen mit einer Inspektion seiner Ostprovinzen zu verbinden. Zar Alexander stimmte dem zu, und sie vereinbarten Memel als Ort der Begegnung.

Die Sommerwochen vergingen ruhig zwischen Charlottenburg, Sanssouci, Paretz und der Pfaueninsel. Länger währende Reisen waren nicht geplant. Die Landschaften mit Wasser- und Waldreichtum, die schöne frische Luft und das viele Grün, welches meinen angegriffenen Augen wohltat, von allem hatten wir hier im Überfluss.

In Charlottenburg kam am 29. Juni unser Sohn Karl zur Welt. Wir nannten ihn nach meinem geliebten Papa.

Zwei neue Mitglieder erweiterten unseren Familienkreis. Für die beiden älteren Kinder gewannen wir in Johann Friedrich Gottlieb Delbrück einen Erzieher, der sein Amt gewissenhaft versah und die Zuneigung der Kleinen besaß. Er war in Magdeburg Rektor am Pädagogium des Klosters Unser Lieben Frauen gewesen und genoss einen guten Ruf. Wir ließen ihm in Erziehungs- und Bildungsfragen überwiegend freie Hand. Lediglich was unseren Fritz betraf, einen sehr temperamentvollen, oft ungezügelten Jungen, gab ich ihm die Anweisung, er möge alles daransetzen, dass aus ihm *ein guter Mensch und Fürst* werde. In Nachfolge des verstorbenen

Dr. C. G. Selle kam von der Jenaer Universität Christian Wilhelm Hufeland nach Berlin. Er übernahm die Stelle des Königlichen Leibarztes und Ersten Arztes der Charité. Zu ihm fand ich ein Vertrauensverhältnis, das sich in schweren Tagen bewährte.

Mit Georg, der sich zu meinen Wochen bei mir aufhielt, führte ich lange Gespräche. Wir stritten über Lebenshaltungen und darüber, welche Philosophien am besten dazu taugten. Ich vertrat die Meinung, *dass ein reines Herz keiner Philosophie bedürfe … Ich hörte öfters Menschen über Pflichten, Rechte, philosophische Prinzipien reden … und wunderte mich des Todes, dass man erst darüber reden müsste, um überzeugt zu werden, dass man so und nicht anders handeln müsste, wenn man gut und rechtschaffen sein wollte. Über Pflichten gegen Gott, gegen die Menschen und sich selbst … zu debattieren, war mir unglaublich, denn es ist nur ein Weg glücklich zu werden, nämlich der, der Stimme seines Gefühls, seines Herzens zu folgen.*

Auch Therese wunderte sich, *wie es möglich wäre, so ganz seinen Pflichten zu leben wie ich, seinen eigenen Geschmack verleugnen und alles zu tun, was zum Glück eines guten, geliebten Gatten beitragen konnte. Aber, mein Gott, dachte ich, zu was denn all das Studieren, wenn es einem nicht einmal Kraft gibt, alles aufzuopfern, um einen anderen glücklich zu machen?* Ich gestehe, die Kraft dazu hatte ich auch nicht immer. Als einstens Friedrich Wilhelm in allerschlechteste Laune verfiel, nur weil ich ihn in Potsdam für kurze Zeit allein lassen wollte, um nach Berlin zu fahren, da wurde ich innerlich zornig. Diese Grämlichkeit verdiente ich nicht. Ich sagte ihm kühl Gutenacht und verschwand.

Paretz hob alle Verstimmungen auf. Die Kinder fühlten sich dort ebenso wohl wie wir. Sie nutzten die Freiheiten weidlich und stürmten durch Garten und Räume. Nicht selten stürmte der »große Fritz« mit. Sie freuten sich, wenn sie kommen durften.

An die drei ältesten Kinder

Paretz, den 9. September 1801

Lieber Fritz! Lieber Wilhelm! Liebes Charlottchen!
Guten Morgen, liebe Kinderchen. Papa küsst Euch alle in Gedanken mit mir, und trägt mir auf, Euch zu sagen, dass ihm wie mir die Mohrrüben, Erbsen, Kerbel, Petersilie, Bohnen, Kohl und Salat aus Eurem Garten außerordentlich viel Vergnügen gemacht haben. Das sind recht fleißige Kinder! hat Papa gesagt, ich will alles auf ihre Gesundheit essen ... Ja, liebe Kinderchen, wir haben uns recht dazu gefreut ... Heute Mittag essen wir ein Gericht Mohrrüben, das Ihr gepflanzt und gezogen habt. Das wird schmecken! Nun hört einmal recht aufmerksam zu, was nun kömmt. Papa und Mama erlauben Euch, da Ihr Euch gut und folgsam aufgeführt habt, Sonntag zum »Erntekranz« hierher nach Paretz zu kommen ... Eine Stube ist noch leer, da könnt Ihr die Nacht schlafen, und den andern Morgen zieht Ihr ab ... Papa freut sich recht darauf, Euch zu küssen, und ich auch. Kommt hübsch beizeiten ... Nun lebet wohl ... ich liebe Euch von ganzem Herzen und bin ewig Eure zärtliche Mutter Luise

In Potsdam zu den Manövern war diesmal ein nasser Herbst. *Ich begriff nicht, wo ich die gute Laune hernahm ... denn es regnete seit 3 Tagen ineins weg, ganz fein und ganz dicht, so dass es bereits Nacht war, ohne Tag gewesen zu sein.* Ich wurde krank, wie ich beinah noch nie war. Hohes Fieber, Glieder- und Kopfschmerzen, heftiger Husten und Schnupfen. In vier Tagen schwitzte ich die starke Erkältung weg. Ich hab eben doch ein *Pferdsnatürchen.*

Bevor die große Reise nach Königsberg begann, musste ich dem Rex noch ein kommerzielles Problem vortragen, welches mich bedrückte. Ich erklärte ihm ausführlich meine

Finanzlage, um die es nicht gut stand. Der ersten Königin von Preußen gewährte man 12 000 Taler Nadelgeld, ich bekäme sie ja auch. Inzwischen seien aber sogar die Gehälter der Dienerschaft erhöht worden – doch mich habe man scheinbar vergessen. Vorzeiten waren 12 000 Taler viel Geld – nun nicht mehr. *Alles war teurer. Alle Prétentionen gestiegen. Die Geschenke, die ich geben musste, sehr viele und sehr hoch im Preise, und in gar keiner Proportion mit meinen Revenuen.* Ich müsse demzufolge mit bestem Gewissen Schulden machen. Ein Kapital hatte ich bereits aufgenommen, welches abzuzahlen war. Nun käme ich immer weiter in die Bredouille, wenn seine gütige Hand mich nicht herauszöge. Mein lieber Freund zog mich heraus.

Am 26. Mai brachen wir auf zur Fahrt nach den östlichen preußischen Provinzen. Die Tour führte über Stargard, Graudenz und Mockerau. Den ersten Junitag erreichte unsere Reisegesellschaft Königsberg. Während der Begrüßungen, Festlichkeiten, arrangierten Ausflüge blieb mir nur wenig Zeit, an meine Kinder zu denken, die mir fehlten; aber immerhin doch so viel, dass ich am Frischen Haff für sie Muscheln sammelte – und sie in einem Brief mit Ermahnungen bedachte, wie es Mütter so an sich haben. Dem lieben Fritz trug ich auf, dem kleinen Karl recht oft »Mama« vorzusagen, damit er es lerne. Und ihm selber legte ich nahe, sehr aufmerksam zu sein, wenn man mit ihm spreche oder ihn etwas frage, damit er ordentlich und zusammenhängend antworten könne.

Wenige Tage später fuhren wir nach Memel und erwarteten hier am 10. Juni 1802 den Zaren Alexander I., der von Petersburg kam. Alle drei waren wir neugierig aufeinander – und nicht nur wir. Ein würdiger Empfang wurde vorbereitet, in und vor der Stadt. *Alle Truppen … standen unter Waffen und bildeten ein Spalier von dem am Stadttor erbauten Triumphbogen bis zu unserem Hause. Der König ritt dem Kaiser entgegen und führte ein gesatteltes Pferd und einen achtspännigen*

Wagen mit, damit er die Art seines Einzugs wählen könne. Eine Viertelstunde von der Stadt lernten die beiden Monarchen sich kennen … beide umarmten sich … und ritten zusammen zur Stadt. Überall in den geschmückten Straßen standen Musikchöre, ertönten Vivats und Freudenschüsse.

Ich erwartete den Kaiser in meinem Vorzimmer … Er küsste mir die Hände, und ich neigte das Haupt, wie um ihn zu umarmen – denn wohlgemerkt, es ist eine russische Sitte: wenn ein Mann einem die Hand küsst, muss die Dame ihn umarmen. Ich sagte ihm, meine Seele sei … zu bewegt, als dass ich ihm richtig ausdrücken könnte, welches Glück ich dabei empfände, seine Bekanntschaft zu machen; er antwortete mir sehr höflich und anmutig … Um zwei Uhr aßen wir zu Mittag, und ich wurde außerordentlich verwirrt, denn die sechs Russen mir gegenüber fixierten mich dauernd und beengten mich so mit ihren wenig nachsichtigen Blicken, dass ich fast nichts aß.

Da wir von Helena, seiner Schwester, wussten, dass Alexander Repräsentation nicht liebte, verbrachten wir den ersten Abend »unter uns«. *Ich vertauschte ein reiches, sehr schweres Kleid und Diamanten für einige Millionen gegen eines von elegantem Musselin und wählte eine leichte Kopfbedeckung.* Seltsamerweise lösten sich mit dem Ablegen der pompösen Garderobe auch Gedanken und Gespräche. Der Kaiser nahm den Tee – den er bevorzugt trank und den ich stets selbst zubereitete – gegen 6½ bei uns. Unter lebhaftem Geplauder. Anschließend versammelte sich der Hof. Vorstellungen, Unterhaltungen, kurze Rundgänge. Auf dem Dange-Fluss musizierten Schiffskapellen und fuhren gemächlich vorüber. Das Abendessen ließen wir an kleinen Tischen servieren, wie wir es auch in Berlin eingeführt hatten. Man spricht freier miteinander als an endlos langen Tafeln.

Die Zeit verflog. Morgens zeitig fanden Paraden und Manöver statt, zu denen ich hinausfuhr, manchmal aber auch hinausritt. Die akkuraten Aufmärsche in den bunten Uniformen waren ein großartiges Schauspiel. Nach den frühen Ausflügen saßen wir zusammen beim Tee und verbrachten heitere, ausgelassene Vormittage. Eine vertrauensvolle Beziehung, in die sich Zuneigung mischte, begann zu wachsen.

Der König unterhielt sich mehrmals und separat mit Alexander. Danach sagte er zu mir: »Das kann ich dir versichern, die Russen haben niemals einen Kaiser wie den da gehabt; er hat lange mit mir geredet und Grundsätze geäußert, die ihm viel Ehre machen und mich ihm für das Leben verbinden.« Es konnte wohl keinen besseren Erfolg der Begegnung geben als diese Übereinstimmung, die auf dem besten Wege war, eine Freundschaft zu werden.

Die reiche Memeler Kaufmannschaft lud zu einem großen Ball, auf dem ich mit dem Kaiser Walzer tanzte. Wie herrlich, er beherrschte meinen Lieblingstanz. Überhaupt sprachen und erzählten wir miteinander; ich fühlte, dass er meine Nähe suchte. Die Oberhofmeisterin Voß meinte, »der Arme wäre ganz begeistert und bezaubert« von mir. Umso unangenehmer empfand ich folgenden Vorfall: *Um 9 Uhr lag ich in Nachtmütze und Schlafrock auf meinem Sofa ausgestreckt.* Der vorherige Abend hatte sich sehr in die Länge gezogen. *Plötzlich trat der Kaiser ein, hinter dem König; ich war in äußerster Verlegenheit.* Aber Alexander nahm meine Derangiertheit humorig – und ich wählte meine Garderobe zum Mittagessen besonders sorgfältig aus.

Zum ersten Mal litt ich unter unerträglichen Brustkrämpfen, Angstzuständen und Beklemmungen, die gottlob im Lauf des Tages vergingen. Wir fuhren gemeinsam zum neuen Leuchtturm; besahen abends die Illumination in der Stadt. Auf einem kleinen Fest, das der König ausrichten ließ, vergnügten wir uns köstlich. Polonaisen ohne Ende, Schottische und Walzer wurden getanzt. *Wir waren wie die Kinder, sprangen wie Zicklein.* Waren wir doch alle junge Leute. Es wurde spät.

Am 16. Juni 1802 nahte der Abschied. Beklommen und traurig sagten wir uns Adieu. Ich gab Alexander Briefe für die Zarinmutter Maria Feodorowna und an seine Frau Zarin Elisabeth mit. *Alle begleiteten ihn hinunter; ich blieb oben an einem Fenster stehen, das auf den Hof hinausging, wo sich sein Reisewagen befand; von dort trug mir ein letztes Neigen des Kopfes aus seinem Wagen sein Lebewohl zu.*

Alle liebten den Kaiser … Er hatte die loyalsten, edelsten … Grundsätze und glich in allen wesentlichen Punkten dem König. Zwanglose Höflichkeit, große Liebenswürdigkeit, viel Geist … und Festigkeit, vereint mit seltener Volkstümlichkeit … er war von regelmäßiger Schönheit … war wunderbar gut gebaut und sah aus wie ein junger Herkules. Ich hatte mich überzeugt, dass er mit seinen echten Vorzügen alle Liebenswürdigkeit verband, die für einen Mann Liebe erweckt. Ich schwärmte für ihn. Ich nenne es Verliebtheit. Doch in nichts glich dieses Gefühl meiner inneren Bindung an Friedrich Wilhelm. Die Liebe hat so viele Stimmen.

Nach Berlin zurückgekehrt, erzählten wir noch oft von der Memeler Zeit. Wie rasch war sie vorbeigezogen. Alexander sandte lange Briefe. Wir versicherten uns gegenseitig, in zwei Jahren ein weiteres Treffen folgen zu lassen. Die Beweggründe hießen: freundschaftliche Kontakte pflegen und Austausch über die beunruhigenden politischen Strömungen.

Im August wurde Napoleon Bonaparte Konsul auf Lebenszeit. Das verhieß nichts Gutes. Ein Machtmensch, der seine persönlichen Belange verfolgte. Er begann damit, seine Gegner rigoros einzuschüchtern, der Opposition die Möglichkeiten des Einmischens zu nehmen; und versuchte, so ließ ich mir sagen, durch Verfassungsänderungen jede Kontrolle der Konsulatsregierung auszuschließen. Zar Alexander prophezeite, nun werde sich die Wendung zum Schlechteren einstellen, und dieser Bonaparte strebe für sich nach einer neuen Monarchie. Wie bald sollte sich seine Ansicht bewahrheiten.

Erneut kündigte sich eine Schwangerschaft an. Ich fühlte mich lange Zeit unwohl – und dann die *Corpulentz*! Die siebente Geburt stand mir bevor. Bruder Georg, der sich in Italien aufhielt, erkrankte an den Masern. Ich erschrak, da mögliche Folgen ein Leben lang anhalten können, so erklärte mir Hufeland, den ich befragte.

Der kleine Karl quälte sich mit den Zähnen.

Am 23. Februar 1803 war die Geburt unserer Tochter Alexandrine Helene. Noch Wochen danach fand ich nicht zur gewohnten Erholung zurück.

Der König sah für das Frühjahr eine Fahrt zu den neuen Besitzungen vor, die als Entschädigung für verlorene linksrheinische Gebiete Preußen zugefallen waren. Dieser Ausgleich geschah vornehmlich durch Aufhebung kirchlichen Eigentums. Preußen erhielt neben anderem die Bistümer Hildesheim, Erfurt, die Abtei Quedlinburg, die Reichsstädte Nordhausen und Goslar. Mit der Reise sollte auch ein Verwandtschaftsbesuch im Süden verbunden sein – nach Hildburghausen und Darmstadt. Zu den Schwestern und mit ihnen. Diese Aussichten weckten meinen Lebensmut. Glücklich und Halleluja! –

Was die Kinder anging, so konnten wir beruhigt reisen, sie entwickelten sich gut. *Mein klein Töchterchen Alexandrine … war so hübsch, so fett, so rund, als ich es nur wünschen konnte, und die Kuhpocken* [Impfung], *die sie nun auch glücklich überstanden hatte, gaben mir nun auch … die größte Annehmlichkeit, wegen ihrer Erhaltung unbesorgt zu sein. Carl … kränkelte noch an Zähnen; er war dennoch das schönste meiner Kinder. Charlotte war sehr groß, sanft und gut, und ihre Erziehung würde nicht schwer sein. Wilhelm war ein sehr kluges, komisches Kind, possierlich und witzig. Fritz über alle Maßen lebhaft, oft unbändig, aber sehr gescheut und ein gutes Herz. Er versprach viel.*

Von den Reiseerlebnissen zu berichten, beschränke ich mich auf die der Wiedersehensfreuden. *Ich war also wieder in den glücklichen Gefilden, wo wir unsere ungetrübte Kindheit und Jugend zubrachten! Ach! ich kann es nicht beschreiben, mit welchen Gefühlen ich sie durchlief.* In Hildburghausen standen die Schwestern Charlotte und Therese schon zum Empfang bereit, mit allen Kindern, *die sich nach der Reihe an meinen Hals, Kleider, Hände und Schleppe hingen. Das war wieder ein himmlischer Augenblick.*

Bei der Zusammenkunft mit Friederike in Fürth überwog zuerst Traurigkeit. *Ich glaube, wir empfanden in dem Augenblick des Wiedersehens … den ganzen Umfang des Unglücks, voneinander getrennt zu sein.* – In Wilhelmsbad kam es zum Doppelfamilientreffen. Die preußische und die mecklenburgische Sippe fanden sich ein. *Der Zusammenfluss von Prinzen war unbegreiflich.* Zweiundvierzig Prinzen und Prinzessinnen saßen um den Tisch. Tante Luise, die Landgräfin von Hessen-Darmstadt, reiste später auch noch an. Sie *war sehr dick … auf 12 Schritt wusste man nicht, was man sah, denn sie sah aus, als hätte sie ein permanentes Zahngeschwür, welches ihr geschwollene Lippen und Backen gab.*

Dann aber dieser 16. Juni in Darmstadt! Alle vier Schwestern saßen wir in einer Kutsche. Die Straßen waren mit winkenden, begeisterten Menschen gefüllt. Die alten Bekannten sahen wir wieder, den Pfarrer Lichthammer, der uns konfirmiert hatte, Hoforganist Strauß. *Im Wagen schrie alles: »ach sehe, Papa sein Haus, dem Onkel Carl* [der 1795 verstorbene Bruder ihrer Mutter] *seins, die vier Hessen«, und so bis ans Palais, wo Tränen mich erstickten, und so auch beim Aussteigen im Schloss. Ich konnte nicht sprechen, aber denken tat ich, fühlen … was man nicht in Worten ausspricht.*

Während wir in Freude schwammen, lag Zar Alexanders Schwester Helene von Mecklenburg-Schwerin elend und auf den Tod. Die Ärzte gaben ihr und uns wenig Hoffnung. Friedrich Wilhelm und ich waren untröstlich. Diese liebreizende, liebenswürdige Neunzehnjährige, Fritzens »fée bienfaisante«, krankte an der Schwindsucht. Es sollte ihr letztes Lebensjahr sein. Wie so oft lagen Erhebung und seelische Last dicht nebeneinander.

Eine Dame von ganz anderem Wesen brachte mich – zugegeben auf galante Art – in Confusion. Josephine Bonaparte, die Gemahlin des Ersten Konsuls von Frankreich. Der König schickte den Geheimen Kabinettsrat Johann Wilhelm Lombard in diplomatischer Mission zu Napoleon. Nach seiner Rückkehr übergab mir Lombard Brief und Geschenke von Madame Bonaparte. Sie schrieb, da sie wisse, dass ich gern französische Moden trüge und dass Madame Lucchesini, die Frau des französischen Gesandten in Berlin, die Beschaffung sonsten für mich übernähme, aber nun augenblicklich zur Kur im Bade weile, »werden Sie mir erlauben, dass ich in ihrer Abwesenheit für sie einspringe und Ihnen Moden und Brüsseler Spitzen sende«. Beim Auspacken fand ich *12 Hüte und Bonnets, einen Karton voll Blumen und einen Karton mit einem Spitzenkleid von ungeheurem Wert, ein schwarzes Spitzenkleid und ein Ballkleid in Stahl gestickt, pompös.* Verwunderung und auch Freude konnten nicht größer sein. Von Frau zu Frau war es doch eine sympathische Geste.

Vom König erhielt ich immer aufs Neue Beweise seiner Freundschaft und Liebe. Er übernahm, nicht zum ersten Mal, die Begleichung einer Schuldensumme von mir. Er tat es mit Feingefühl. Ohne Vorwurf, keine Szene. Ich dankte ihm noch tausend Mal. Blieb er doch für mich nicht nur der Mann, den ich liebte, er war auch der verlässliche Freund, dem ich vertraute, der mir Alles galt.

Mit Karoline von Berg verständigte ich mich über einen Bücheraustausch. Sie brachte mir Friedrich Schiller nahe. Ich las in seinen Gedichten. *Es waren göttliche Sachen darin.* Aber da ich über wenig Kunstverstand verfügte, bat ich Karoline, die schönsten Stellen anzumerken, und nahm deshalb Anregungen dankbar entgegen. Ich gab ihr zu bedenken, dass sie mit mir Geduld haben müsse, *denn ich war unter Soldaten, und die Kanonen und der Pulverrauch betäubten mich für einige Zeit.* – Außerdem hielt ich mich damals für dumm. *Aus Eitelkeit, die meistens mit der Dummheit verknüpft ist,* las ich manches Empfohlene nicht. Ich fürchtete auch, *jeden Augenblick mit dem Kopf vor der Wand zu stehen.*

Mochte ich nicht allzu viel Geist haben, so besaß ich doch genügend praktische Fähigkeiten, um einen guten Hausstand zu führen. Dazu zählte der Umgang mit den Kindern ebenso wie die Bereitschaft, meinem Mann zuzuhören oder ihn – sei es durch ein Lied zur Gitarre – abzulenken, wenn die Tagesgeschäfte ihn zermürbten.

Von der geschmähten Eitelkeit allerdings konnte ich mich nicht lösen. Und an »nichtsnutzigen Einfällen«, wie die Gélieu immer sagte, mangelte es nicht. So trug ich der Oberhofmeisterin die Bitte auf, in Charlottenburg für mein Bett neue Bezüge machen zu lassen. Die Kopfkissen wünschte ich aus rosafarbenem Atlas oder Taft und die Decke von weißem Atlas, gesteppt. Um den »nichtsnutzigen« Eindruck des Ansinnens ein wenig zu verwischen, schrieb ich ihr als Abschiedsgruß: *Adieu, Frau Voten, Rex und Regina sind Ihnen gut.*

Zu meinem achtundzwanzigsten Geburtstag im März 1804 bereitete man einen großen Maskenball im Schauspielhaus vor. Ich erschien im Kostüm der Statyra [Stateira, Tochter des Perserkönigs Dareios]. – Wenn es nur nicht so eisig kalt gewesen wäre. Es blies ein Wind von 10 Grad Kälte und direkt aus Spitzbergen. *Ach, du himmlisches Klima, ich war für dich geboren, aber Gott bewahre,* so unterkühlt musste es nicht sein. Manches Mal gingen wir in die Komödie, um uns gleichzeitig aufzuwärmen.

Zur Manöverzeit fuhr der König nach Stargard und Mockerau. Ich versicherte ihm in einem Brief vom 28. Mai 1804: *Holdseliger Gemahl. In der schönsten humeur von der Welt schreibe ich Dir, mein bester Freund ... dass ich bei unserem Schlaraffenleben stets und oft und gerne an Dich denke. Ich hoffe, Deine Revue war schön, trocken und nicht kalt.*

Im Mai 1804 erhielt der Erste Konsul Frankreichs durch Senatsbeschluss die Kaiserwürde als Napoleon I. Die Verunsicherung wuchs. Friedrich Wilhelm übersandte dem neuen Machthaber, wie es die Spielregeln verlangten, ein Glückwunschschreiben.

Ein anderer sorgte um diese Zeit in Berlin für Aufsehen und begeisterte Zustimmung. Kein Politiker – ein Dichter, inzwischen mein Lieblingsdichter. Friedrich Schiller. Zu seinen Ehren standen Stücke von ihm auf dem Theaterplan, unter anderem der »Wallenstein« mit dem großartigen August Wilhelm Iffland in der Hauptrolle.

Ich wäre erfreut gewesen, wenn wir Schillern hätten bewegen können, nach Berlin zu kommen. Er war auch nicht abgeneigt. Aber die Partie gewann sein Fürst in Weimar, Herzog Karl August, der ihm die finanzielle Unterstützung erhöhte. Ich sah mit Kümmernis Schillers schlechten Gesundheitszustand. Er blieb nur noch ein Jahr am Leben.

Wieder war ein Kind unterwegs. Der Zustand veränderte, wie erwartet, mein Befinden. Doch die Pflichten erlaubten es nicht, darauf Rücksicht zu nehmen. Nur die sommerliche Hitze plagte mich, und *ich triefte und schwitzte wie ein porc.* Demnächst würde ich wieder zu einer *Tonnengestalt* gerundet sein.

Nur eine Reise nach Schlesien unterbrach die Aufenthalte in Charlottenburg und Paretz.

Dieses Jahr hatte einiges geändert. Clemens Wenzel Lothar Graf von Metternich hieß der neue österreichische Gesandte in Berlin. Bei seinem Antrittsbesuch erinnerten wir uns beide an die Eröffnung des Krönungsballs in Frankfurt vor vielen Jahren und sagten wie alte Leute, damals sei alles besser gewesen. Es war unbeschwerter, so viel stand fest.

Im April kam Karl August Freiherr von Hardenberg in die Außenpolitik, die Graf Haugwitz leitete. Hardenberg hielten die meisten für einen fähigen Mann, den man in diesen brisanten Zeiten dringend benötigte.

Eine weitere wichtige und weitsichtige, wenn auch mit Schwierigkeiten der Person verbundene Entscheidung war die Berufung von Heinrich Friedrich Karl Freiherr vom und zum Stein in das Generaldirektorium. Er stand als Minister dem »Accise-, Zoll-, Salz-, Fabrik- und Kommerzialwesen« vor. Vereinfacht gesagt, war es die Verantwortlichkeit für Wirtschaft und Finanzen. Auf Hardenberg und Stein hielt ich viel. Das Land und der König brauchten kluge, handlungsfähige Männer.

Anfang Dezember 1804 fanden in Paris mit großem Aufwand die Krönungsfeierlichkeiten für Kaiser Napoleon statt. Josephine Bonaparte wurde Frau Kaiserin. Es schien, als hege Napoleon durchaus loyale Absichten gegen Preußen und suche die Annäherung. Bei seiner unberechenbaren Haltung zu England musste ihm zweifellos an einem Frieden auf dem Kontinent gelegen sein. Er hatte den König wissen lassen, dass er nichts einzuwenden habe, wenn Preußen sich als Kaiserreich proklamiere. Friedrich Wilhelm ließ mitteilen, an einer Rangerhöhung hätte er kein Interesse.

Ich sah meiner Niederkunft entgegen. Am 13. Dezember vergrößerte sich unsere Familie um einen Prinzen. Ferdinand. Ein schönes Kind. Das jeweils letzte war immer das schönste, erinnere ich mich.

Leben und Tod, Tod und Leben – an dieser Kette reiht sich alles auf. Im Februar verstarb Friedrich Wilhelms Mutter. Hoftrauer dämpfte die Festlaune der Wintersaison. – Umso mehr freute ich mich auf den Besuch meines Bruders, der noch vor den Potsdamer Truppentagen nach Berlin kam. Wir saßen zusammen, erzählten, lachten, gruben Vergangenes aus, Gutes und weniger Gutes. Ich zögerte Georgs Abschied hinaus. Mich von den Familienmitgliedern zu trennen, fiel mir jedes Mal schwer.

Als ich endlich und überstürzt in Potsdam eintraf, hatte meine Vergesslichkeit mich eingeholt. Liegen geblieben waren: drei Petschafte, ein blaues großes Couvert mit unbeantworteten Briefen, ein Andachtsbuch *und Gott weiß was alles … wenn man von der bonne ville entfernt war, wurde man gleich krähewinklich.*

Im Frühsommer führte uns ein Kuraufenthalt nach Alexandersbad bei Wunsiedel im Fichtelgebirge. Wie immer, nicht auf direktem Wege, sondern mit vielen Zwischenstationen und Umwegen. Von Wernigerode aus bestiegen wir den Brocken und standen am 30. Mai *auf dem Blocksberg bei der Hexe.*

Die Landschaft um Alexandersbad und der kleine Kurort sind ein wahres Eden! Wir unternahmen Ausflüge. Auch nach Eger, wo wir Wallensteins Behausung aufsuchten. Man sah die Lanze, mit der er gemeuchelt wurde, und sein Schwert. *Und die Stube, auf welcher er den schön heroischen Geist aufgab.* Auf der Fahrt sangen wir und alberten und hatten alle die beste Stimmung. Kurz, alle waren *seliche.*

Es drängte mich, in Berlin die Kinder wiederzusehen. Der »kleine Fritz«, der Älteste, war in einer kritischen Entwicklungsphase. Unbeherrschtheit und Widerspruchsgeist hielten uns und seinen Erzieher in Atem. Ich hoffte, dass es bald vorübergehen würde, und die Ankunft meiner beiden Brüder ihn etwas bändigte. Mein Mann war mit ihrem Hiersein einverstanden, und ich schrieb ihnen umgehend von der Zusage.

An den Bruder Georg

bei den Pfauen, den 17. Juli 1805

Hertemahl, lieben Herren Brider,
Beede kann ich nit me schreibe
aber ihr derft beede kimme!

Rex hat ja gesagt und ich habe
Ja gebrüühhlltt, wollte sagen gebrüllt.
Also ihr kommt den 27. O große Freud. Ich bedarf ihrer,
denn die Trennung von Friederike liegt mir noch
in den Knochen … Ich bin Samebimi dero Schwester Lofice

Natürlich kamen sie beede. Es standen im August zwei Geburtstage ins Haus. Des Königs fünfunddreißigster und Georgs sechsundzwanzigster. In Charlottenburg feierten wir ein vergnügliches Fest. Die Schlossterrasse schmückte ein Orangenhain in Kübeln, und die Hofgesellschaft tanzte, kostümiert als Landleute aus den Albaner Bergen – Italien in Preußen.

Wir amüsierten uns, und in Europa zog ein Gewitter auf. Der dritte Koalitionskrieg gegen Frankreich schob sich zusammen. Russland und England gewannen Österreich als Bündnispartner. Schweden trat dem Zusammenschluss bei. Und Preußen geriet zwischen die Fronten. Napoleon warf ein diplomatisches Netz aus, um Friedrich Wilhelm für seine Ambitionen zu gewinnen. Zar Alexander versuchte Ähnliches. Wie lange noch würde der König die Neutralität wahren können? Zu Köckeritz sagte er selbstkritisch und weise: »Mehr als ein König ist untergegangen, weil er den Krieg liebte, ich werde untergehen, weil ich den Frieden liebe.«

Alexander wünschte für seine Truppen das Durchzugsrecht auf preußischem Gebiet. Dieses Ansinnen verletzte Friedrich Wilhelm, der gläubig an der Neutralität und der aufrichtigen Freundschaft zum Zaren festhielt. – Eine Mobilmachung wurde verfügt.

Napoleon setzte mit seiner Armee über den Rhein. Der dritte Koalitionskrieg begann. Beängstigend rasch und skrupellos handelte Bonaparte. Französische Truppen betraten bei Ansbach preußisches Gebiet – ein Schritt, der meinen Mann aufs Höchste verärgerte. Fast neigte er dazu, den Kriegsbefürwortern am Hof nachzugeben. Auf seinen Protest hin erklärte General Bernadotte, Preußen werde sich früher oder später doch auf die Seite der »siegreichen Großen Armee« schlagen. *In dieser schrecklichen Zeit ... der Erschütterungen in der Welt*, befürchteten wir, dass die Wellen bald über uns zusammenschlagen würden.

Für den Oktober kündigte Kaiser Alexander seinen Besuch in Berlin an. Ein Wiedersehen, auf dem Verstimmungen lagen. Ich fand in Alexander einen anderen wieder – nicht mehr den Mann, der mir in Memel Zugang zu seinem inneren Wesen gewährt hatte. Oder war ich damals einer Täuschung erlegen?

Der Kaiser wohnte im Schloss und fuhr zu den prekären Verhandlungen nach Potsdam. Aus Wien erschien noch Erzherzog Anton, der Bruder von Kaiser Franz. Anfang November kam es zum Abschluss einer Konvention zwischen Russland, Preußen und Österreich. Friedrich Wilhelm übernahm darin die Pflicht eines bewaffneten Vermittlers zwischen Frankreich und den Verbündeten. Außerdem sollte er Napoleon auffordern, Deutschland, Holland, Neapel und die Schweiz zu räumen. Geschähe dies nicht, so würde Preußen mit 150 000 Mann auf dem Kriegsschauplatz erscheinen. Zu einer Kriegserklärung an Frankreich konnte sich der König – obwohl arg bedrängt – nicht entschließen, sah er doch in dem Potsdamer Vertrag noch genügend Gefahrenmomente, die einen Krieg hätten heraufbeschwören können.

Friedrich Wilhelm war übelster Laune in diesen Tagen, zumal ich in vertrauten Gesprächen mit ihm – wenn auch mit der gehörigen Vorsicht – ebenfalls zur Kriegserklärung riet. Alles entwickelte sich rasch und mit entsetzlicher Konsequenz zu einem großen Unglück.

Am 2. Dezember 1805 besiegte Napoleon in Südmähren bei Austerlitz Russen und Österreicher. Die Armeen wurden aufgerieben. Zar Alexander floh. Der französische Kaiser zwang in seinem Machtrausch Preußen an die Seite Frankreichs, griff in unsere inneren Angelegenheiten ein, forderte Hardenbergs Rücktritt. Er habe mit England konspiriert. Die Hilflosigkeit gegen den Teufel machte mich krank. *Das Diadem war schwer, wenn man gut und ehrlich bleiben wollte, wenn man nicht schlecht mit Schlechten werden wollte … Ich war wieder einmal recht herunter an Leib und Seel', und wollte gerne 20 Jahre meines Lebens hingeben … wenn dadurch die Ruhe in Teutschland und Europa zu erlangen gewesen wäre.*

Ein weiterer Schmerz war mir vorbestimmt. Ferdinand, unser Kind, erkrankte tödlich.

An den König Friedrich Wilhelm III.

Berlin, den 2. April 1806

Ich kann den Tag nicht verstreichen lassen, ohne Dir Nachricht von mir und den Kindern zu geben, die Gott uns gelassen hat. Sie befinden sich wohl. Von mir kann ich nicht dasselbe sagen; die Nacht war nicht gut, ich habe Migräne und eine unbegreifliche Schwäche … Ich will auf eine Stunde mit dem Wagen ausfahren auf Befehl von Hufeland und Brown … und dann werde ich ganz ruhig bleiben mit meinem grausamen Schmerz und Kummer. Der arme kleine Ferdinand hat sich im Ganzen nicht verändert, er sieht aus, als ob er schläft und ein Engel ist. Leb wohl, mein teurer Freund, ganz Dein und fürs Leben Deine treue Luise

Eine ungekannte Schwäche verließ mich nicht. Und *mein frohes Gemüt war jetzt mit einem Nebel umzogen.* Die Ärzte rieten ernsthaft zu einer Kur. In Pyrmont sollte ich die Quellen gebrauchen. Wenn es dort auch *ein Heilmittel gegen die Leiden der Seele* gäbe, wollte ich mich dreinfügen. Friedrich Wilhelm sah es ungern, dass ich ihn für einige Wochen verließ. In dieser kritischen Zeit wusste er mich lieber an seiner

Seite. Was hätte ich ihm aber nützen können, in meinem seelisch und körperlich miserablen Zustand? Ich stellte ihm das vor und bat ihn, doch einzusehen, dass ich den Kindern, ihm und mir die Erhaltung meiner Gesundheit schuldig sei. Dass es besser wäre, sich kurz zu trennen, *als bald auf immer.* Der König stimmte der Reise zu. Sie begann am 15. Juni 1806.

Der Hofstaat fuhr in sechsspännigen Kutschen. Mit mir die Damen Viereck, Tauentzien, Truchseß und die Moltke. Gräfin Voß reiste einen Tag früher, um die Ankunft vorzubereiten. Auf der Fahrt von Magdeburg nach Braunschweig fühlte ich mich schlecht, die staubigen Wege, Kälte und Zugluft setzten mir zu. Herzog Ferdinand von Braunschweig, Oberbefehlshaber der preußischen Armee, ritt uns entgegen. Im Galopp erreichten wir die Stadt. Obwohl sterbensmüde, sprachen wir noch über die jüngsten Entwicklungen. Die Meinung des Herzogs zu hören war mir wichtig. Er vertrat die Ansicht, der König müsse sich endlich entschließen, wen er in diesem Kampf unterstützen wolle. Weiterhin Neutralität wahren zu können sei Illusion.

An den Unterwegsstationen bemühte man sich um festliche Empfänge. Da ich ohne den König reiste, der Freudenbezeigungen meistens untersagte, *haben sie sich im Allgemeinen gehen lassen.*

Den 19. gegen 7 Uhr zog ich in Pyrmont ein; *grausam erschöpft, und meine Kräfte, ach sie gaben mir einen neuen Beweis ihrer Unzulänglichkeit.* Geheimrat Hufeland und Hofrat Hieronymi, der Leibarzt meines Vaters, legten das Kurprogramm fest. Jeden Tag, darauf bestand Hufeland, frische Luft, Spaziergänge, Bäder und Pyrmonter Wasser trinken. Mit einem Glas, in langsamen Schlucken zu mir genommen, sollte ich beginnen. Aber es war mir, *wie man im Reich sagt, Wie und Weh* ohne Fritz. In den Kurlisten ließ ich mich als Gräfin von Hohenstein eintragen. Ein Inkognito, von dem jeder bald wusste, wer sich dahinter verbarg.

Die ersten Gesichter, die mir auffielen, waren Friedrich Heinrich Himmel, unser königlicher Kapellmeister, und der Braunschweiger Hofmaler Johann Heinrich Schröder. Er gehörte zu meinen Verehrern. Auch Freundin von Berg reiste an. – Gut geübt darin, nahmen mein Mann und ich den brieflichen Austausch wieder auf. Ich berichtete von allen Vorkommnissen, Missgeschicken, Ausflügen, Kurerfolgen, Festen, von diplomatischem Geplänkel, Klatsch und Avancen. Ich legte ihm nahe, er möge während meiner Abwesenheit nicht zu philosophisch werden, denn ich wäre ja bald wieder bei ihm.

Die Strelitzer kamen nach Pyrmont. Mein Vater, Bruder Georg und Onkel Ernst. Es war ein großer Jubel. Dann ereilte mich Durchfall, das war nicht mehr zum Jubeln. Wahrscheinlich schlug mir das Pyrmonter Wasser auf die Verdauung. Hufeland reduzierte sofort die Trinkmengen.

Wenn nur das Wetter etwas besser gewesen wäre! *Es regnete … Ich war wie im dicksten Winter gekleidet … und alle Welt schimpfte, fror und fühlte sich unbehaglich. Nur ein Kaminfeuer, das das Glück des Menschengeschlechts ausmacht, erhielt mich* am Leben. Meine Schwermut schwand allmählich, doch gingen mir die Bilder unseres sterbenden kleinen Ferdinands nicht aus dem Sinn.

Das Wetter blieb wendisch. Man behauptete, es habe bestimmt mit dem »Siebenschläfer« zu tun, der in diesen Tagen angesagt sei. – Ich besuchte die Quäker, weil ich wissen wollte, wie sie es mit dem »Predigen durch Inspiration« hielten. *Ein Seiler, den der Heilige Geist ganz besonders erleuchtet hatte, sagte uns recht nette Dinge, aber ich kann nicht sagen, dass ich davon erbaut gewesen wäre.*

Spaziergänge, Ausfahrten und Ausritte in der lieblichen Landschaft taten mir wohl. Wir gingen zum Bomberg, zum Königsberg, von wo aus man die schönsten Blicke in die Täler und auf Pyrmont genießen konnte. Es ist eine hübsche Stadt. Besonders gefiel mir die prächtige »Hauptallee« mit den hohen Linden, den kleinen Boutiquen, die zum Kauf lockten, mit dem Badelogierhaus, in dem ich wohnte und die heilenden Bäder nahm. Vor meiner Suite hatte man extra eine spanische Wand errichtet, um mich gegen Belästigungen abzuschirmen.

Blücher, der wackere Mann, machte mir am 13. Juli, zum achten Geburtstag unserer Charlotte, seine Aufwartung. Er gratulierte und überreichte mir eine Rose mit den Worten: »Eine frisch aufgeblühte Rose ist das Sinnbild der Mutter und der Tochter.« Ich war angetan von der gewinnenden Art des alten Haudegens und schrieb dem Rex, er habe nun einen Nebenbuhler mehr, vor dem er sich hüten müsse.

Obwohl die täglichen Kuranwendungen und die gesellschaftlichen Aktivitäten einiges überdeckten, so blieben mir doch die Gedanken an die gespannte europäische Situation, mit der sich Friedrich Wilhelm einrichten musste.

In diesem Zusammenhang schrieb ich dem hessischen Kurfürsten, Wilhelm I. von Hessen-Kassel, ich wäre sehr erfreut, wenn er trotz oder wegen seiner Gicht – und auch meinetwegen – nach Pyrmont käme. So könne ich ihm dann persönlich unsere freundschaftlichen Gefühle ausdrücken, die wir für ihn empfänden. *Ich dachte, gegenwärtig dürfe man nicht an die Person denken,* sondern an die Pflicht, dem König *einen Freund mit 25 000 Mann zu erhalten.* Er antwortete und kam, und wir sprachen miteinander. *Ich redete mir ein, seine Truppen im Bunde mit den unseren würden Wunder vollbringen, um die verdammten Franzosen zu schlagen, die über die ganze Erde Unglück verbreiteten.*

Wir gaben uns gegenseitig Feste. Ich lud ein zu einem Ball mit Abendessen. Er verlief wunderbar, das heißt, alle waren zufrieden. Die große Allee erglänzte in einem Lichtermeer, und meinen Namenszug sah man von überall her leuchten. Tags darauf *war man und ich halali durch die Anstrengungen des Vortages.*

Der Aufenthalt ging zu Ende. Am 31. Juli, rechtzeitig vor dem Geburtstag des Königs, wollte ich in Potsdam sein. Meine wiedergewonnenen Kräfte sollten Friedrich Wilhelm zugutekommen, indem ich ihm tragen half, was der Himmel ihm auferlegen würde. Hufeland sagte, ich müsse im nächsten Jahr zum Nutzen meiner Gesundheit wieder nach Pyrmont. *Gott wusste, ob das ginge.*

Aufenthalt in Bad Pyrmont

Im September reise ich nach Bad Pyrmont, doch das Wetter gebärdet sich wie im April. Regen und Sonne, Regenbogen und kalter Wind – und wieder Sonne. Breite, ruhige Straßen, von parkähnlichen Gärten und distinguierten Villen gesäumt, führen zum Zentrum der Stadt. Noble Hotels mit noblen Namen: »Fürst von Waldeck« und ähnliche »teutsche« Titelträger. Die romantische Hotelpension »Villa Königin Luise«. Wie zeigt man sich als Gastgeber im Namen der schönen Frau? Mit einem weißen Haus und Luises Porträtrelief an der Schauseite, mit Blumen, Loggien, zierlichem Balkon und Raffgardinen.

Die überzeugende Einführung in das Flair der Quellenstadt gibt im Schlossmuseum Christoph Wilhelm Hufeland: »Wer nicht an Mineralwasser glaubt, der komme und sehe die Wirkungen des Pyrmonter Wassers. Krankheiten, die durch keine Arzneimittel, keine Diätveränderung, keine Reizen und Zerstreuungen behoben werden konnten, werden dadurch geheilt; erstorbene Kräfte werden wieder erweckt; Leben und Gesundheit in ihren innersten Quellen erneuert und befestigt.«

Es ist nicht zu umgehen, sich mit dem besonderen Charakter des Emmertals zu befassen. Johann Gottfried Herders preisende Worte er sei jetzt »in der schönsten, kühnsten, deutschesten, romantischsten Gegend der Welt«, reichen nicht aus.

In der Tiefe von etwa 3000–4000 Metern liegt ein Magmaherd, der beim langsamen Erkalten Kohlendioxid und Wasserdampf abgibt. Beides steigt empor, mischt sich mit Tiefengrundwasser, nimmt unterwegs Mineralien auf und sprudelt mehr oder minder lebhaft im Staatsbad Pyrmont hervor, an allen Ecken und Enden. Neunzehn Quellen sind registriert (die

»Luisenquelle« ist selbstverständlich dabei). Das schließt nicht aus, dass eine von ihnen versiegt oder eine andere sich neu auftut. Beste Auskünfte über das »Quellenleben« erhalte ich in der »stadt- und badgeschichtlichen Sammlung« des Museums.

Die meisten der Pyrmonter Heilwässer sind »Säuerlinge«. Sie enthalten mehr als 250 mg Kohlensäure/Liter. Einige von ihnen durchfluten eine Zechsteinsalzschicht, nehmen zusätzlich Kochsalz (NaCl) auf und werden zu Mineralsolequellen. Es verschafft einige Genugtuung, nun zu wissen, dass im Pyrmonter Gebiet sowohl natriumchloridarme Quellen plätschern, die Calcium-Magnesium-Hydrogencarbonat-Sulfat-Säuerlinge heißen, als auch die natriumchloridreichen Solequellen. Um das Angebot abzurunden, steigt in der »Dunsthöhle« am Helvetiushügel Kohlendioxid pur, gasförmig, aus dem Boden. Dort zischt es sozusagen direkt aus der Mofette.

So viel geballte Heilkraft sprach sich zeitig herum. Schon im 14. Jahrhundert schrieb man darüber. »In Westfalen, nahe der Stadt Lügde, ist auch eine Quelle, die der Hyllige Born (fons sacer) genannt wird. Wenn sich jemand darüberneigt ... so spritzt es ihm ins Gesicht, als würde er davon übergossen ... Auch ist da ein scharf schmeckendes Wasser, das sie als abführendes Heilmittel gebrauchen.« – Der »Hyllige Born« (ein Eisensäuerling!) mit seinem stattlichen Kuppelüberbau, steht nun als Wahrzeichen für die Stadt und spritzt und blubbert wie eh und je.

Es blieb nicht aus, dass der Ruf der guten Heilwirkung weit über Westfalen hinausging und im Verlauf den Platz zu einem beliebten Badeort machte. »Es kamen Landleute, von denen ganze Züge auf großen Lastwagen, bepackt mit Betten, Kisten, Speck und Pumpernickel, sich auf Pyrmont zuarbeiteten.«

Edelleute kamen nicht minder. 1681 ereignete sich der »Pyrmonter Fürstensommer«, zu dem vierundzwanzig regierende Fürsten und Könige erschienen (die Angaben zu den honorigen Häuptern schwanken), um die Kur zu nehmen und Weltpolitik zu betreiben.

Man erfährt von bedeutenden Kurgästen, die mit Vorliebe den Ort aufsuchten. Dichter, Philosophen, Naturwissenschaftler, Künstler, Staatsmänner sind unter ihnen. Herder und Goethe, Leibniz und Hufeland, der zeitweilig auch Badearzt in Pyrmont gewesen ist. Der Bildhauer Christian Daniel Rauch, Georg Philipp Telemann, dessen Aufenthalt am »Hylligen Born« ihn zu einer humorigen Komposition anregte: »Unterhaltung beim Trinken des Mineralwassers.« Und Benjamin Franklin.

Stark vertreten waren auch die Preußen. Beginnend mit Friedrich Wilhelm Kurfürst von Brandenburg, Friedrich II., Friedrich Wilhelm II., Luises Schwiegervater, Luise und ihr Mann und weitere Hohenzollern-Sprösslinge.

In der Badeliste von 1776 finde ich unter der Nummer 247 »Prinz Carl von Mecklenburg-Strelitz, mit höchstdero Frau Gemahlin ... kommen aus Hannover.«

Bei dem regen Fremdenverkehr erwartet man Verhaltenshinweise für die Badegäste, um auch den heilsamen Umgang miteinander zu pflegen. Wie sonst käme man zum »Wohlgefühl für Körper, Geist und Seele«? 1795 hielt man es für das Beste, derlei Angelegenheiten polizeilich zu regeln: »Aus Achtung für die Frauenzimmer und Kranke wird an keinen andern Orten als im Caffe-Hause und der Seiten-Allee vor dem selben ... und hinter dem Ball-Saal das Tabak-Rauchen gestattet ... Keine Wortwechsel, die in thätliche Beleidigungen ausarten und die Zufriedenheit einer ruhigen Versammlung unterbrechen, können hier zugelassen werden ... In der Haupt-Allee ... wird weder geritten noch gefahren, weil dadurch der Spatziergang verdorben, die Spatzierenden gehindert werden ... An denen Alleen bey der Collonade und auf dem Brunnen Platze werden keine Hunde gelitten, deren vergrößerte Anzahl die Gesellschaft belästigt und die Kranken erschreckt ...«

In der Beletage der Waldeckschen Sommerresidenz, die das Museum beherbergt, betrete ich reich ausgestattete Fest- und Wohnräume. In einem der Gemächer hat man Schaustücke aus dem ehemaligen Badelogierhaus zusammengetragen. In memoriam Luise! Eine gediegene Sitzgruppe mit Chaise, auf der man sich umgehend lagern möchte. Dazu ein Schreibsekretär mit einer Vielzahl von Schüben und Fächern. Auf einer schlichten Kommode steht die Nachbildung von Luises Grabdenkmal in Charlottenburg. Davor liegt eine unverwelkbare Rose. Ich denke an Blüchers Aufmerksamkeit gegen die Königin am 13. Juli 1806 in Pyrmont.

Das danebenstehende Tafelklavier »ließ Kapellmeister Himmel für sich verfertigen (1800), verkaufte es mir, und im Sommer 1806 spielten er und ich es täglich vor der Königin Luise von Preußen während ihres Aufenthaltes zu Pyrmont, weil sie dieses Instrument vorzüglich liebte. Auguste Charlotte.« Frau Charlotte übertrieb wahrscheinlich ein wenig, was die Spielfreudigkeit betraf. Doch ihr Mann Johann Konrad Hemmerich, Bürgermeister der Stadt und Pächter des Badelogierhauses, beschloss, die musikalischen Genüsse mit einer freundlichen Geste zu krönen. Er schenkte Luise das Instrument, um sie an den Badeaufenthalt in Pyrmont zu erinnern. Sie nahm es mit nach Berlin. Und von dort gab das Kunstgewerbemuseum es als Dauerleihe den Pyrmontern und ihrem »Museum im Schloss« zurück.

Bad Pyrmont verführt mit Grün in Fülle. Die Hauptallee, ein breiter, allmählich ansteigender Wandelgang, von Linden bestanden, wie ich sie in solcher Üppigkeit und Höhe noch nie sah. Am unteren Ende wirft ein Dreischalenbrunnen seine Fontäne in ein blumenumstandenes Bassin. Die ersten gelb gefärbten Blätter schwimmen darin. – Als diese barocke alte Allee entstand, nannte man sie den »Spatziergang«. Sie sollte die Wirkung des Wassertrinkens mit gemächlichem Schrittmaß unterstützen, eine wohldurchdachte therapeutische Maßnahme. Man bewegt sich in dieser Umgebung geruhsam und nimmt das Tempo zurück.

Vom Ballhaus an der Hauptallee, in dem gefeiert und getanzt und gespielt wurde, blieb nur ein Rasenstück und das freundliche

Gedenken. Den Platz des Caféhauses, in dem geraucht werden durfte, nimmt der Kaiserhof ein, Hotel mit Art-Deco-Gesicht. – Aber die kleinen Läden und Boutiquen, seitlich der Hauptallee, finde ich noch. Sie fangen ihre Käufer mit modischen Accessoires, Antiquitäten, Duftwässern, Markenporzellanen, Raritäten und Kuriositäten, mit Andenken im Übermaß und kostbarem Schmuck. Die Preise machen es leicht, zu widerstehen.

Luise durfte bei ihrem letzten Pyrmonter Aufenthalt großzügiger wirtschaften. So erstand sie zum Beispiel für 387 Reichstaler und 1 Groschen modisches Beiwerk, vornehmlich jedoch Damenhüte. Für 458 Reichstaler und 3 Groschen unter anderem: »2 Kästchen Eau de Collogne, 1 Dutzend Handschuhe, 4 Malkästen, Schreibzeug, Bleistifte, Nadeln, 1 Medaillon, 8 Paar Herzen in Carniol, 3 Stöcke, 1 Paar Steigbügel, 3 Ringe, 1 Halskette«. Und bei anderer Gelegenheit »113 echte Zuchtperlen, 5 Malachiten und 1 aus Brillanten bestehendes Halsschloss mit Saphir«.

Im »Fürstenhof«, dem einstmaligen Badelogierhaus, wohnte die Königin. Wer es nicht weiß, den macht eine Tafel darauf aufmerksam: »Hier wohnte Luise, Königin von Preußen, als Kind 1777, als Kronprinzessin 1797, als Königin 1806.« Das vornehme Haus am Brunnenplatz errichtete eine holländische Aktiengesellschaft 1777. Luise gehörte demnach, obwohl nur als Kleinstkind, zu den Erstbewohnern. Die Liste betuchter und verdienstvoller Gäste ist lang. Und das Gebäude in seiner gepflegten Behäbigkeit lädt ein zu einem Verweilkaffee.

»Das neuerbaute große Badehaus ist eine sehr beträchtliche Verbesserung für Pyrmont, indem es Fremden die Wahl lässt, nicht bloß in guten, sondern in schönen, zierlich mit Geschmack meublierten Zimmern zu wohnen«, schreibt 1784 der Badearzt Heinrich Matthias Marcard. Als Gast »hat man die Bequemlichkeit, dass der Weinkeller, der Speisewirth und die Bäder, alles unter dem selben Dache« sind. Unter den »Badekabinen« konnte man wählen, zwischen der Ausführung in »Marmor, Fayence, Zinnen oder Holz«. Zum Marmorbad gehörte eine besondere Kammer mit Ruhebett und Kamin. Luise wird darüber erfreut gewesen sein.

Über den Brunnenplatz zum Herzstück der Stadt, dem »Hylligen Born«. Er sprudelt munter unter einem Pyramidentürmchen und lässt sich vom offenen Kuppelbau überdachen. Der berühmte »Säuerling« gluckert nicht allein auf dem Platze. Mit einer Haube abgedeckt, springt der »Brodelbrunnen« aus dem Boden. Er macht seinem Namen Ehre. Es ist ein gewaltiges Bullern. Der Dritte im Bunde heißt »Augenbrunnen«. Bei diesem Gesprudel auf engem Raum entfaltet sich die Heilwirkung fast schon beim Hinschauen.

In der Wandelhalle laufe ich Königin Luise direkt vor die Füße. Auf einem Empiresessel hat sich die ernste, beinahe zu ebenmäßige Schöne niedergelassen und liest. Sind es Schillers Gedichte? Eine Zeile, eine Sentenz hat sie wohl nachdenklich gemacht. Sie hat das Buch sinken lassen, doch behält sie den Finger zwischen den Seiten – und sinnt nun dem Gelesenen nach. Emil Hundrieser schuf 1895 die marmorne Sitzfigur der Königin, wozu ihm die Berliner Nationalgalerie den Auftrag erteilte. 1925 überstellte man das Werk nach Bad Pyrmont, als Leihgabe für die neue Wandelhalle. In stiller oder öffentlicher Verehrung legte auch hier jemand Luise eine rote Rose in den Arm.

In der wohlig warmen Halle flaniert man vor den Geschäften, Duft dringt aus den Cafés. Das Gemurmel der Nachmittagsgäste fängt sich an den hohen Wänden. Ältere Damen, perlenbehängt, trinken Schluck für Schluck, wie es die Vorschrift will, den angewiesenen »Säuerling« und sprechen mit ihren Hunden und über sie, die ihnen zu Füßen liegen oder auf eigens für diesen Zweck gefertigten Deckchen sitzen.

Auf dem Gemäldezyklus von Hans W. Schmidt (1924), der umlaufend die Halle schmückt und Geschichten aus dem Stadt- und Badeleben erzählt, entdecke ich Luise im Gewimmel der Hauptallee. Sie kauft bei einer Händlerin Blumen – neugierig, doch in respektvollem Abstand beäugt von den Promenierenden. Der Voto steht bei ihr und Chamisso, der Dichter, in Leutnantsuniform. Auch er verehrte die Königin. Und soll der Blumenhändlerin das Goldstück, welches sie von Luise erhielt, wieder abgekauft haben. Kann sein, kann auch nicht sein. Lebrecht Blücher ist ebenfalls gegenwärtig. Na, Herr König von Preußen, Ihre Gemahlin wird heiß begehrt.

Unweit der Wandelhalle steht das Haus des »fürstlich-waldeckschen Commissionsrates« Hemmerich, der Luise großzügig das Tafelklavier schenkte (welches sie zweiundzwanzig Mal beim Klavierstimmer Butzner stimmen ließ – das kostete immerhin 22 Reichstaler). Ich betrete ein geräumiges Vestibül. »Hier logierten« – so liest der Gast – »Herzog Carl von Mecklenburg-Strelitz, Prinz Georg von Hessen-Darmstadt, Johanna Schopenhauer, Matthias Claudius, Generalfeldmarschall Helmuth Graf von Moltke.« Als ich nach Logis frage, ist das leider nicht möglich. In die obere Etage führt eine bequem zu steigende Treppe. Die Türstürze der Zimmer tragen Schnitzwerk. Das ruhige Graublau der Innenräume verbreitet Wohlgefühl.

In Pyrmont sagt man, es wäre ein grober Verstoß, sich in der Stadt aufzuhalten und die Quellen nicht zu probieren. Die Verkostungstour unternehme ich nicht von Quelle zu Quelle, sondern verkürzt im »Gesundheitszentrum Königin-Luise-Bad«.

In der Eingangshalle steht die Trinkanlage. Sechs verschiedene Abfüllungen sind probierbereit und bekömmlich abgestimmt in kalte und temperierte Wässer. Ich informiere mich gewissenhaft über Anwendungsgebiete, Gegenanzeigen und Dosierung. Ihnen allen gemeinsam ist die Indikation »Zur allgemeinen Anregung der Verdauungsfunktion« (deshalb bekam Luise Diarrhoe). Weiterhin anwendbar bei Herz-, Kreislauf- und Nierenerkrankungen, allgemeinen Erschöpfungszuständen, Appetitmangel, Neigung zu Übergewicht und Blähsucht – und anderen unliebsamen Zuständen.

Ich beherzige, dass man schluckweise und bei langsamem

Gehen trinken soll. Trinkbar sind: Helenen-, Friedrichs-, Wolfgang-, Trampelsche-, Hufelandquelle und der Hyllige Born. Mit dem blauen Plastebecher in der Hand bewege ich mich von Hähnchen zu Hähnchen, lasse die Kostprobe einträpfeln, wandle zusammen mit den anderen Trinkenden und kehre zur nächsten Abfüllung zurück.

Mein Quellenresümee: »Friedrich«, warm – kräftig, mineralisch, schmackhaft; »Hufeland«, warm – sehr kräftig, salzig, deftig; »Wolfgang« – schmackhaft, salzig, ausgewogen; »Hylliger Born« – leicht mineralisch, bekömmlich; »Trampelsche Quelle«, warm – abgerundet, geschmacksneutral. »Helene« entfällt wegen technischer Störung. Auf »Pyrmonter Bitterwasser«, welches Verstopfungen löst, verzichtete ich – wegen möglicher Folgen.

Bevor ich das Gesundheitszentrum verlasse, schaue ich mich nach Luise um. Im Souvenirladen kann man die Königin in Biskuitporzellan erwerben, und auf der Terrasse steht sie als Kopie der Rauchschen Büste.

Heilsam gestärkt begebe ich mich durch die Stadt zum »Luisenstein«. An dieser abgelegenen Stelle türmte man ihr ein Denkmal. Eine Tafel mit Relief und Wappen erklärt den Umstand: »Dem Andenken der Königin Luise von Preussen gewidmet, die dem Orte ›Friedensthal‹ den Namen gab. 1806/1906«.

Wenn die Königin zum Bomberg spazierte, der schönen Aussicht wegen, so wird es sich lohnen, ihr zu folgen. Durch eine Lindenallee, deren alte Bäume sich wie zwei grüne Mauern erheben, steige ich aufwärts. Das Tal der Emmer liegt vor mir ausgebreitet, die Stadt, die sich mählich den Hang hinaufschiebt, Wiesen und Baumstände des Bergparkes, der sich mit dem ausgedehnten denkmalgeschützten Kurpark vereint. Ein Kunstwerk aus barocker und englischer Gartengestaltung, in dem ich mir als Abschluss einen besonderen »Spatziergang« gönne.

»Mit uns ist es aus, wenn auch nicht für immer, doch für jetzt«

Friedrich Wilhelm fuhr mir bis Potsdam entgegen. Über dem herzlichen Wiedersehen mit ihm lag gedämpfte Stimmung. Die Spannung in Europa hatte zugenommen. Im Juli ließ Napoleon die »Confédération du Rhin«, den Rheinbund, von sechzehn süd- und westdeutschen Staaten unterzeichnen, ein Zusammenschluss von Frankreichs Gnaden, der dem französischen Kaiser besondere Machtbefugnisse einräumte. Er nahm weitere Gebietsbereinigungen vor, verteilte Ländereien um. Auch versicherte er Preußen nach wie vor des Wohlwollens. Sein Vorschlag, einen Norddeutschen Bund mit preußischer Vorherrschaft zu gründen, fand sogar des Königs Beifall. Er fasste ihn als Bündnis für Sicherheit und Neutralität auf. Welcher Irrtum. Die neuen Rheinbundstaaten traten aus dem Reichsverband aus. Was blieb da noch übrig vom Heiligen Römischen Reich Deutscher Nation?

In Charlottenburg feierten wir den sechsunddreißigsten Geburtstag meines Mannes mit den gewohnten und gebührenden Vergnügungen und Ehrenbezeugungen. Mir war nicht wohl dabei. Vor den Kindern und der Festgesellschaft suchte ich es zu verbergen.

Am 6. August legte Franz II. die Kaiserwürde des Heiligen Römischen Reiches nieder. Er blieb als Franz I. Kaiser von Österreich. Die alte Staatsform war erloschen. Kurz danach hinterbrachte man dem König, Bonaparte habe bei Verhandlungen mit Großbritannien diesem das Land Hannover wieder zugesagt. Ein Schock für Friedrich Wilhelm, der sich an die verbindlichen Absprachen hielt.

Sogar für mich überraschend, ordnete er am 9. August

erneut eine Mobilmachung an. War es voreilig? Wer stand auf unserer Seite? Das erschöpfte Österreich, Braunschweig, Kurhessen – das nun den Pakt aufgab und um Neutralität ersuchte; Sachsen. Russland und seine Truppen waren weit entfernt. Der Zar konnte nicht vor November helfend eingreifen, wie er wissen ließ. Doch der Befehl war gegeben, die Maschinerie lief. Diese gefällte Entscheidung taugte mehr als das Zögern und Schwanken. Herzog Karl Ferdinand von Braunschweig erhielt das Oberkommando über das Preußenheer.

Friedrich Wilhelm bestand darauf, das Leben normal weiterzuführen. Ich unterstützte ihn darin, obwohl jeder von uns spürte, dass ein Unheil nahte. Der Rex schob den Aufbruch hinaus. Er bat mich eindringlich, mit ihm zum Heer zu kommen. Ohne langes Überlegen stimmte ich zu. Die Oberhofmeisterin, Fräulein von Viereck, die Tauentzien und zwei Kammerfrauen bereiteten sich darauf vor, in meiner Begleitung zu sein.

Im September, Samstag den 20., sollte nun endgültig die Reise beginnen. Die Kinder zu verlassen fiel mir schwer. Ich nahm sie immer wieder in die Arme. Wenige Zeit vor der Abfahrt fand sich Friederike in Charlottenburg ein. Überschwängliche Freude und große Traurigkeit trafen zusammen. *Der Schmerz, den ich empfunden habe, als ich sie sah, um sie im gleichen Augenblick wieder zu verlieren, lässt sich nicht beschreiben. Mehr als zwei Stunden danach habe ich nicht ein Wort gesprochen.*

Über Magdeburg und Halle erreichten wir Naumburg, wo sich das Hauptquartier befand. Mich ergriff die Bereitschaft der einfachen Leute, die dem König *all ihr Hab und Gut anboten, zur Unterstützung der guten Sache, das war ihr eigener Ausdruck … Die Truppen waren von schönstem Eifer beseelt … und gaben Mut für die Zukunft. Das musste gut gehen … Wenn wir unterliegen, überlegte ich, werde ich mein Unglück mit Erge-*

bung tragen, weil wir es nicht verdient und nicht mit Feigheit und Gemeinheit herbeigeführt haben werden.

Der König stellte Kaiser Napoleon ein Ultimatum, worinnen er, neben anderem, den Abzug der französischen Truppen aus Deutschland forderte und die ungehinderte Konstituierung des Norddeutschen Bundes. Die vorgegebene Frist verstrich. Der Franzose meldete sich noch einmal unter dem Datum vom 12. Oktober und teilte mit, er betrachte das beiderseitige Bündnis als gelöst, legte aber nahe, noch könne man würdig miteinander unterhandeln. Friedrich Wilhelm ging nicht darauf ein.

Am 4. Oktober verließen wir Naumburg. Eine Verlegung des Hauptquartiers nach Erfurt war vorgesehen. Dort blieben wir bis zum 9. des Monats. In der Stadt herrschte Aufregung und Durcheinander. Kuriere kamen und gingen. Des Morgens, am 10., zogen wir auf schlechten Wegen weiter nach Blankenhain. Man hörte Geschützdonner. Die Gräfin Voß sagte, es habe den Anschein, die Franzosen seien schon überall.

Beängstigende Nachrichten von der Armeespitze trafen ein, die unter Prinz Louis Ferdinand bei Saalfeld den Feind kontaktierte. *Zwischen 8 und 9 Uhr abends erfuhr ich seinen Tod … Der König kam, mir das zu sagen, und ich verzichte widerzugeben, welchen Eindruck dieser grausame Tod auf mich machte; von diesem Augenblick an hatte ich die schlimmsten Vorahnungen über diesen Krieg, der gerade erst begann, und ich fürchtete, dass er nur unglücklich enden könne.* Dieses unheilvolle erste Gefecht kostete einen Mann das Leben, auf dem Hoffnungen ruhten, den die Soldaten verehrten. Schrecken und Angst griffen um sich. Das Hauptquartier entbehrte des Schutzes. Die Armeespitze unter Fürst Hohenlohe sollte diese Aufgabe übernehmen. Aber seine Truppe war zersprengt, ihr Kommandeur gefallen.

In der folgenden Nacht blieben wir alle wach. Fortdauernd wurde Alarm gegeben. Die Wagen des Königs erhielten

Weisung, aufzubrechen und zurückzufahren. *Die Lage war weder ruhmreich noch ungefährlich.* Lärm und Kommandorufe erschollen und verstärkten *die Angst, die ein jeder hatte, weil man sich der echten Gefahr bewusst wurde, besonders wir Frauen … die wir nicht hatten ahnen können, was derartige Situationen bedeuteten.* Man hatte vor, den Feind anzugreifen.

Am 11. Oktober brach ich um ½ 6 Uhr morgens auf, das Herz schwer, weil ich wusste, in welch gefährlicher Lage sich der König befand. Ich kam sehr müde in Weimar an. Gegen Mittag erschienen Friedrich Wilhelm, der Herzog von Braunschweig und der ganze Stab zu ausführlichen Beratungen über das weitere Vorgehen. *Ich halte hier mit meiner Meinung zurück über all die Personen, die Entschlüsse fassten oder diese wenigstens hätten fassen sollen. Der Herzog von Braunschweig wollte nicht wahr haben, dass die Armee von den Franzosen umringt worden war, während die unsrige in den Ebenen von Weimar in Ruhestellung lag.*

Die ganze Armee zog am 13. in Richtung Auerstedt. Der König hielt es für das Beste, wenn ich den Truppen folgte und hinter ihnen blieb, sollte es zur Schlacht kommen. Im Geländewagen meines Mannes verließ ich gegen 2 Uhr Weimar. Gräfin Voß, Gräfin Tauentzien und die Viereck fuhren mit mir. *Als ich Auerstedt fast erreicht hatte, angesichts des Schlosses Eckartsberga, kam der Herzog von Braunschweig … mit sehr ernster Miene an meinen Wagen … und sagte mit sehr entschiedener Stimme: »Was tun sie hier, Madame? Um Gottes willen, was tun sie hier?« Ich sagte ihm: »Der König glaubt, dass ich nirgends sicherer bin als hier und hinter der Armee, da der Weg, den ich nach Berlin einschlagen musste, schon nicht sicherer ist …« »Aber, mein Gott?«, sagte er, »Sehen Ew. Majestät das Schloss Eckartsberga vor sich? Dort sind die Franzosen … und morgen müssen wir eine blutige und entscheidende Schlacht schlagen. Sie können hier nicht bleiben, das ist gänzlich ausgeschlossen … Sie werden über den Harz, Blankenburg, Braunschweig und Magdeburg nach Berlin reisen.«*

Ich bat Friedrich Wilhelm zu mir und teilte ihm die Meinung des Herzogs mit. *Da sagte der König: »Wenn dem so ist, dann reise ab.« Er gab mir die Hand … und konnte kein Wort dabei hervorbringen, und so stieg ich auf der Landstraße aus seinem Wagen aus und in den meinen, mitten unter Infanterie, Kavallerie, Kanonen und Gepäck und Kriegsbeute. Escortiert von einem Offizier und acht Kürassieren schlug ich traurig wieder den Weg nach Weimar ein, das ich wenige Stunden vorher ohne eine Ahnung von der mir bevorstehenden Trennung verlassen hatte.*

Nur mit großer Anstrengung hielt ich die Tränen zurück. Welches Unglück würde morgen, möge es ausgehen, wie es wolle, über viele Menschen hereinbrechen? Was geschah mit meinem Mann und all den mir Nahestehenden, die in den Kampf zogen – würde ich sie wiedersehen? – Am Abend in Weimar schrieb ich noch einen Brief an den König und versuchte, ihn zu ermutigen und ihm Selbstvertrauen für den morgigen Tag zu geben. Die einzelnen Stationen meiner Route notierte ich für ihn, so dass er wusste, wohin er mir Nachricht senden konnte. Ich schloss: *Ich liebe Dich wahr und innig und bete für Dich! Adieu. Auf ewig Deine treue Luise.*

Dann begann die Rückreise am 14. Oktober 1806, an dem Tag, der über das weitere Schicksal Preußens entscheiden sollte.

Ich hatte schrecklichste Befürchtungen. Unterwegs brach der Wagen und verzögerte die Ankunft in Heiligenstadt. Widersprüchliche Meldungen über das Tagesgeschehen erreichten uns. Man konnte sich kein Bild machen. Diese Ungewissheit brachte mich zur Verzweiflung. In Braunschweig trug der Hof Trauer um den Erbprinzen Karl, der im September gestorben war, und um Prinz Louis Ferdinand. Hier hörte ich auch von der schweren Verwundung Herzog

Ferdinands, die er bei Auerstedt erlitt und an der er wenig später starb. Die Stimmung konnte nicht schmerzlicher sein. Auf der Fahrt nach Berlin erhielt ich einen Brief meines Mannes. Er war, wie ich, auf der Flucht und weihte mich in die Umstände des 14. Oktober ein.

König Friedrich Wilhelm III. an Luise

»Sömmerda, den 15. Oktober 1806

»Der gestrige Tag ist einer der unglücklichsten und traurigsten meines Lebens gewesen, wir haben Bataille gehabt, und zwar an drei Orten zugleich. Unsere Armee stieß gleich hinter Auerstedt zwischen Rehausen und Poppel auf den Feind. Ein starker Nebel, der die ganze Gegend verhüllte, begünstigte alle bereits vorbereiteten Bewegungen des Feindes, den man für weit schwächer allen Nachrichten zufolge hielt, als er leider war. Man glaubte anfänglich, nur mit drei Regimentern Chasseurs zu tun zu haben. Dies verleitete Blücher, mit seiner Kavallerie zu rasch vorzugehen, wobei gleich viel Menschen durch Kartätschfeuer verlorengingen, die Kavallerie durch das viel zu lange Halten kopfscheu gemacht wurde und zwei reitende Batterien fast gänzlich in wenigen Augenblicken vernichtet wurden ...«

In Berlin eingetroffen, fand ich meine Kinder nicht mehr vor. Sie waren in Richtung Danzig abgereist. Graf von der Schulenburg, der in Berlin als Gouverneur amtierte, empfahl mir, keinen Tag länger zu bleiben und nach Stettin zu gehen. Ein Kurier traf ein, ich schickte nach ihm und fragte in höchster Angst: »Wo ist der König?« Er antwortete: »Das weiß ich nicht, Euer Majestät.« »Aber, mein Gott, ist der König denn nicht bei der Armee?« »Die Armee? Sie existiert nicht mehr.« Ich rang nach Fassung. Schulenburg ließ überall in der Stadt die Proklamation anbringen: »Der König hat eine Bataille verloren. Jetzt ist Ruhe die erste Bürgerpflicht. Ich fordere die Einwohner von Berlin dazu auf. Der König und seine Brüder leben.«

Vor dem Palais versammelten sich viele Bürger der Stadt, die von meiner Ankunft erfahren hatten. Sie riefen nach mir und wollten mich sehen. Ich konnte nicht – beim besten Willen, ich konnte nicht. Meine Kräfte waren am Ende.

Den nächsten Tag, am 18. Oktober, berief ich Hufeland zu mir und erklärte ihm, dass alles verloren und die Flucht angeraten sei. Er müsse uns begleiten. – In Schwedt erwarteten mich Trost und bescheidene Freuden. Ich sah die Kinder wieder. Gemeinsam brachen wir auf nach Stettin. Inzwischen veranlasste der umsichtige Stein, dass die Staatskasse und Wertgegenstände ebenfalls nach Stettin geschickt wurden.

Ich erhielt Kenntnis, dass der König in Küstrin sei. Zuversicht begann sich zaghaft zu regen. – Beweise für die Unterstützung des Königs erreichten mich; damit hatte ich nicht gerechnet. Man sagte mir, 12 000 wären bereit, unter Waffen zu treten, und auch *1500 von die Vornehmsten* wollten Friedrich Wilhelm folgen. Die verlorene Schlacht und die grausamen Verluste hatten die Menschen gegen Frankreich aufgebracht. Ich schrieb meinem Mann von der neuen Situation, von der allgemeinen Bereitschaft im Lande. Er möge die Gelegenheit nutzen und handeln, drang ich in ihn. *Nur um Gottes willen keinen schändlichen Frieden.* Ich betrieb sofort die Abreise nach Küstrin, während die Kinder in Richtung Königsberg fuhren.

Napoleon ging in Eilmärschen vor. Innerhalb weniger Tage erreichte er Potsdam und besuchte Sanssouci. Die Nacht vor seinem Einzug in Berlin (am 27. Oktober 1806) verbrachte er in Charlottenburg.

In Küstrin traf ich meinen Mann. Beide waren wir tief bewegt. Wenngleich nur sieben Tage seit unserer Trennung bei Auerstedt vergangen waren, schienen Jahre dazwischenzuliegen. Meldungen von den militärischen Handlungen schmälerten unsere Hoffnungen. Hohenlohe kapitulierte bei Prenzlau; Blücher bei Lübeck, ›weil er kein Brot und keine Muhnitsion nicht mehr Habe‹, begründete er in seiner offenen, unverstellten Art.

Die Festungen fielen eine nach der anderen. Magdeburg, Stettin. Ehe Küstrin sich ergab, flohen wir weiter nach Graudenz. Die Waffenstillstandsverhandlungen mit Bonaparte schleppten sich hin. Seine Forderungen waren unbillig. Hohe Kriegsentschädigungen, Abtretung linkselbischer preußischer Besitzungen und weitere Landeinbußen, Beitritt zum Rheinbund. Letzteres hätte eine Absage an Zar Alexander bedeutet. Aus St. Petersburg kamen nur vage Versprechungen. Doch dann hieß es in einer verschlüsselten Botschaft, General Bennigsen, Oberbefehlshaber in russischen Diensten, rücke mit 140 000 Soldaten zur preußischen Grenze vor. Das bestimmte meinen Mann, den bisher in Charlottenburg verhandelten Präliminarfrieden abzulehnen. Er entschied sich für eine Partnerschaft mit Russland und gegen Napoleon.

In Graudenz hinterbrachte man mir, dass der *korsische Parvenue* in Charlottenburg meinen Briefwechsel mit Zar Alexander gefunden habe. Er ließ ihn auszugsweise und mit böswilligen Kommentaren versehen im »Moniteur« veröffentlichen. Ich war außer mir. Genügte es diesem boshaften Menschen nicht, dem König die Staaten zu rauben, musste er auch noch meine Ehre verletzen?

Am 21. November 1806 verhängte Napoleon die Kontinentalsperre gegen England, und die Franzosen rückten unaufhaltsam weiter vor. – Die Sorge um die Gesundheit der Kinder in Königsberg zehrte an meinen Kräften. Der fünfjährige Karl krankte *an einem hitzigen Nervenfieber und starken innerlichen Krämpfen. Ferdinand verlor ich vor 8 Monaten an dieser Krankheit. Gerechter Gott, sollte mir dieses vielleicht auch noch aufbewahrt sein!* Alexandrine, so schrieb mir die Voß, befand sich nach einer Ruhr-Erkrankung Gott sei Dank auf dem Wege der Besserung.

Traurige Nachrichten erhielten wir aus Danzig, wo Schwägerin Marianne, die Frau des jüngsten Bruders meines Mannes, ihr Neugeborenes und zugleich die Tochter Amalie verlor. Was waren dagegen Husten und Schnupfen, die mich seit Tagen quälten.

Endlich, endlich stand die Abfahrt nach Königsberg fest. Ich erreichte die Stadt am 9. Dezember 1806. Im Schloss hatte man ein stilles Appartement mit Blick auf den Schlosshof für uns vorgerichtet. Einen Tag später kam der König. Was immer auch geschah, die Nähe meines Mannes erfüllte mich stets mit Zuversicht. War es das Gefühl des Gebrauchtwerdens, das diese Haltung bewirkte? Notlagen, Schwäche, Benachteiligung anderer erweckten in mir – ganz von ungefähr – Stärke und Kraft. Zuweilen auch Zorn, wenn es gar zu ungerecht herging.

Friederike und ihr Mann, Prinz Solms, mussten fliehen und kamen nach Königsberg, ebenso Luise und Fürst Radziwill, die Schwester Prinz Louis Ferdinands und ihr Gemahl. Die Hofgesellschaft fand sich zusammen. – Anstrengungen und Entbehrungen der zurückliegenden Wochen forderten ihren Tribut. Ich erkrankte an Typhus und lag fiebernd und erschöpft darnieder. Hufeland gebührt das Verdienst, mich gerettet zu haben. Er sprach von Todesgefahr, in der ich gewesen sei.

Von den neuen preußischen Truppen, die General Anton Wilhelm L'Estocq befehligte, erfuhr man Unterschiedliches. Er und Levin August Graf von Bennigsen und die russische Armee standen bei Pultusk, nördlich von Warschau, das die Franzosen, wie auch Südpreußen, schon besaßen. Anfängliche Erfolge gegen Frankreich kehrten sich ins Gegenteil. Russische und preußische Truppen traten den Rückzug an. Königsberg lag frei und ungeschützt in der Gefahrenzone.

Das hieß erneut – Flucht. Militärische Misserfolge und allgemeine Verunsicherung verlangten endlich nach politischer Stabilität, nach Inangriffnahme und Fortführung von Reformen. Sowohl im Heeres- und Staatswesen als auch in der Wirtschaft. Stein und Hardenberg galten mir als die geeigneten Männer für die gewaltigen Aufgaben.

Beide rieten dringend, die alte Regierungsgruppe zu ersetzen. Doch Friedrich Wilhelm weigerte sich, auch noch den Geheimen Kabinettsrat von Beyme zu entfernen wie gefordert. Der König wollte Stein die Außenpolitik übertragen, der jedoch lehnte ab. Er wäre kein »Diplomatiker«, so seine Begründung; bei Hardenberg sei das Amt besser aufgehoben.

Gleichzeitig stellte Stein Forderungen nach mehr Mitspracherecht bei den neu zu schaffenden Ministerien und nach größeren Vollmachten. Heftige Debatten blieben nicht aus. Ich versuchte zu vermitteln. Es gelang mir nur bedingt. Die Erkrankung schränkte mich ein. Der König teilte Stein in einem Schreiben unumwunden mit, dass er aufgrund seines Verhaltens in preußischen Diensten nicht mehr erwünscht sei, sofern sich sein Benehmen nicht ändere. Karl vom und zum Stein bat daraufhin um seine Entlassung. Am 4. Januar 1807 erhielt er sie. Hardenberg erklärte ebenfalls seinen Rücktritt. Der Aufbruch nach Memel verzögerte indes die Zustimmung des Königs zu diesem Ansinnen.

In Eile wurde gepackt. Hufeland wollte durchaus, dass ich unter seiner Obhut in Königsberg bleiben solle. Er bangte um meine Gesundheit. Gewiss, die körperliche Schwäche war noch nicht gewichen, und ich befand mich in einem Zustand der Benommenheit, in dem man nicht mehr Herr seiner Gedanken ist. Auch belastete mich die unglückliche Lage des Königs, die ihm beim möglichen Verlust der beiden wichtigsten Berater drohte. Doch erklärte ich Hufeland: *Ich will lieber in die Hände Gottes als dieser Menschen fallen.*

Es herrschte Eiseskälte, heftiger Wind trieb Schnee über

das Land. Der Königsberger Kaufherr Johann Karl Bittrich lieh uns seine Reisekutsche, die man zu einem Bett umbaute, in dem ich bequem liegen konnte. Am 3. Januar reisten die Kinder mit ihrem Erzieher Delbrück ab, bis auf Alexandrine und Karl, die Kleinsten. Ich wollte sie in meiner Nähe haben. Montag, den 5. Januar begann unsere Fahrt. Je näher wir der Küste kamen, desto stärker stürmte es. In Cranz, der ersten Poststation auf der Kurischen Nehrung, gebot man Halt. Ich war froh, ein wenig Wärme vorzufinden. Doch wir mussten weiter.

Die Alte Poststraße, auf der wir uns bewegten, führte den größten Teil der Strecke am Meer entlang. Die wandernden Dünen verhinderten, landeinwärts zu fahren. Das Meer tobte ohrenbetäubend. Die Pferde gingen dicht am Wasser. Wenn es sich etwas beruhigte, rollten die Kutschräder meerseitig in den Uferwellen. – Die Nächte in den Poststationen waren beschwerlich. In Rositten trafen wir spät in der Nacht ein. Ich sehnte mich nur nach etwas Schlaf und danach, das Donnern des Meeres nicht mehr zu hören.

Die Krugwirtschaft vom Postmeister David Gottlieb Kuwert in Nidden kannte ich bereits von unserer Reise 1802 nach Memel, als wir uns mit Zar Alexander trafen. In Schwarzort blieb ich im Schulgebäude. Der König holte uns ein und stieg im Krug- und Posthaus ab. Memel, das Ziel im äußersten Winkel von Preußen, unsere letzte Zuflucht, rückte in die Nähe. Schneefall und Kälte ließen nicht nach. Aber der Gedanke, in Bälde wenigstens für eine gewisse Zeit in Sicherheit zu sein, machte mir Mut, sodass ich auch für die anderen ein aufmunterndes Wort fand.

Als wir nach Sandkrug kamen, von wo aus man nach Memel übersetzt, sahen wir am gegenüberliegenden Ufer die Stadt mit Türmen, dem schiffereichen Hafen, den Windmühlen und dem Leuchtturm. Die Sonne schien. Eine Schar junger Mädchen aus Memel empfing mich mit Gesang in deutscher und litauischer Sprache und schenkte mir gestrickte bunte Handschuhe. Diese Gabe wusste ich besonders zu schätzen. Dann überquerten wir das Haff. Und die abenteuerliche Flucht endete vor dem schönen Palast des Handelsherrn Friedrich Ludwig Consentius. Viele Menschen begrüßten uns. Ich war doch recht schwach, und der Diener Jerichow nahm mich auf seine Arme und trug mich ins Haus. Zusammen mit den Kindern speisten wir. Sie berichteten von ihrer Fahrt auf der Nehrung und überboten sich lautstark mit den Erlebnissen. Ein gestrandetes Schiff hätten sie gesehen, auf Heu geschlafen und in Schwarzort Steine gesammelt, die sie gleich vorwiesen. Wir waren wieder eine Familie – weiter dachte ich nicht.

Das politische Brodeln in Europa hielt an. Preußen verzichtete auf Hannover und beendete den Kriegszustand mit England, der seit dem Sommer vergangenen Jahres bestand. Im Februar kam es bei Preußisch-Eylau, südlich von Königsberg, zu einer blutigen Schlacht, die zwei Tage andauerte. Die Russen unter Bennigsen kämpften heroisch. General Gerhard Johann von Scharnhorst eilte im entscheidenden Augenblick mit 5000 preußischen Grenadieren zu Hilfe. Unglaublich hohe Verluste entstanden auf beiden Seiten. General Murat soll gesagt haben: »Welch ein Massaker! Und kein Ergebnis!« Kein Sieger, keine Besiegten, aber großes menschliches Elend. Mir war nicht danach, mich über diesen Ausgang zu freuen. – Bennigsen verfolgte den Feind nicht. Auch das *monstre* hielt still. Die Einbußen waren zu hoch für die französische Armee, die Versorgung stockte, tiefer Schnee und Kälte taten das Übrige.

Napoleon suchte zu verhandeln. Er sandte seinen Adjutanten Graf Henri Gratien Bertrand zu Friedrich Wilhelm nach Memel und bot einen Sonderfrieden an. Grundlage dafür sollten die Absprachen zum Waffenstillstand damals in Charlottenburg sein. Bertrand ließ sich auch bei mir melden. Er wünschte, ich möge ihn bei den Verhandlungen unterstützen. Ich hielt für ihn die Antwort parat, dass Frauen, wie er doch wisse, bei politischen Geschäften nicht mitzureden hätten, schon gar nicht, wenn über Krieg und Frieden befunden würde. Mein Mann beriet sich auch mit Hardenberg. Das erleichterte mich sehr. Der König entschied sich daraufhin gegen Napoleons Angebot.

Das an der nördlichen Uferpromenade des Dange-Flusses gelegene Haus Consentius, in dem wir Unterkunft fanden, gefiel mir. Es ähnelte dem Berliner Kronprinzenpalais. Die Kinder wohnten an verschiedenen Orten der Stadt. Meine beiden Ältesten und ihr Cousin Friedrich, Sohn meiner Schwester Friederike, lebten bei der Familie des Kaufmanns und Reeders Johann Gottfried Argelander in der Linden- oder, wie sie auch hieß, Alexanderstraße. Sie fühlten sich dort wohlaufgehoben.

Langsam erholte ich mich, doch blieb mir eine Schwäche und Anfälligkeit gegen die scharfe Luft. *Das Klima war schrecklich. Eis und Schnee überall, kein Veilchen gab es nicht hier … Pyrmont hatte mir doch unaussprechlich gut getan, denn die Krämpfe hatte ich gar nicht mehr, nur etwas reizbar, was denn noch nicht vergehen konnte, da immer Reiz da war.* Meinem Mann machte das Klima ebenfalls zu schaffen. Trotzdem begaben wir uns viel ins Freie. Wir fuhren zum neuen Leuchtturm, der 1796 eingeweiht worden war; bestiegen ihn und sahen auf Haff und Meer hinaus. Jedes Mal, wenn ich dort oben stand, empfand ich schmerzliches Fernweh. – Schlittenpartien erfreuten uns. Schwägerin Marianne und ich unternahmen Spaziergänge am Wasser und beobachteten das An- und Ablegen der Schiffe.

Zu meinem Kummer blieb die Post aus. Nur spärliche Nachrichten trafen ein. *Die gute Berg hatte mir gesagt, wenn ich wünschte, so wollte sie kommen. Wünschen tat ich es mit vollem Herzen, aber dennoch konnte ich nichts darüber sagen, als … 1. wo würde sie mich finden, 2. wie würde sie mich finden?*

Zu meinem einunddreißigsten Geburtstag dachte sich jeder eine besondere Überraschung aus. Die Prinzen überreichten mir Zeichnungen mit dem Leuchtturm und Schiffen. Die Prinzessinnen Friederike, Ikas Tochter, und Charlotte brachten ein Ständchen mit Gesang und Klavierbegleitung. Gräfin Voß schenkte mir den berühmten Mecca-Balsam, den sie extra aus St. Petersburg hatte besorgen lassen, und hübsche Ohrringe aus Lapislazuli. Die Minister kamen zur Gratulation. Im Hafen hatten die Schiffe geflaggt und schossen Salut. Abends gab ich einen Teezirkel. Die Stadt illuminierte, und bei Argelanders tranken wir Punsch.

Zar Alexander kündigte für den 2. April 1807 seinen Besuch an. Die Vorfreude darauf war allgemein. Der König fuhr, um ihn zu empfangen, bis zur Grenze in Polangen. Alexander, von diesem Freundschaftsbeweis berührt, lief ihm barhäuptig entgegen. Beide kamen zusammen unter Kanonendonner und großer Anteilnahme der Menschen nach Memel. Mit der ihm eigenen Liebenswürdigkeit gewann er jeden. Als ich ihn begrüßte, versagte mir die Stimme. Die Oberhofmeisterin umarmte er wie eine alte Freundin. Sie sagte mir danach: »Ja, er ist ein Mensch wie kein anderer!«

Der Zar und Hardenberg trafen sich zu einer Unterredung, um über die interne und außenpolitische Lage zu beraten. Ich ahnte, dass Alexander als Vermittler zwischen Friedrich Wilhelm und Hardenberg gewonnen werden sollte. Am 4. April reiste der russische Kaiser nach Kydullen zur Truppenschau und lud uns ein, ihm dorthin zu folgen. Wir nahmen die Einladung an. Den 10. April begab ich mich auf die Rückreise. Am selben Tag ernannte der König Hardenberg zum Ersten Minister. Eine gute Entscheidung. Meine Fahrt sollte Königsberg berühren, wo ich endlich Schwester Friederike wiedersehen würde.

Es wurde die schrecklichste Reise meines Lebens … jeden Augenblick lief ich Gefahr, umgeworfen zu werden und zwei-

mal in der Arge zu ertrinken, die in einigen Stunden so schrecklich über ihre Ufer getreten war. Man kann sich nicht vorstellen, was das für Wege waren … Mein Wagen blieb mitten auf der Landstraße im Schmutz stecken; zwei Pferde waren im Kot verschwunden. Nur mit kräftigen Armen konnte man Menschen und Vieh aus dem Schlunde des Schmutzes hervorziehen … mehr tot als lebendig kam ich in Königsberg an. Und dachte nicht an eine sofortige Weiterfahrt.

Ich hatte gar keine Lust, mich ohne Grund in den Schmutz, Schlamm und das Wasser zurückzubegeben, außerdem brauchte ich etwas Ruhe nach den verschiedenen Reisen, die ich gemacht habe (die ersten nach meiner Krankheit, die mich sehr geschwächt hatten). Ich beabsichtigte deshalb noch einige Tage hier abzuwarten. Aus den wenigen Tagen wurden zwei Monate. *Ich wohnte mit Friederike zusammen* [im Haus des Grafen von Schlieben], *da ich nur um ihretwillen gekommen war.* Das Schloss erinnerte mich zu sehr an die Zeit im Dezember 1806 und die furchtbaren Erlebnisse, die hinter mir lagen.

Ursprünglich wollte ich in Königsberg nur eine Erholungspause einlegen, mit Friederike zusammen sein und nicht Hof halten. Aber das gesellschaftliche Leben, die Anforderungen an die Königin ließen es nicht zu. Not war zu lindern, Bittgesuche waren weiterzuleiten, Geselligkeiten auszurichten, Honoratioren zu empfangen. Wie gewohnt, paarte sich Heiteres mit Traurigem, Anregendes mit kleinlichem Geschwätz, Kurioses mit Vergnüglichem.

In Angst versetzte mich, dass Alexandrine an den Masern lag. Die Voß schrieb diesbezüglich aus Memel. Prinz Solms litt an verschiedenen Unpässlichkeiten, *obwohl man es ihm nicht ansah, er war dick, fett und rot.*

Ich sehnte mich danach, einen Abend mit dem Rex zu verbringen, ihm den Tee zu servieren und unsere Gespräche zu führen. Diesmal gelang *ihm* ein Extraspaß. Er sandte mir … seinen abgeschnittenen Zopf. Das *führte mich zu einer recht eigenartigen Betrachtung … Denn vor zwei Jahren hätte man in Preußen nicht gewagt, an diese Änderung zu denken.* Es wäre einer Majestätsbeleidigung gleichgekommen. *Die Macht der Französischen Revolution hatte diese Änderung gestattet … Ich lachte bis zu Tränen über das Zöpfchen und beschloss, es sollte unangetastet aufbewahrt bleiben bis an der Welt Ende.*

Für Ikas Sorge um ihren Mann entschädigte sie ihr im März geborener Sohn. Er sollte den Namen des Zaren tragen. *Um dem Heidentum meines Neffen ein Ende zu machen, vertrat ich, nach entsprechender Anfrage, seine geheiligte Majestät bei der Taufe.* Und darüber hinaus auch gleich König und Königin. Was wären in diesem wie in anderen Fällen die Männer ohne die Frauen?!

Wir musizierten, Friederike und ich. Ein Gitarrespieler und ein Musikdirektor unterstützten uns. *Wovon der letztere mich zum Singen akkompagnierte … die Leute spielten wie die Götter. Letzthin sangen Friederike und ich ein Jägerlied – sie, in Ekstase, schrie: »Ach Gott, wie schön, man siehet die Hörner!« et tous les messieurs comme bien vous pensez aux éclats.*

Zu meiner größten Freude besuchte mich im Mai Friedrich Wilhelm für drei Tage in Königsberg. Er wünschte kein Aufsehen bei seiner Ankunft. Das ließ sich machen. Ich erklärte allen, er käme spät und es wäre ungewiss, wann. Ich war überaus glücklich, ihn bei mir zu haben.

Nach drei Gewittern hatten wir hier Kälte, einen kleinen Februarwind und leuchtenden Sonnenschein, der sich nur über uns lustig machte; denn die Strahlen, mit denen er uns berührte, sahen so aus, als ob sie wärmten, und sie waren nur gelb gefärbt.

Ich dankte Gott, jetzt nicht in Memel zu sein, dieser Heimstätte der Unzufriedenen … Alle sprachen vom wahren Guten, von der Vereinfachung der Geschäfte usw. und dann, wenn man alles tat, um das zu erreichen, wovon sie ständig sprachen, dann schrien Sie. Ach Gott, so gehet die Welt, Herr Schmidt, das ist recht trivial, aber ach, ganz wahr!

Es mangelte nicht an tragikomischen Zwischenfällen. Aus Heidelberg war ein Bauer namens Johann Adolf Müller nach Königsberg gekommen, um Friedrich Wilhelm zu sehen. Dreimal nämlich sei ihm Gott erschienen, um ihm diesen Auftrag zu erteilen. Im Februar habe Gott noch einmal gemahnt, er solle vor dem König erscheinen, um ihm das Schicksal des nächsten Jahres zu enthüllen. Seine Naivität gewann mich, und ich bat den Rex, ihn anzuhören.

Einen unauslöschlichen Eindruck, der mir ans Herz griff, erhielt ich bei einem Spaziergang um die Festung. *Ich sah die armen Aufständischen* [vermutlich meuternde polnische Soldaten], *die sehr, sehr schlecht gehalten wurden. Sie kamen ganz um vor Elend … lagen im Modder,* hatten kein Stroh und kein frisches Wasser, *ihr Wimmern war fürchterlich. Man ging unmenschlich mit ihnen um* und das im Namen des Königs. Ich schrieb sofort an meinen Mann, damit er Abhilfe schaffe. *Was musste man für entsetzliche Erfahrungen machen. Solange wir an den Folgen einer unglücklichen Schlacht litten, so war ich gefasst … als aber die Infamie der Menschen mit ins Spiel kam, da war ich, ich gesteh es, trostlos!*

Wir bangten um die Festung Danzig mit den dazugehörigen Forts Weichselmünde und Neufahrwasser. Der Belagerungsring schloss sich immer enger. Angriffe durch Oberst Friedrich Wilhelm von Bülow und General Kamenskoi blieben ohne sichtbaren Erfolg. Ich war voller Zorn auf Bennigsen, den Oberbefehlshaber der russisch-preußischen Armee, dem es nach meiner Meinung an Tatkraft fehlte.

An den König Friedrich Wilhelm III.

Königsberg, den 19. Mai 1807

Die Niederlage Bülows, das verfehlte Unternehmen auf Danzig [der ergebnislos abgebrochene Angriff Kamenskois], *all das lässt mich klar erkennen, dass wir auf diesen*

Platz nicht mehr rechnen dürfen. Durch den unwürdigen Starrsinn dieses elenden Bennigsen, der sich um die gute Sache zu kümmern scheint wie die Sohle um die Stiefel, geht also der Platz verloren; das ist nicht nur von der größten Bedeutung für uns, sondern auch ein neuer Triumph für Napoleon, der sicher die Stimmung in Frankreich und auch bei seinen Truppen mit ihm aussöhnen wird. Wäre es nicht möglich, daß Du oder Hardenberg mit dem Kaiser sprichst, daß er Bennigsen befiehlt, etwas Entscheidendes zu unternehmen? Der ewige Mangel an Lebensmitteln, den man ständig vorschützt, ist meiner Ansicht nach der größte Beweis für Bennigsens Dummheit oder bösen Willen. Denn es ist wohl Sache eines kommandierenden Generals, dafür zu sorgen, besonders wenn ihm gesagt wird, wie Abhilfe geschaffen werden kann – und nicht ein Schritt wird getan … Ein Wechsel ist also notwendig, und je eher er stattfindet, desto besser wird es gehen … ich kann nichts mehr hinzufügen … Lebe wohl, ganz die Deine Luise

Am 26. Mai 1807 fiel Danzig. Der König beabsichtigte, nach Tilsit zu gehen. Und ich bereitete meine Reise nach Memel vor. – Noch war es kalt in Preußen, *noch blühte kein Flieder; Friederike ging mit mir in wattierten Mänteln spazieren … Manchmal lacht' ich noch, es wurde mir aber hart eingesalzen.*

Die Fahrt nach Memel im Juni dauerte 12 Stunden. Drückende Hitze erschwerte sie. *Nicht ein bißchen Wind, das Meer sah aus wie ein kleines Bächlein, ganz klar und rein, der Sand war so heiß wie die Sonne.* Eben in der Stadt angekommen, erfuhr ich von der gewonnenen Schlacht bei Heilsberg. Bennigsen, der sich nun doch ermannte, und die preußische Kavallerie erfochten einen Sieg gegen Napoleon. Der Hof und die Stadt veranstalteten einen wahren Freudentag. Doch blieb ich skeptisch. Bittere Erfahrungen lehrten mich, nicht auf übertriebene Hoffnungen zu setzen.

Earl Pembroke, der mit dem englischen Gesandten in Memel weilte, lud ein zu einer Seefahrt auf der Fregatte »Adrastea«. Es wurde eine aufregende, interessante Tour. *Aber – aber – Madame war krank zum Sterben; so weit ist es dort zwar noch nicht gekommen, doch als ich ging und den Fuß auf die Erde setzte, habe ich alles, was ich im Leibe hatte, ausgespien, angesichts der Garde, die mir die Honneurs machte, und eines sehr schönen Offiziers. Das war ein Zustand.*

Am 14. Juni traf die nächste Unglücksbotschaft ein. Napoleon vernichtete bei Friedland die ihm gegenüberstehenden preußischen und russischen Truppen. Zwei Tage später besetzten die Franzosen Königsberg. Bennigsen wich – wie so oft – zurück und befand sich nur noch 14 Meilen von Memel entfernt. Bonaparte nahm Tilsit ein. *Wir standen auf dem Punkt, das Königreich zu verlassen, – vielleicht auf immer … Gott würde mir helfen, den trüben Augenblick zu bestehen, wo ich über die Grenze meines Reiches muss. Da würde es Kraft erfordern, aber ich heftete meinen Blick gen Himmel … und mein fester Glaube war, er schickt nicht mehr, als wir tragen können.*

Mit meiner Gesundheit stand es nicht zum Besten. Herzbeschwerden und Unwohlsein setzten mir zu; mitbedingt durch die Ungewissheit über eine mögliche Flucht nach Riga – unsere Habe war gepackt – und über die kriegerischen Auseinandersetzungen. Dann erhielt ich die Nachricht, dass Bennigsen Waffenstillstandsverhandlungen führte. Der König fuhr nach Schlauben, um sich mit Zar Alexander zu verständigen. Er schrieb mir von den Vorgängen. Mir fiel vor Entsetzen der Brief aus der Hand. Die Bedingungen für eine Waffenruhe waren unmäßig. Wie sollte dann erst ein Friedensvertrag ausfallen? Auch stünden Begegnungen zwischen dem König und Napoleon bevor. *Und dann die Aussicht, das Ungeheuer zu sehen, nein, das war zuviel. Ihn sehen, den Quell des Bösen! die Geißel der Erde! alles Gemeine und Niederträch-*

tige in einer Person vereinigt, und sich vor ihr noch verstellen und heiter und liebenswürdig erscheinen müssen!!! Wollte der Himmel denn niemals aufhören, uns zu strafen? ... Nun würde es mir wenigstens erspart bleiben, dass ich das Ungeheuer sehe; denn seine Neigung für mich, könnte ihn, glaubte ich, nicht zur Fahrt über den Sand der Nehrung treiben, um mir einen Besuch abzustatten.

Alexander und mein Mann begaben sich über Tauroggen nach Piktupönen, eine kleine Ortschaft, nicht weit entfernt vom rechten Memel-Ufer. Auf der anderen Seite des Stromes, dicht am Wasser, liegt Tilsit. Dort unterhielt Napoleon sein Hauptquartier. Dieser Mensch ließ sich kaum durchschauen. Er kannte keine Verlässlichkeit, widerrief gegebene Zusagen, handelte nach *Einfall und Laune und tat Dinge, die man nicht erwartete.* Eine Beständigkeit blieb ihm – das Streben nach Macht und Ansehen. Dem ordnete er alles unter.

In Memel pflegten wir eifrig Geselligkeit. Vielleicht aus dem Grund, um die dräuende Lage, die wir alle kannten, zu überspielen. – Durch die Stadt bewegten sich lange Züge mit Verwundeten, überwiegend Russen, die man in ihre Heimat transportierte. Ein Bild des Jammers. Wir taten uns schwer mit dem Amüsement, angesichts dieses Elends. In mir wuchs immer stärker das Gefühl, dass wir am Vorabend großer Ereignisse standen.

Die Gespräche und Verhandlungen mit Napoleon begannen. Er ließ zu dem Zwecke auf dem Memel-Fluss ein pontongesichertes, verankertes Floß mit reichgeschmücktem Aufbau errichten. Über den beiden Zugängen prangten die Buchstaben »A«, beziehungsweise »N«. Die Initialen »FW« fehlten. Eine Provokation! Auf dem Dach des Floßbaues wehten die russische und die französische Flagge.

Am 21. Juni schlossen französische und russische Unterhändler ein Waffenstillstandsabkommen. Wir fanden uns isoliert, zumindest schien es so. Wohin trieb das Ränkespiel?

Auf Alexanders Freundschaft vertrauend, hatte der König den vom französischen Kaiser angebotenen Sonderfrieden abgelehnt. Wie würde sich Napoleon jetzt gegen Friedrich Wilhelm verhalten? Wollte er Alexander von Preußen losschmeicheln, so wie er versucht hatte, den König von Russland zu lösen? Seine Ignoranz ließ der *Nöppel* bereits spüren.

In meiner Not wandte ich mich an den Zaren. Ich flehte ihn an, uns nicht zu verlassen, in diesem grausamen Augenblick dem Freund beizustehen. Ich sagte ihm, dass ich alle meine Hoffnung auf ihn setzte, denn was sollte aus meinem Mann und den Kindern werden ohne seine Hilfe. Ich kannte keinen Stolz, ihm zu schreiben: *Ich bin ein so unwichtiges Wesen; mag ich erliegen, wenn nur der König gerettet wird, wenn nur meine Kinder … eine Zukunft haben … wie glücklich wäre ich, für all das ein Opfer zu sein.«* Wie bald sollte ich mich dieses Opfers begeben.

Das erste Treffen der beiden Kaiser war am 25. Juni gegen Mittag. Zar Alexander fuhr mit dem König ans rechte Memel-Ufer und setzte zum Floß über. Friedrich Wilhelm blieb zurück und stand zwei Stunden, in einen russischen Militärmantel gehüllt, in heftigem Regen. Er sah, wie Napoleon den ankommenden russischen Kaiser begrüßte. Es tat mir unendlich leid, als mir mein Mann davon Mitteilung machte. Was nahm sich dieser *freche welsche Roturier* heraus! Am darauffolgenden Tag kam es auf dem Fluss zu einem Dreiertreffen. Inzwischen wurde der preußisch-französische Waffenstillstand beschlossen, Tilsit zur neutralen Zone bestimmt. Hier sollten die Verhandlungen weiter geführt werden.

Preußische, französische und russische Soldaten lagerten in der Stadt. Zar und König erhielten jeder ein Haus zugewiesen. Doch Friedrich Wilhelm zog es vor, abends nach Piktupönen zurückzukehren. Ich verstand ihn gut. Er wollte wenigstens für einige Stunden räumlichen Abstand zu den unerträglichen Begegnungen gewinnen, die nun täglich stattfanden. Mein Mann schrieb mir ausführlich über den Fortgang der Gespräche. Die Situation schockierte mich, machte mich rasend. Ich beschwor ihn, er möge in diesem Handel *in keinem Punkt irgendetwas aufgeben, was seine Unabhängigkeit zerstören würde … Was war Opfer an Land im Vergleich mit dem Opfer der Freiheit des Geistes?*

Zu allem Unglück forderte *der Höllenhund* Hardenbergs Entlassung. Das durfte nicht geschehen! Wenn Napoleon das verlangte, so könnte man ihm mit dem gleichen Recht nahelegen, seinen Außenminister Talleyrand abzusetzen, nur weil der ihm gut diene. Hardenberg stand beim französischen Kaiser in Misskredit. Bei allen Vorwürfen, die er gegen ihn vorbrachte, war es wohl letztlich das diplomatische Geschick Hardenbergs, welches dem Franzosen ungelegen kam. Ein ihm gewachsener Gegner, den es aus dem Weg zu räumen galt.

Meine Gesundheit litt sehr unter diesen Beunruhigungen. Es blieb mir nicht erspart, trotz alledem meinen Pflichten nachzukommen. Das Trostlose der Lage überstieg zeitweilig meine Kräfte. *Auch musste ich an das kleine Wesen denken, das ich unter dem Herzen trug.* Ab und zu kam mir der Gedanke: *Würde S.M. Napoleon, um das Fest in Tilsit vollzählig zu machen, nicht so aufmerksam sein, auch mich einzuladen, um an der intimen »Liaison« teilzunehmen?* Eine makabre Überlegung.

Überraschenderweise legte Bonaparte Zuvorkommenheit an den Tag, ließ mich grüßen und trank in Gegenwart des Königs auf meine Gesundheit.

Ende des Monats feierten wir Karls sechsten Geburtstag. Es lenkte mich etwas ab von den elenden Geschehnissen, denen ich hilflos gegenüberstand. Ich hätte heulen können, der Kinder wegen verbarg ich es. Sie wünschten sich so sehr, auf die Nehrung zu fahren, nach Schwarzort. Als ich es ihnen erlaubte, waren sie toll vor Freude.

Dann erhielt ich den Brief vom König mit der Einlage von Kalckreuth und der Empfehlung, nach Tilsit zu kommen, um bei Napoleon Mäßigung für die Friedensverhandlungen zu erreichen. Was in diesem Augenblick auf mich einstürmte, ist nicht darzulegen. Ich sollte diesem *Ungeheuer* begegnen und ihn wie einen gleichgestellten Menschen behandeln? Doch ohne Zögern schrieb ich an den König.

An den König Friedrich Wilhelm III.

Memel, den 1. Juli 1807

Ich komme, ich fliege nach Tilsit, wenn Du es wünschst, wenn Du glaubst, dass ich etwas Gutes wirken kann, aber meine Ankunft muss irgendwie geziemend begründet werden. Ich frage Dich: Warum sollte ich mich nach Tilsit begeben, wenn nicht jemand aus der gekrönten Gesellschaft den Wunsch danach ausdrückt? Der Kaiser von Russland hat … gesagt, bei der Abhandlung von Geschäften dürften die Frauen nicht zugegen sein. Soviel ich weiß, habt ihr alle nur mit Geschäften … zu tun. Das sind durchaus nicht meine Angelegenheiten, und ich kann nur hinkommen, wenn Napoleon in sehr höflichen Worten Dich darum bittet …

Noch suchte ich nach Ausflüchten, um der Fahrt nach Tilsit zu entgehen. Die innere Abwehr brachte mich bald um. Da ließ Hardenberg durch den König bestellen, wenn noch etwas Günstiges erreicht werden könne, so müsse es sofort geschehen. Ich schrieb umgehend meinem Mann: *Ich kann Dir keinen größeren Beweis meiner Liebe und meiner Hingabe für das Land zeigen, zu dem ich halte, als wenn ich dorthin fahre, wo ich nicht begraben sein möchte.*

Und ich reiste. Mit mir kamen die liebe Voß, Gräfin Tauentzien, der Kammerherr Georg Karl von Buch. Nach zehn

Stunden erreichten wir Piktupönen. Ich richtete mich im Schulhaus ein, in dem auch mein Mann wohnte. Die anderen fanden Unterkunft beim Ortsgeistlichen im Pfarrhaus. Den König sah ich erst spät in der Nacht; die Beratungen in Tilsit hatten sich hingezogen. Er teilte mir gleich mit, dass er Hardenberg, aufgrund Napoleons unwiderruflicher Festlegung, habe entlassen müssen. Trotz des Jammers waren wir einfach nur froh, beisammen zu sein.

Der nächste Tag verging mit Vorbereitungen, Absprachen, wie man sich dem französischen Kaiser nähern sollte. *Hardenberg klärte meine Ideen sehr und gab mir die Grundlage für mein Gespräch mit Napoleon.* Zar Alexander sprach vor. Am Nachmittag meldete sich Graf von Caulaincourt, Adjutant Napoleons, *der mich im Namen seines Herrn begrüßte … und mich nach meiner Gesundheit befragte.*

Am 6. ging der Morgen mit Überlegungen hin, was ich zu Napoleon sagen wollte, und eine Menge russischer Generale kam und machte mir den Hof. General Bennigsen war der erste, und ich sprach zu ihm nur von seinen roten Backen, von dem embonpoint [Bäuchlein] *das er gewonnen, und von seinem gesunden Aussehen, denn ich konnte ihm nur derartiges sagen.* Weiteres überstieg meine Befugnisse und meine Beherrschung.

Die Robe, in der ich mich dem französischen Kaiser zeigen wollte, überlegte ich mir reiflich. Man weiß ja, wie Männer auf das Äußere einer Frau reagieren. Ich trug einen weißen Crêpe, mit Silber bestickt, meinen Perlenschmuck und ein Perlendiadem im Haar. Die Tauentzien sagte mir nachträglich, sie hätte meine innere Unruhe sehr wohl bemerkt, und dennoch sei ich ihr nie schöner erschienen.

Gegen 4 Uhr machte ich mich auf den Weg nach Tilsit und war um 5 Uhr dort … Als wir an der Fähre ankamen, empfing mich der Marschall Kalckreuth und wiederholte, was der Minister Hardenberg mir schon gesagt hatte; ich solle das Vergangene ganz vergessen, nicht an das denken, was er von mir persönlich gesagt hätte, das Böse vergessen, es ihm sogar verzeihen, und nur an den König, an die Rettung des Königreichs und an meine Kinder denken. Ich unterbrach ihn: »Ach, jetzt bitte ich, schweigen Sie, dass ich zur Ruhe komme und meine Gedanken sammeln kann!« ... Ich kam im preußischen Quartier an und in dem Haus, das dem König zum Wohnen angewiesen war.

Als ich in das Zimmer des Königs eintrat, war Kaiser Alexander dort im Gespräch mit ihm. Er ging auf mich zu und sagte: »Die Dinge gehen nicht gut, alle unsere Hoffnung ruht auf Ihnen, auf Ihrem Vermögen, nehmen Sie es auf sich und retten Sie den Staat.« ... Niedergeschlagen über die Lage ... fasste ich den festen Entschluß, zu reden, und zu versuchen, Napoleon zu rühren. Kaum war ich angekommen, da traf der Kaiser der Franzosen ein mit all dem Pomp und dem ganzen Gefolge, das ihn immer umgibt, wenn er sich öffentlich zeigt. Er trat in den Salon und ich sagte ihm, ich empfände es stark, dass er sich die Mühe gäbe, zu kommen.

Wir blieben eine knappe Stunde zusammen. Sprachen nach dem üblichen Austausch von Komplimenten doch recht freimütig miteinander. Ich schilderte meine Sorgen und die des Landes – vor allem diese. Nahm mich jedoch zurück, wenn wir zu sehr in die politischen Verstrickungen abglitten, *denn er habe mich einst angeklagt, mich zu viel in Politik zu mischen.* Das seien übertriebene Ausdeutungen, die man in Zeiten des Streits nicht immer glauben müsse, antwortete er. Ich appellierte an den Kaiser, ehe ich ihm die konkreten Wünsche nannte: *Wir haben einen unglücklichen Krieg geführt, Sie sind der Sieger, aber soll ich annehmen, dass Sie Ihren missbrauchen wollen?*

Nach einem kurzen Geplänkel über England und Hannover und über seine wiederholten Friedensangebote, die wir zurückgewiesen hätten, bat ich ihn um die linkselbischen Provinzen, insbesondere um Magdeburg. Napoleon lenkte zwischenhinein auf Modefragen ab. Ich versuchte, das Gespräch wieder auf das Eigentliche zurückzuführen. Wir wüssten, sagte ich ihm, dass wir Opfer zu bringen hätten, aber er möge doch Lande, die seit Jahrhunderten Preußen gehörten, dem König nicht nehmen. Ich dächte dabei auch an Schlesien und Westfalen. Napoleon sagte zu mir: »Vous demandez beaucoup, mais je Vous promets d'y songer.« [Sie verlangen viel, aber ich verspreche Ihnen, darüber nachzudenken.] Unerwartet betrat Friedrich Wilhelm den Raum.

Ich hatte ihn mir anders vorgestellt, den Kaiser der Franzosen. Nun begegnete mir ein Mann, der die Physiognomie eines Denkers zeigte, der einen klaren, prüfenden Blick auf allem ruhen ließ, was ihn umgab; vor dem ich rasch die anfängliche Scheu verlor. Erstaunlich, wie wir beide die jeweilige Meinung über den anderen etwas korrigierten. Ich hörte, dass Bonaparte an Josephine über mich geschrieben hätte: »Die Königin von Preußen ist wirklich bezaubernd, sie ist voller Koketterie zu mir. Aber sei ja nicht eifersüchtig, ich bin eine Wachsleinwand, an der alles nur abgleiten kann. Es käme mich zu teuer zu stehen, den Galanten zu spielen.« Auch äußerte er an anderer Stelle, man müsse mir Gerechtigkeit widerfahren lassen, denn ich habe im Unglück Charakter gezeigt und sehr verständige Dinge gesagt.

Um 8 Uhr gab der französische Kaiser ein Diner. Ich saß zwischen ihm und Zar Alexander. Die Unterhaltung sprang locker und lebhaft hin und her. Erleichterung nach dem Gespräch löste mir die Zunge. Als Napoleon mich fragte, wie sich das kleine Preußen habe vermessen können, gegen ihn den Krieg zu eröffnen, antwortete ich ihm: *Der Ruhm Friedrichs II., Sire, erlaubte uns, unsere Kräfte zu überschätzen.* Überrascht schaute er mich an, ohne zu erwidern. Diese Begründung schien ihm begreiflich zu sein.

Nach dem Mahl trafen wir uns noch einmal zu einer Unterredung. Hoffnungsvoll verabschiedete ich den Kaiser der Franzosen und fuhr mit dem Gefühl, der guten Sache gedient zu haben, zurück nach Piktupönen.

Der nächste Tag, der 7. Juli 1807, bleibt mir unvergessen. Der König schickte ein Billett: »Die Dinge haben sich völlig verändert, und die Bedingungen sind erschreckend.«

Fassungslos, verzweifelt, wütend und verletzt brach ich in Tränen aus. Napoleon hatte August Friedrich Graf von der Goltz, der für Hardenberg die Außenpolitik übernahm, die Friedensbedingungen unterbreitet. Preußen büßte die linkselbischen Provinzen ein, daraus entstand das Königreich Westfalen, das der Kaiser seinem Bruder Jérôme verlieh. Von den polnischen Besitzungen erhielt Russland einen Teil, das verbleibende Gebiet wurde als Herzogtum Warschau Sachsen zugeschlagen. Beitritt zur Kontinentalsperre, Anerkennung des Rheinbundes und der Könige von Holland und Neapel.

Dem König blieben die Provinzen Preußen, Pommern, Schlesien und Brandenburg, aus denen man die Truppen abzuziehen versprach. Die Kriegskontributionen waren noch zu errechnen. Wir verloren mehr als die Hälfte des Territoriums. In der Stellung als Königin von Preußen prägte sich mir dieser Tag als der schmerzlichste meines Lebens ein. Trotz alledem erforderte es die höfische Regel, Contenance zu bewahren.

Erneut mussten wir nach Tilsit. Diesmal wählte ich ein Kleid mit rotem Schal, golddurchwirkt, und hatte dazu einen Turban mit perlenbesetzten Fransen. Bei der Überfahrt über den Fluss stürmte es, wir kamen nur mühsam voran. Bonaparte zog zweimal mit seinem Gefolge am Haus des Königs vorbei, ohne zu verhalten. Provokation? Verlegenheit?

Dann erschien, im Auftrag seines Herrn, Marschall Barbier und bat uns zum Diner. Wieder nahm ich zwischen den beiden Kaisern Platz. Die Atmosphäre war kühl; die Gespräche während des Essens schleppten sich wortkarg und gezwungen. – Der Gastgeber geleitete mich zum Wagen, nachdem wir noch einige Worte gewechselt hatten. Meine Beherrschung war am Ende. Ich sagte zu Napoleon Bonaparte: »Sire, Vous m'avez cruellement trompée!« [Sire, Sie haben mich grausam getäuscht!] Er blieb mir die Antwort schuldig.

In den Abendstunden des 9. Juli 1807 erfolgte die Unterzeichnung des französisch-preußischen Friedensvertrages. Einen Tag danach kehrten wir nach Memel zurück.

War die Situation noch zu überleben? *Immerhin brachte das Unglück uns große Erfahrungen, und unsere Menschenkenntnis nahm zu.* Die Konfrontation mit dem französischen Kaiser verarbeitete ich schwer. Der Gedanke, dass vielleicht manches anders entschieden worden wäre, wenn Friedrich Wilhelm sich mehr auf Kulanz und Diplomatie verstanden hätte, verließ mich nicht. *Schwäche … Mangel an Vertrauen in sich selbst, üble Gewohnheit usw. behielten leider immer die Oberhand … Aus der Haut möchte man fahren, wenn man das so sah und nicht helfen durfte.*

Ich bemerkte die Ungeschicklichkeiten, mit denen er sich trug, und konnte sie nur mit intensiven Vorhaltungen verhindern. *So wollte z. B. der König bei Nacht und Nebel nach Berlin einschleichen, sich nicht zeigen, weil er sich schämte und so mit dem ersten Schritt alles wieder verderben. Dann … hatte er die idée abzudanken! die ich dann mit aller Indignation zurückwies.*

Eine ersehnte, erwünschte Unterbrechung bot der Geburtstag meines Bruders Georg, den wir am 12. August in Abwesenheit des geliebten, vertrauten Freundes begingen. Am Morgen brachten die Kinder Blumen und trugen ein selbstverfasstes Gedicht vor. Wir frühstückten gemeinsam im Garten, und den Gefeierten ehrte eine Girlande mit großem »G«. Die Geburtstagsgesellschaft traf sich um 12 Uhr in Tauerlauken zum Dejeuner. Das Wetter hellte auf und versprach einen freundlichen Tag. Wir lagerten zum Essen auf einem geeigneten Platz im Grase, von dem aus wir eine schöne Aussicht hatten. Alle fühlten sich heiter und entspannt. Sogar der König war wohlgelaunt. Wir spielten »Töpfeschlagen« und »Blinde Kuh«. Zum Schluss *und unter Lachen, Jubeln und tausend Gedanken an Georg ging die frohe Caravane nach der Stadt. Dort gab es auch die »Linden«, wo wir uns noch zusammentrafen.*

Ich nahm wieder Pyrmonter Wasser zu mir, auf »Trinkpromenaden« im Garten, wie ich es im Bad gelernt hatte. Es verbesserte mein Befinden spürbar. – Eine kurze, wenn auch vergebliche Freude erfüllte mich, als die Brüder Georg und Karl ihren Besuch ankündigten. Es blieb bei der Vorfreude. Die Geschicke wollten es anders.

Dann überfiel uns das nächste Unglück. Der Kontributionsbescheid, errechnet und geprüft, lag vor. Man sprach von 150 Millionen Francs. Wie diese Summe abgetragen werden sollte, das wusste Gott allein.

Bevor wir Piktupönen verließen, hatte der König Hardenberg ersucht, in seinem Namen Stein zur Rückkehr zu bewegen. Diesen Mann akzeptierte Napoleon in der preußischen Staatsführung. Unfassbar, dass ein fremder Potentat über die Zusammensetzung unserer Regierung befand. *Über den Verlust von Hardenberg heulte ich Tag und Nacht.* Bereits auf dem Weg ins Exil, versprach er, einen Bericht über die Weiterführung der eingeleiteten Reformen zu geben. Einige Zeit danach stellte er Friedrich Wilhelm seine Denkschrift »Über die Reorganisation des preußischen Staates« zu.

Stein kam Ende September nach Memel. Eine lange beschwerliche Reise lag hinter ihm. In Berlin, der Zwischenstation, erreichte er, dass die Reparationssumme etwas gemindert wurde und der Zahlungsmodus günstiger ausfiel. Er brachte ebenfalls eine Denkschrift über vorgesehene Reformen mit.

Durch Kabinettsorder übertrug der König dem Freiherrn Karl vom und zum Stein die Leitung aller Zivilangelegenheiten, die Verwaltung der Zentralbank und der Seehandlung. Der gewünschte unmittelbare Vortrag beim König wurde ihm gewährt.

Der Rex und alle, die wir hier waren, hofften, baldmöglichst *das liebe Berlin und die liebe Mark wiederzusehen.* Wenn die Franzosen sich an die Absprachen hielten und das Land termingemäß räumten, so bestünde Aussicht, dass der Wunsch sich erfüllte. Nach diesem furchtbaren Jahr sehnte ich mich nach Ruhe. Auch standen mir die Wochen bevor, die ich lieber in vertrauter Umgebung gehalten hätte.

Durch die Ereignisse, die Belastungen und schmerzlichen Erfahrungen war ich ernster, reifer geworden. Ich betrachtete das als einen persönlichen Zugewinn.

Steins Anwesenheit gab meinem gesunkenen Optimismus Auftrieb. Natürlich blieb sein hartköpfiges, poltriges Wesen unverändert, doch die wegweisenden Ideen und Gedanken und die Zielstrebigkeit, mit der er sie umsetzte, wogen den schwierigen Umgang mit ihm auf. Allerdings musste ich dafür Sorge tragen, dass die Zusammenarbeit zwischen König und Staatsminister – beides eigenwillige Menschen – maßvoll und beherrscht verlief. Der König übergab dem Freiherrn vom und zum Stein die Aufgabe, Vorschläge für eine Staatsreform zu erarbeiten und sie letztlich auch durchzuführen. Grundlagen sollten Hardenbergs und Steins Denkschriften sein.

Ich nenne daraus zwei Gedankengänge, die der König mir erläuterte und die mich beeindruckten. Hardenberg: »Demokratische Grundsätze in einer monarchischen Regierung, dieses scheint mir die angemessene Form für den gegenwärtigen Zeitgeist.« Und Stein: »Erziehung zu bürgerlicher Selbstständigkeit und Mitverantwortung.«

Das herbstliche Wetter in Memel bedrückte mich. Der Himmel blieb tagelang grau. Und Regen fiel ohne Unterlass. Jeder ging in Stiefeln, um nicht im Dreck zu versinken. Lethargie und eine Art von Heimweh spürte ich. Im rechten

Moment erschien der Kurier und übergab Briefe von meiner Familie und der Freundin Berg. Das Grau lichtete sich.

Die Kinder bedurften meiner. In den letzten Monaten fehlte es mir dazu an der nötigen Kraft. Die Vorkommnisse in Tilsit und die erschreckenden Folgen des Friedensvertrages zehrten an mir. Darüber hinaus beunruhigte mich die Niedergeschlagenheit meines Mannes und hielt mich an seiner Seite. Das Land brauchte einen tatkräftigen, überzeugenden König; er musste unbedingt seine Zuversicht wiedergewinnen.

Der zwölfjährige »kleine Fritz« berechtigte zu guten Hoffnungen, aber sein unbeherrschtes, rechthaberisches Benehmen verdarb manches. Das Äußere ist das Spiegelbild des Inneren, sagte unsere Großmama, und wer sich mit Gewalt das Wort verschafft, der trägt auch Gewalt im Charakter. Dieses Kind brauchte mehr Strenge und Aufmerksamkeit als die anderen. Charlotte hingegen blieb stets die Gute, Sanfte – die Lustige. Bei ihr fiel mir *St. Luisens hussa Teufelchen* ein. Alexandrine nannten der »große Fritz« und ich »la petite autocrate«, denn sie wiederum besaß etwas Entschlossenes, Entschiedenes in ihrem Wesen. Wilhelm und Karl, beides freundliche Knaben, der eine mehr, der andere minder lebhaft. Auch um der Kinder willen drangen wir auf die Rückkehr nach Berlin. Ihre Bildung und Erziehung waren hier keinesfalls garantiert.

Meine Gedanken kreisten um die liebe Stadt. In Memel, sosehr sich Bürger und Hofstaat einsetzten, uns das Leben erträglich zu machen, war nicht an einen Aufenthalt von langer Dauer zu denken.

Die kalte feuchte Witterung schob sich in meine bedrängte Seele und tat das Ihrige, um mich wiederkehrend in verzweifelte Stimmung zu treiben.

Die ablehnende Haltung Frankreichs zu der vom König vorgeschlagenen Form der Kontributionszahlungen versetzte uns in eine ausweglose Lage. Stein schlug vor, Prinz Wilhelm, den Bruder des Königs, zu Napoleon zu entsenden. In Vorbereitung dieses Besuches wandte ich mich an den französischen Kaiser. Diesen Brief stimmte ich mit Staatsminister Stein ab.

An den Kaiser Napoleon

Memel, den 4. November 1807

Sire. Prinz Wilhelm, der diesem Brief sogleich folgen wird, ist mit Vorschlägen für Eure Majestät beauftragt, deren glücklicher Ausgang uns vor allem am Herzen liegt. Höchst erwünscht unter jedem Gesichtspunkt ist die Herstellung eines guten und dauerhaften Einvernehmens zwischen Frankreich und Preußen … Was den glühendsten Wunsch meines Herzens ausmacht: dass dem Lande Erleichterung gewährt werde, welches durch die Anwesenheit der Armeen entsetzlich leidet; seine Hilfsquellen werden unwiderbringlich vernichtet, wenn das so fortgeht; es wird sich nie erholen können und keine Hoffnung mehr bieten, weder uns noch unsern Freunden. Da Ew. Majestät nicht anders können als der unsrige sein, so berauben Sie sich selbst einer Hilfsquelle, auf die Sie sicher rechnen dürfen. Die nahe Rückkehr nach Berlin ist noch eine natürliche Folge von dem, was ich Eurer Majestät dargelegt habe … Eure Majestät kennen mein Vertrauen zu Ihnen; ich habe Ihnen darüber in Tilsit gesprochen, und ich schmeichle mir, dass Sie diesmal der Stimme Ihres Herzens folgen und Preußen, dem König und mir das Glück zurückgeben werden … Mit dieser Hoffnung bin ich, Sire, Ew. Majestät gute Schwester Luise

Napoleon – so wurde mir hinterbracht – erhielt mein Schreiben erst nach Monaten. Er antwortete kurz in einem Brief vom 14. September 1808.

Die trübe Stimmung nahm kein Ende. Dieser Norden, *wo die Blätter im Juni sprießen und die Früchte nie reif werden*, lag wie eine Last auf mir. Und die Aussicht, in Memel meine Niederkunft zu erwarten, half mir nicht auf. Berlin mussten wir uns wohl vorläufig aus dem Kopf schlagen. Wenn es denn wenigstens Königsberg sein konnte, in das wir zurückkehrten. Die Geschicke lehrten uns Bescheidenheit.

Der König und Stein waren indessen unausgesetzt rührig. Noch im November brachten sie die »Agrarreform« auf den Weg, mit der die Landbevölkerung ihre Unabhängigkeit erhielt und »alle Gutsuntertänigkeit [mit dem 11. November 1810] in Unseren sämtlichen Staaten aufhört.«

Post erreichte uns nur lückenhaft. Die meisten Briefe hatte man geöffnet, oder sie kamen gar in Fetzen an. Und Nachrichten von meinen Lieben erfreuten mich doch in dieser trostlosen Lage besonders. Man berichtete mir von den Kunstplünderungen in Berlin. *Ich wollte wohl wissen, was Denon* [Generaldirektor der Pariser Museen] *mit meinen drei liegenden Figuren angefangen hat, die er in Berlin aus meinem Zimmer nahm.* Georg, der zur Zeit in Paris weilte, wies ich an, er möge meinen *Marc Aurel aus dem Schloss, die Hygieia aus Charlottenburg, den Äskulap aus dem Zirkus des neuen Palais und alles, was aus Sanssouci in Paris sei, grüßen.* Außerdem wünschte ich mir von ihm *zwei recht hübsche Nachtmützen zu meinen Wochen*, es dürften auch drei sein. Denn was ich besaß, waren nur Lumpen.

Wenn es nun einmal Berlin nicht sein konnte, so wollte ich nach Königsberg. Die Stadt erschien mir auch angemessener für die Regierungsgeschäfte. Stein unterstützte mich in diesem Bestreben. Friedrich Wilhelm zögerte. Inzwischen hatten die Franzosen Ost- und Westpreußen bis zur Weichsel verlassen. Das Jahr schritt dem Ende zu. Ich befürchtete, dass der Umzug vor meiner Entbindung nicht mehr gelang. Den winterlichen Weg über die Nehrung kannte ich zur

Genüge. – Dann lenkte der König ein, mir zuliebe … Für den 15. Januar 1808 war die Reise geplant. Mein Mann bat am Tag davor die Memeler Kaufmannschaft und Argelanders zu einem Abschiedsdiner nach Tauerlauken. – Mit einer Übernachtung in Rositten kamen wir am 16. nach Königsberg. Die Bürger der Stadt bereiteten uns eine begeisterte Begrüßung. Als Zeichen ihrer Anhänglichkeit und der Freude über meine Wiederkehr überbrachten sie mir eine *superbe chaise longue von grünem Samt und goldenen Fransen und Quasten reich verziert* und eine passende Wiege dazu. In dieser lag am 1. Februar 1808 eine kleine Tochter. Friedrich Wilhelm bestand darauf, dass sie meine Namen erhielt: Luise Auguste Wilhelmine Amalie.

Doppelstandbild der Prinzessinnen Luise
und Friederike von Preußen

Marmorskulptur von Johann Gottfried Schadow

Luise als Kronprinzessin

Pastell von Henriette Félicité Tassaert

Friedrich Wilhelm III.

Gemälde von Wilhelm von Schadow

Luise, Königin von Preußen

Büste von Johann Gottfried von Schadow

Friedrich Wilhelm III. und seine Gemahlin
im Park von Schloss Charlottenburg

Gemälde von Friedrich Georg Weitsch

Luise, Königin von Preußen

Gemälde von Alexander Macco

Luise, Königin von Preußen

Pastell von Johann Heinrich Schröder

Luise, Königin von Preußen

Gemälde von Joseph Grassi

Luise, Königin von Preußen

Holzstich von Marie Heuer nach einem Gemälde von Elisabeth Vigée Le Brun

Begegnung von Friedrich Wilhelm III. und
Luise von Preußen mit Zar Alexander I.
in Memel am 10. Juni 1802

Stich von Johann Friedrich Bolt nach Heinrich Anton Dähling

Luise, Königin von Preußen

Gemälde von Gerhard von Kügelgen

Begegnung der Königin Luise von Preußen mit
Kaiser Napoleon I. in Tilsit am 6. Juli 1807

Gemälde von Carl Röchling

Napoleon I. empfängt Königin Luise von Preußen
in Tilsit am 6. Juli 1807

Gemälde von Nicolas Gosse

Luise, Königin von Preußen mit ihren
Söhnen in Luisenwahl (Königsberg), 1809

Gemälde von Carl Steffeck

Königin Luise im Reitkostüm

Pastell von Wilhelm Ternite

Luise, Königin von Preußen

Stich von Tielker

Unterwegs in und um Klaipeda

Die Reise nach Klaipeda, dem einstigen Memel, beginnt im Hafen von Sassnitz-Mukran. An einem graumelierten Winternachmittag legt die Fähre »Vilnius« ab und verliert sich in der Dunkelheit. Nach sechzehnstündiger Fahrt biegt der schwimmende Koloss um die Nordspitze der Nehrung in das Kurische Haff. Mit halber Kraft schiebt er sich zwischen dunklem, hügeligem Uferwald einerseits und dem ausgedehnten Krangewirr der Hafenanlagen andererseits hindurch zum Neuen Fährhafen, vorbei an der Flussmündung der Dane (Dange). Möwen punkten das Wasser. Auf der Reede, ganz tief unten, eilen Menschen, ameisenklein, hin und her, schleppen Seile und vertäuen den Riesen.

Klaipeda – Stadt der Gegensätze. Hochhäuser verwegenen Stils umstehen die Altstadt. Kleine niedrige Häuser, wie verschüchtert aneinandergelehnt, und große behäbige, die sich mit vergangenem Reichtum brüsten. Dazwischen laufen Gassen und Sträßchen, kopfsteingepflastert, die Bäcker-, Schmiede-, Schuhstraße heißen und angemessenen Raum lassen für Baum und Busch. Die Dane trennt fein säuberlich die Altstadt von der Neustadt. Über die Karlsbrücke oder die Börsenbrücke erreicht man den nördlichen Stadtteil.

Weithin sichtbar, sorgfältig restauriert und die flatternde litauische, gelb-grün-rote Fahne auf dem Dach, das Haus des Handelsherrn und kaufmännischen Assessors des Schiffs- und Handelsgerichts zu Memel Friedrich Ludwig Consentius. Er hatte es von seinem Schwiegervater, dem dänischen Konsul Lorenz Lorck geerbt. Und es war das erklärt schönste Gebäude der Stadt. Man sieht es ihm nach mehr als zweihundert Jahren durchaus noch an.

Das Königspaar verfügte damals – bis auf zwei Zimmer im Erdgeschoss, in denen die alte Dame Lorck lebte – über alle Räume des palastartigen Hauses. Familie Consentius bezog während der Anwesenheit des Hofes Wohnung in der Friedrich-Wilhelm-Straße. Aus dem großbürgerlichen Anwesen wurde für geraume Zeit die preußische Residenz. Luise fühlte sich darin an das Berliner Palais Unter den Linden erinnert. Die »Consentius-Villen-Atmosphäre« wehte sie heimisch an. Wenn ich etwas Einbildungskraft hinzugebe, so kann ich beim Betrachten der prächtigen Fassade mit dem Stadtwappen im Dreiecksgiebel und den reichlich angebrachten Adlern und Lorbeerzweigen die gedachte Verbindung nachvollziehen. Das Haus wurde viele Male umgebaut, erweitert, erhöht. Im 19. Jahrhundert bezog es der Memeler Stadtrat, beste Unterkunft für Repräsentationszwecke. Im Rathaus hingen bekannte historische Gemälde, unter anderem Dählings Bild »Treffen von Napoleon, Kaiser Alexander und Preußenkönig Friedrich Wilhelm III. auf dem Memelfloß bei Tilsit« und Porträts von Luise und Friedrich Wilhelm, die Gerhard von Kügelgen malte. Über alles ging die Geschichte hinweg.

Seitlich am Gebäude ist eine Tafel aus Bronze mit dem Kügelgen-Porträt der Königin eingelassen. Gedenken an vergangene Tage: »In diesem Haus residierten König Friedrich Wilhelm III. und Königin Luise in den Jahren 1807–1808 auf der Flucht vor Napoleon«; beschriftet in deutscher und litauischer Sprache.

Die unterschiedlichsten Institutionen zogen ein und wieder aus. Gegenwärtig amtiert die Kreisverwaltung bei Consentius. Vom großangelegten Vestibül führt eine bequeme Treppe zu den Etagen: Handelskammer, Archiv, Gesundheitsamt. Hinweise auf die preußische Residenzzeit sind mit Abbildungen und ausführlichen Beschreibungen angebracht. Hier entstand das »Edict den erleichterten Besitz und den freien Gebrauch des Grund-Eigenthums so wie die persönlichen Verhältnisse der Landbewohner betreffend. Memel, den 9ten October 1807.« –

Die Innenausstattung ist modern. Außer den alten Decken und Deckenbalken im zweiten Stockwerk erinnert nichts mehr an Pracht und Herrlichkeit der früheren Hausgestaltung.

Als ich aus den warmen Amtsstuben hinaus in den eisigen Wind trete, kann ich Luises Unmut über die raue memelländische Witterung verstehen. Auf der Dane schwimmt Abendrot. An der Uferpromenade (Danes gatve) leuchten die Lichter auf. Die einstigen Hafenanlagen, die sich flussaufwärts reihten, sind längst zur Nehrung vorgeschoben. Nichts mehr mit Luises Begeisterung für das bewegte Leben auf dem Wasser: *Die Dange ist so voll von Schiffen, dass man nur Mast an Mast sieht wie einen Wald, und auch die Rhede ist voll von Fahrzeugen.*

Die backsteinroten Speichergebäude am Ufer dienen inzwischen anderen Zwecken, beherbergen Restaurants oder museale Einrichtungen. Doch haben sie nichts von ihrem Glanz verloren.

Die Linden der »Lindenstraße« (Liepų gatve) tragen Festtagslichterschmuck und unterscheiden sich in dieser Hinsicht nicht von den Linden »Unter den Linden« in Berlin zur Weihnachtszeit. Der Unterschied besteht darin, dass die Promenade »Unter den Linden« die meiste Zeit ihres Vorhandenseins so hieß, wie sie heißt – während die »Lindenstraße« von Klaipeda sich wandelte: vom Gänsemarkt zur Lindenstraße, zur Alexanderstraße, zur A.-Smetona-Straße, zur Adolf-Hitler-Straße, zur Lindenstraße; welchen Namen sie wohl fürderhin behalten wird.

Sie war und bleibt bevorzugte Flaniermeile der Stadt, die Liepų gatve. »Die Lindenstraße«, schwärmt ein Reisender zu Beginn des 19. Jahrhunderts, sei die schönste von allen, »mit Reihen von Linden besetzt, in deren Schatten die Memeler häufig lustwandeln, da es der einzige Spazierweg ist.« Hier ließen sich die Wohlhabenden der Stadt ihre von ausgesucht schönen Gärten umgebenen Villen bauen. Was davon Kriege und unruhige Zeiten überlebte, zeugt von Reichtum und Geschmack.

Vorwiegend »Neo-Stile« findet man, doch unter der Nummer 5 auch ein Gebäude aus dem 16. Jahrhundert.

In der belebten, vom Weihnachtsgeschäft erregten Straße suche ich vergebens nach Argelanders Haus. Es sei von guter Bauart und großzügig ausgestattet gewesen, hieß es, und der Garten eine Zier des Viertels. Ein älterer Herr, geschichtsbewusst und erfreut über mein Interesse, führt mich zur Hauptpost – einem Bauwerk der Neogotik. Dort erklärt er, dass der dazugehörige Glockenturm 42 Meter hoch sei und zu bestimmten Zeiten die Lokalhymne der Stadt »Ännchen von Tharau« spiele. Dann weist er mir an der Hauswand eine Information. Gewidmet dem Astronomen Friedrich Wilhelm Argelander, Spielgefährte der königlichen Kinder während der Exiltage. »Geboren in Memel/Klaipeda, gestorben in Bonn«; und versehen mit den entsprechenden Daten.

Kaiser Wilhelm, Luises Sohn, habe darauf geachtet, dass Haus und Garten erhalten blieben. Doch dann sei er gestorben, und an der Stätte seiner Jugenderinnerungen sei danach die Reichspostanstalt entstanden. Auch ein nützlicher Ort. – Ich bedanke mich und frage ihn nach dem Leuchtturm. Den könne er mir nicht zeigen, obwohl er es gern täte, antwortet er und deutet nach Norden.

Von der Mole aus sehe ich ihn bereits, den schwarz-weiß geringelten, imposanten Helfer der Schifffahrt mit der orangefarbenen Mütze. Er, beziehungsweise sein Vorgänger, darf sich rühmen, nach Danzig und Travemünde Drittältester der südöstlichen Ostseeküste zu sein. Als ich dem Turm nahe bin, stehen Bäume und ein hoher Zaun zwischen ihm und mir. Sicherheitsgebiet. Das Außentor lässt sich aufschieben. Heiseres Hundegebell. Die Leine ist lang, doch sicher befestigt. Ich schlage einen Bogen um den vierbeinigen Wachhabenden. Aus dem alten restaurierten Haus tritt der Leuchtturmwärter. Eigentlich dürfte ich nicht ... und er darf auch nicht ... aber er ist ein verständnisvoller Mann, der mit den

Stichworten »Königin Luise« und »Berlin« etwas anzufangen weiß.

Bereitwillig und engagiert erzählt er von »seinem Turm«, der nunmehr ein anderer ist als der, den Luise oft und gern besuchte. Sie kannte seinen Vorgänger, der 1796 ebenfalls einen Vorgängerbau ablöste (der vielleicht nur ein einfaches Leuchtfeuer war). Stolze 20 Meter ragte er empor. Eine Höhe, die von der Königin der schönen Aussicht wegen erstiegen wurde. Später setzte man ihm weitere 10 Meter auf. Und so blinkte er unermüdlich – bis er im letzten Weltkrieg zerschossen wurde. Der einstmalige Standort ist markiert. Mit 40 Metern überragt der neue Leuchtturm nun alle seine verflossenen Brüder. Der gewissenhafte Wärter schreibt mir die Angaben zu seinem Schützling auf einen Zettel. Position: »55° 43,7' N / 21° 0,59' E; Tragweite: weiß, 18 Seemeilen.« »Sie möchten hinauf, nicht wahr?«, fragt er mich. Wir wendeln uns nach oben. Der Rundblick läuft über Haff und Meer, ein Waldgebiet liegt zu Füßen. Moderne Hafenanlagen haben Promenaden und Alleen, die ehemals zum Leuchtturm führten, aufgesogen. Gleichgültig, ob zwanzig oder vierzig Meter Höhe – die Sehnsucht nach Weite und Ferne stellt sich ein.

Ich fahre nach Tauralaukis (Tauerlauken), das nördlich der Stadt liegt. Die Auskünfte besagen, dass dort in einem Wäldchen die »Luisenlinde« noch üppig gedeihe und den beliebten Picknickplatz der Hofgesellschaft bezeichne. Vom Gedenkstein für die Königin sei allerdings nichts mehr vorhanden. Oder vielleicht doch?

Grau verhangener Tag, als verfüge der Himmel nur über diesen Farbton. Das Wäldchen in Tauerlauken stellt sich als ausgedehnte Waldfläche heraus, und die Linde – späterhin als Eiche. Ich stehe vor der Aufgabe, im Wald einen Baum zu suchen, der zwar historisch bedeutsam, aber ein Baum unter Bäumen ist.

Anhöhen begleiten die hier fließende Dane. Schneeregen fällt. Ich überquere den Fluss und begebe mich in die durch dichten

Baumbestand verschönte, von oben und unten feuchte Natur. Der Weg erweist sich zunehmend als unbegehbar. Ich hangele mich zwischen dichtem gemischtem Laubwald hindurch, ohne jedoch Linden zu finden. Kurzzeitig fallen mir Eichendorffs Verse ein: »O Täler weit, o Höhen / O schöner, grüner Wald, / du meiner Lust und Wehen / Andächt'ger Aufenthalt!« ... Diese Euphorie muss den Dichter zu anderer Jahreszeit überkommen haben!

Die Exkursion wird unterbrochen, um Erkundungen einzuholen. In der Nähe befindet sich der Botanische Garten der Universität Klaipeda. Der Aufsichtführende (herausgeklingelt, denn die Anlage ist geschlossen) weiß von einer »Luiseneiche«. Sie stehe dort drüben – er gibt die Richtung an – auf der Höhe (natürlich! wegen des schönen Ausblicks!). Und von dem Gedenkstein hörte er, dass »die Russen« ihn beseitigt und vergraben hätten; es bestünde aber die Absicht, ihn wieder auszugraben. So lange warte ich nicht, beschließe ich, und graben werde ich auch nicht. Ich konzentriere mich auf die Eiche.

Zurück in den Wald und auf den Steig nach oben. Ein alter Eichbaum ist kaum zu übersehen – aber ich sehe ihn nicht. Hundebesitzer Sergej rettet die Situation. Er durchstreift mit der Boxerhündin Anja täglich die Gefilde und kennt – o Luisenwunder! – Baum und Denkmalreste. Ich folge ihm über einen Bach, durch Unterholz und über Geröll.

Unterhalb der Anhöhe liegen, halb in die Erde eingesunken, große bemooste Steine neben einem Postament. Nur wenige Schritte aufwärts, und wir erreichen einen freien Platz, baumumstanden – und mit Eiche! Am Rand sind Findlinge aufgetürmt. Man schaut über das Dane-Tal in die schneebedeckte Landschaft.

Als es den Gedenkstein noch gab, zeigte er, unter dem Medaillon Luises, die Aufschrift: »Dem Andenken des 3. August 1807.« Der Stein stand auf einem festgefügten Hügel aus Findlingen. – Den 3. August 1807 schrieb die Gräfin Voß in ihr Tagebuch: »Geburtstag unseres vielgeliebten Königs. Es war Déjeuner bei der Königin im Garten ... und Abends gab die Königin in Tauerlauken einen Thee mit Musik; die Kanonen wurden gelöst und alles war sehr hübsch. Zuletzt war noch Souper beim Kronprinzen [dem »kleinen Fritz«], unsere Häuser waren so schön als möglich illuminiert und der ganze Tag recht gelungen.«

In der Nacht fiel Frost. Grauer Dunst breitet sich über das flache Land. Auf der Fahrt nach Piktupenai (Piktupönen), die über Silute (Heydekrug) und Pagegiai (Pogegen) verläuft, sehe ich von Raureif bedeckte Sträucher, Bäume und Wiesen. Die Teiche tragen Eis. An der Straße stehen einzelne Gehöfte. Holzfeuergeruch weht in den Wagen. An einem Fenster leuchtet der Stern von Bethlehem. Es ist Weihnachten.

Vor Piktupenai wird die Landschaft hügelig. Der dörfliche Ort liegt etwa hundert Kilometer südöstlich von Klaipeda. Zum Memel-Fluss mögen es von dort aus noch acht Kilometer sein. Taubenschwärme steigen auf, Hühner stolzieren auf der Straße. Hundegebell und Hahnenschrei. Die kleinen Häuser sind weihnachtlich geschmückt und haben Holzstöße neben sich. Aus den Schornsteinen steigt Rauch. Verfallene Scheunen stimmen mich traurig. Auf dem alten Friedhof liegen Grabsteine unter dem Laub. Ein Holzkreuz und künstlicher Blumenschmuck heben mittendrin eine Grabstelle heraus: »Preußischer Kavallerie Major A.E. von Mannstein *1775 †1812«.

Unweit und nicht zu übersehen steht das ebenerdige Pfarrhaus. Würdevoll und standesgemäß. Man hat ihm einen rosaorangefarbenen Anstrich gegeben. Die Freitreppe mit Balustrade geleitet zum breiten Eingangstor. Es ist verschlossen. »Am Sonntag wird manchmal noch Kirche darin gehalten«, berichtet die Frau aus dem Nachbarhaus, sie holt Wasser vom Ziehbrunnen. Im Dorfladen, der alles bietet, was man benötigt, trinken die Männer Bier, erzählen, lachen; Frauen tätigen letzte Einkäufe vor dem Fest.

Auf die Frage nach der alten Schule verweist man mich an

ein deutsches Paar, das gut Bescheid wisse. Ich treffe die beiden bei den Weihnachtsvorbereitungen an. Von ihrem Fenster aus zeigen sie mir das Gebäude, auch den hochaufragenden Baum vor dem Haus, der noch lange ein Schild getragen habe: »Luisenlinde«. Ich gehe hinüber.

Breit gelagert, beständig und großzügig gebaut und mit Fachwerkgiebel bestückt, steht die Schule an Stattlichkeit dem Pfarrhaus nicht nach, wenngleich sie auch Blessuren aufweist. Blautannen und Lebensbäume, niedrige Hecken und eine Bank schaffen vor dem Haus einen kleinen Gartenbereich. Im Hof scharren Hühner vergeblich den gefrorenen Boden. Der Brunnen läuft – und der Eimer fließt über. Die Scheune zerfällt, Stück um Stück. Vorbauten schützen drei Eingänge. Im Haus dudelt Radiomusik. Und vor der Tür stehen ein dampfender Topf und die Milchkanne. Ich versuche, mir Einlass zu verschaffen. Auf mein Klopfen hin, verstummt die Musik, aber mir wird nicht aufgetan. – Die »Luisenlinde« ist zweistämmig, ausladend und vom Alter gezeichnet. Wenn sie blüht, wird man unter ihr in eine Duftwolke gehüllt sein.

Neman, Nemunas, Memel, der Strom an der Grenze zu Russland, zum Kaliningrader Gebiet. Am Grenzort Panemune (Übermemel) endet die litauische Welt. Bistros, Restaurants, Verkaufsstände und Geldwechselstellen haben sich beiderseits der Straße angesiedelt, die sich geraden Weges zur »Luisenbrücke« hinzieht. Vom Deichweg aus überschaue ich die bereifte Auenlandschaft und habe den Blick frei zu den markanten Brückentürmen am linken Ufer und der Stadtsilhouette von Sowjetsk, dem ehemaligen Tilsit. Im Café einen Espresso zum Aufwärmen und Weihnachtslieder aus dem Rekorder zum Einstimmen und zurück nach Klaipeda.

Als Luise im Januar 1807 auf der Kurischen Nehrung reiste, blies starker Wind, der in Sturm überging, Schnee stiebte über die Dünen und wurde von Regen abgelöst. Die Oberhofmeisterin notierte zusammenfassend: »Furchtbarstes Wetter.« –

Übereinstimmung! Feiner Regen fällt aus der tief hängenden Wolkendecke. Kühle kriecht unter die Kleidung. Die Fähre stampft durch das Haffwasser und landet mit sanftem Stoß an der Nehrung. Kiefernwälder, aufgehellt durch Birken, empfangen den Besucher. Smiltynes (Sandkrug) Uferweg ist leer. Krähen nutzen ihn und stelzen ungelenk und vorsichtig in die Nähe eines Anglers, um etwas Fressbares zu erhaschen. Der namengebende »Sandkrug«, der wie alle Poststationen auf der hundert Kilometer langen Landzunge das Post- und Schankwesen betrieb, lag auf einem Hügel. Dichtes Buschwerk überwuchert ihn. Ich steige hinauf. Mauerreste ragen aus dem Boden. Der Augenblick auf Klaipedas Türme, Dächer, Hochhäuser und Hafengeschäftigkeit belohnt den Aufstieg.

An der Uferpromenade reihen sich Villen aneinander, denen man ihre Vergangenheit als Aufenthalt wohlhabender Saisongäste noch ansieht.

Vor Juodkrante (Schwarzort) passiere ich eine Kontrollstelle des Nationalparks »Kurische Nehrung«. Seit dem Jahr 2000 gehört diese außergewöhnliche Landschaft gemeinsam mit dem russischen Teil der Nehrung zum Unesco Welterbe als »object of cultural landscape«. Strenge Regeln sind zu beachten: NICHT vom befestigten Weg entfernen, auf den Dünen spazieren gehen, von ihnen rutschen, » ... für Flora einen Schäden bringen, Lärm machen, Vögel verscheuchen« und Weiteres, in erheiternder Übersetzung mitgeteilt.

Die Straße schwingt sich zur Höhe hinauf, gewährt Weitblick über das Haff, lauft durch Senken, lässt Sumpf und Schilf dicht heran und schlängelt sich durch Waldgebiete. Einsam und menschenleer gibt sich die Nehrung. Sogar der moderne Erholungsort Juodkrante hält Winterruhe. Nicht nur die königlichen Kinder »freuten sich wie toll«, nach Schwarzort zu kommen. Im Sommer herrscht reger Betrieb in dem gepflegten Bade- und Ferienort, der zu den unzähligen »Perlen« der Reisekataloge gehört.

Im ehemaligen Schulgebäude ist jetzt eine kulturelle Einrichtung. Sie hat geöffnet. Ich trage meine Fragen vor: Lassen sich noch Bezüge zu Luises Übernachtung am 7. Januar 1807 in der Schule herstellen? Gab es einen Vorgängerbau? Stand er an anderer Stelle? Man forscht voller Eifer, holt Bücher herbei, befragt weitere Mitarbeiter. In der Zwischenzeit betrachte ich die heimatkundliche Ausstellung in der oberen Etage. Was den »vornehmen weltberühmten Kurort« betrifft, erfahre ich, dass er in seiner Glanzzeit selbstverständlich über ein »Luisenbad« verfügte, in welchem man »heiße Kurbäder« nehmen konnte – angeboten als »Mineral-, Kiefern-, Moos- und Kohlensäurebäder.« Luises Ruhm – er reicht von Bad Pyrmont bis Juodkrante. ...

Die historischen Hintergründe des Schulgebäudes ließen sich so schnell nicht klären. Doch versicherte man, aus der Fragestellung ein Projekt machen zu wollen. Ich möge doch wiederkommen.

Nida (Nidden), ebenso elegant und zugleich geschichtsbewusst wie sein Nachbarort, wirbt mit Thomas Mann, der »Künstlerkolonie Nidden« und mit Königin Luise. Wie soll ich mir den lebhaften Verkehr von bis zu »700 000 Gäste im Jahr 2002« vorstellen? Viele Pensionen und Hotels haben, saisonbedingt, geschlossen. Die Straßen sind fast menschenleer.

Die Unterkunft der Königin beziehungsweise den Boden, auf dem die historische Poststation stand, findet man in Nida, Pamario Nummer 3. Nunmehr der Hotelkomplex »Jurate«, von dem ein Teil unter Denkmalschutz steht. Zuerst interessiert mich der Name des Hauses, hatte ich doch angenommen, dass es »Königin Luise« heißen würde. »Jurate«, klärt man mich auf, sei eine weibliche Sagengestalt, die Ähnlichkeit habe mit der kleinen Seejungfrau. Eine Undine – registriere ich.

Zweimal brannte das alte Gasthaus von Nidden ab und wurde wiedererrichtet. Vom ältesten, aus dem 18. Jahrhundert stammenden Gebäude, in dem Luise nächtigte, wird berichtet: »Es war das schönste Fischerhaus ... im alten Stil erbaut, mit riesengroßer Scheune und einem so großen Schirmdach, dass man darunter die größten Netze ausspannen konnte. Hier roch es immer nach Rauch. Dieses Haus ist zum Nest derer geworden, die ... den Namen Kuwert tragen.«

Derjenige, der die Königin aufnahm, hieß David Gottlieb. Ihn schildert 1814 ein Reisender: »Ich fand eine höchst einfache Bewirtung, aber einen recht freundlichen Wirt, der mich, bis das Abendessen bereitet war, ganz angenehm unterhielt.« Dieser D. G. Kuwert erweist sich auch als tüchtiger Geschäftsmann und Landschaftspfleger, der sich frühzeitig für Anpflanzungen auf der Nehrung einsetzte.

Die zweite wiedererrichtete Restauration hieß nun wirklich »Königin Luise« und war »ein schmuckes Gebäude mit Balkonveranda, die mit Holzschnitzereien verziert war und schon von der Ferne durch ihre farbenfrohen Wände einladend wirkte«. Der Name blieb auch nach dem zweiten Brand und Wiederaufbau 1927 erhalten. Auf einem Plakat aus den 1930er Jahren wird für das Haus geworben: »Ostseebad Nidden Kurische Nehrung Hotel-Pensionat ›Königin Luise‹ Tel. 4«.

Nur wenige Gäste wohnen zur Zeit im Hotel »Jurate«. Das Haus großen Stils hat Pläne. Die bekannte Veranda soll erneuert werden und dann »Restaurant Luise« heißen. Im denkmalgeschützten Gebäudeteil möchte man ein Zimmer oder eine Suite dem Andenken der Königin widmen, es entsprechend einrichten und nach ihr benennen. Luises Bildnis, eine Kopie nach Josef Grassi, und das Friedrich Wilhelms III. hängen bereits im Eingangsbereich. Ein Blick durch die Verandascheiben verrät, dass der saalähnliche Raum als Abstellfläche genutzt wird.

Jener freundliche Postmeister und Gastwirt Kuwert interessiert mich. Sein Grab befindet sich auf einem kleinen Friedhof mitten im Wald, in der Nähe der mittleren Abfahrt nach Nidden. Die Begräbnisstätte war Förstern vorbehalten. Das gesuchte Grabmal, geschmückt mit Attributen der Trauer, trägt die Inschrift: »Hier ruht in Gott der weiland Posthalter in Nidden

Gottlieb David Kuwert, geb. im Jahre des Herrn 1748 gest. am 21. Juli 1827.« Ich lege einen Erinnerungsstein obenauf.

Man hört das Meer rauschen. An der Treppe zum Strand lehne ich mich gegen den eiskalten Wind und gehe, vor dem Umgeworfenwerden nicht sicher, Stufe um Stufe zum Wasser hinunter. Schnee und Sand peitschen ins Gesicht. Wenn das die Situation war, in der sich Königin Luise auf ihrer Januarreise 1807 befand, so zolle ich ihr höchsten Respekt.

Die Straße zur russischen Grenze auf der Nehrung führt durch ein welliges Moorgebiet und verläuft danach schnurgerade nach Morskoje (Pillkoppen), an Wald und Wasserflächen vorbei. In Pillkoppen wandere ich zur Hohen Düne. Weit, weite Sicht über Sandberge und Sandtäler und auf das Meer hinaus. Ein Standort, der Fernweh weckt, wie auf dem Leuchtturm von Klaipeda.

Rybatschi (Rositten) besucht man wohl besser in wärmeren Tagen. Die bekannte, über hundert Jahre alte »Vogelwarte Rositten«, nun als »Biologische Station Rybatschi« weitergeführt, macht die Hauptattraktion des Ortes aus. Auf der Nehrung verdichten sich im Frühjahr und im Herbst die Ströme der Zugvögel und bieten ein wichtiges Untersuchungsfeld für Forschungszwecke.

Bei Lesnoi (Sarkau) verengt sich der ohnehin schmale Landstrich auf ungefähr 400 Meter. Wasser rechts, Wasser links. Der Sand bedrohte die Bewohner früherer Zeiten stets und ständig. Nach einer amtlichen Überprüfung der Poststraße auf der Nehrung von 1768 äußerte man sich besorgt über die Verhältnisse: »Der dort befindliche Wald ist mit Sande stark verweht. Der Wind vom Meer trägt Sand in die Häuser der hier lebenden Menschen. Das Haus des Posthalters zu Sarkau steht bereits bis an das Dach im Sande.«

Über die Strandpromenade von Selenogradsk (Cranz) fegt Dezemberwind. Aber die Neugier treibt mich zum »Königin-Luise-Brunnen«. Überdacht von einem ansehnlichen Säulenbau, vor nicht allzu langer Zeit erstellt, noch neu aussehend, steht er unter dem gleichmäßig trüben Winterhimmel und wartet auf die sommerlichen Touristenschwärme. Zur besonderen Zierde erhielt der Trinkbrunnen im Jahr 2007 eine Bronzebüste Luisens, Kopie des Werkes von Christian Daniel Rauch. Bad Doberan schenkte sie dem bekannten Erholungsort. Beide Städte verbinden seit Längerem ähnliche Interessen.

In Selenogradks wendet sich die Straße landeinwärts; nach Königsberg, dem heutigen Kaliningrad.

*»Meine Seele ist grau geworden …
aber mein Herz ist noch jung«*

Fürs Erste fühlte ich mich glücklich. *Ich war dick und fett aus meinen Wochen gekommen, und meine kleine Luise war wirklich ein Engel. Sie war ordentlich schön und so ruhig, wie man sich die Verklärten denkt. Ihr Blick ist süß und schön, alle Züge fein und angenehm, mit einem Wort, sie war göttlich.*

Die Freundin Karoline von Berg erfreute mich mit ihrem Besuch. Es tat wohl, mit dieser geistreichen Frau zu plaudern. Am liebsten hätte ich sie bei mir behalten. Der Abschied von ihr stimmte mich traurig. Der Alltag meldete sich wieder. Minister Stein, der in Berlin mit den französischen Behörden verhandelte, berichtete über den Fortgang und ließ mir gleichzeitig nahelegen, den Erzieher für den Kronprinzen, unseren Fritz, zu wechseln. Ich besprach den Vorschlag mit meinem Mann, der sich zurückhaltend äußerte. Ich gewann den Eindruck, er wolle die Kindererziehung in meinen Händen belassen.

Der anfängliche Auftrieb, der sich nach Luises Geburt bei mir einstellte, schwand rasch dahin. Das Unglück, in dem wir gefangen waren, und die Machtlosigkeit, etwas zu ändern, lösten wieder Phasen der Verzweiflung aus. Und wenn die Seele leidet, so leidet auch der Körper. Ich hoffte auf eine Kur; zum Beispiel in Schlesien. Diese Provinz hatte ihre Kontributionen bezahlt, doch die Beräumung stand noch aus.

Auch in Königsberg blieb das Klima unwirtlich. Ende April erst blühten die Veilchen, und man sah noch keine Knospe an den Bäumen. Ich fror jämmerlich, und der Bedarf an wattierten Kleidern, Überröcken, Mänteln *oder wie man sonst diese Maschinen zum Warmhalten nennt,* war *groß. O die*

Seligkeit Lapplands! Ich schrieb Georg, der sich zur Zeit in Paris aufhielt, er möge mir einen wattierten Überrock nach französischer Mode schicken, wenn möglich mit passendem Hut. War ich schon traurig, so wollte ich doch keinen traurigen Anblick bieten.

Wenn wir spazieren fuhren, so wählten wir meistens Wege, die in die Richtung führten, wo Berlin lag. *Manchmal war ich dieser lieben und guten Stadt um zwei Meilen näher.*

Oft dachte ich, dass alles so kommen musste, wie es gekommen war. Diese gewaltigen Umbrüche in unserer Welt konnten doch nur bedeuten, dass sich eine Neuordnung der Dinge anbahnte. Der König empfand ähnlich. Mehrfach sagte er zu mir, es müsse auch bei uns anders werden. Er meinte sogar, dass von Napoleon das eine oder andere zu lernen sei. Über den französischen Kaiser sprachen wir häufig. Ich war der Meinung, dass Napoleons Thron nicht in alle Ewigkeit stünde. Wer so eigennützig, gewalttätig und maßlos handelte wie er, der musste am Ende ins Wanken geraten.

Ich dankte Gott dafür, dass alle die unglücklichen Umstände nicht in unser häusliches und eheliches Leben eingriffen. Friedrich Wilhelm ließ mich mehr denn je seine tiefe Zuneigung spüren. *Es war mein Stolz, meine Freude und mein Glück, die Liebe und Zufriedenheit des besten Mannes zu besitzen, und weil ich ihn von Herzen wieder liebte … war es mir leicht, dies glückliche Einverständnis, welches mit den Jahren inniger geworden war, zu erhalten.* Ich sage es ohne Umschweife, *ich war noch immer in meinen Mann verliebt.*

Die Kinder entwickelten und verhielten sich wie andere Kinder auch. Sie bezeigten uns ihre Liebe und hatten ihre Torheiten und Unarten. Dass sie eine ernste, problemreiche Zeit miterlebten, würde ihnen im Leben nützen. Kennten sie nur Reichtum und Bequemlichkeit, so kämen sie auf den Gedanken, das wäre der wahre Zustand.

Der König ordnete strenge Sparmaßnahmen an, wo immer

es möglich war. Das galt auch für unseren Haushalt. Sogar die Oberhofmeisterin verzichtete auf einen Teil ihres Gehaltes.

Über Nacht wandelte sich der Mai in einen poetischen Monat. Es grünte und blühte, und meine Seele sonnte sich wieder. Charlottchen brachte mir Veilchen. Es bestand gute Aussicht, den Sommer in einem hübschen Garten außerhalb der Stadt, vor dem Steindammer Tor zu verbringen. Friedrich Wilhelm und ich dachten insgeheim an Braunshardt und Paretz.

Das Anwesen, um das es sich handelte, entstammte dem Besitz des verstorbenen Stadtpräsidenten von Königsberg und Schriftstellers Theodor Gottlieb von Hippel. Garten und Landhaus, nicht groß, nicht komfortabel, aber sehr schön »Auf den Hufen« gelegen, gefielen uns. Man sprach hier noch oft über diesen Mann, und ich las in seiner Biografie. Darin äußerte er Gedanken, die mir wichtig schienen, abgeschrieben zu werden: »Lasst uns einmal der Sache näher treten, um uns vollends zu überzeugen, dass nicht das, *was* wir sind, sondern *wie* wir sind, unseren Wert bestimmt. Selbst ein regierender Herr, dem, solange er lebt, alles Weihrauch streut, wie klein ist er, wenn er bloß sich und seinen Staat bereichert.«

Anfang Juni bezogen wir »Hippels Garten«. Eine rosenberankte Laube stand darin, in der man angenehm saß. Überall war sommerlicher Flor, und die Rosenbüsche an der kleinen Brunnenschale verströmten Centifolienduft. Täglich kamen Gäste. Unsere Kinder durften sich ohne Zwang bewegen.

In diesen Wochen lernte ich Johann Georg Scheffner, den früheren Freund Hippels und selber Literat, näher kennen. Ich fasste Vertrauen zu ihm. Als preußischer Kriegs- und Steuerrat außer Diensten, lebte der alte Herr nun in Königsberg. Wir führten anregende Gespräche. Er wusste viel. Und ich stellte ihm bedenkenlos und unbefangen Fragen. Er brachte mir Vorlesungsabschriften von Johannes Wilhelm

Süvern mit, der an der Königsberger Albertina politische Geschichte Europas lehrte. Ich kämpfte mich durch das Konvolut, empfand aber zugleich beschämend meine Unwissenheit.

Scheffner konnte ich fragen. War er nicht zugegen, so schrieb ich auf, was ich wissen wollte: *Welche Kriege nennt man die punischen Kriege? Gingen diese alle gegen Karthago? Die Graccischen Unruhen, welche sind die? … Was ist eigentlich Hierarchie?* Wer nicht fragt, bescheidet sich, dumm zu bleiben. *Und ich hasse entsetzlich die Dummheit.*

Obwohl ich mich in der ländlichen Gegend wohl befand, hatte ich immer wieder die Aussichtslosigkeit unserer Lage vor Augen. Es war kein Ende abzusehen, und die Verzagtheit meines Mannes wollte nicht von ihm weichen.

Dem Kronprinzen stand möglicherweise ein Wechsel des Erziehers bevor. Auf Delbrück sollte Johann Peter Ancillon, Prediger der französischen Gemeinde in Berlin und Professor für Geschichte an der Kriegsakademie, folgen. Stein forcierte diese Umstellung. Ein Kind müsse gehorchen, befand er, und nicht räsonieren. Darin kam ich mit ihm nicht überein. Der Staatsminister *hielt mich ohnehin für ein oberflächliches, schwächliches Weibchen.* Ich kannte meinen kleinen Fritz besser. Er hing sehr an Delbrück. Als er von der Trennung erfuhr, kam es zu einer heftigen Szene. Wir entschlossen uns, die Angelegenheit zu verschieben.

In »Hippels Garten« feierten wir, wie stets und überall, die Geburtstage. Am 12. August den meines abwesenden Bruders. Für ihn putzte ich mich mit einem blauen Kreppkleid und einem Kranz aus blauen Winden. Georg und ich hatten zu dieser Aufmachung ein Geheimnis. In diesem Zusammenhang schrieb ich ihm, dass uns sein Besuch in Königsberg sehr willkommen sei. Ich bot ihm an, Reisegeld beizusteuern. Der Rex las meinen Brief und notierte am Rand, auf das Geld bezogen: ›Meine Frau ist ein Angeber!‹

Das Weltgeschehen meldete sich auf unliebsame Weise. Napoleon beabsichtigte, im September 1808 einen Kongress der europäischen Mächte in Erfurt einzuberufen. Zar Alexander erhielt eine Einladung; Friedrich Wilhelm nicht. Meine Aufregung stieg. Was würde dieser gewandte Lügner dem Zaren aufdrängen? Einen Angriff gegen Österreich? Wenn dieses Land fiel, dann wäre die Knechtschaft Europas gewiss. Andererseits, das wusste ich wohl, wollte Stein den König zu einem Kampf gegen Napoleon überreden – im Verein mit Österreich und Russland und den Kräften des Widerstandes im eigenen Lande. Friedrich Wilhelm lehnte diese Pläne ab.

Die aus Paris eintreffenden Nachrichten ließen keine Hoffnung zu. Die Forderungen im Vertrag, den der König ratifizieren sollte, blieben unerbittlich: *Festungen, Kontributionen, schlimme Losungen, völlige Knechtschaft.* Der russische Kaiser war der Einzige, der noch Milderung erwirken konnte.

Endlich erhielten wir Alexanders persönliche Ankündigung seines Kommens. Auf der Durchreise nach Erfurt beabsichtigte er, in Königsberg Station zu machen. Den 18. September, gegen 7 Uhr abends, empfing Friedrich Wilhelm den Zaren vor Königsbergs Toren. Ich erwartete ihn im Schloss. Jetzt hing alles von ihm ab, auch unsere Existenz. Die Gespräche dauerten bis tief in die Nacht. Freiherr vom und zum Stein warb auch bei Alexander um eine Koalition gegen Bonaparte. Der Zar (wie auch der König) stimmte dem nicht zu; er versprach jedoch, sich für Preußens Belange einzusetzen. Auf der Rückreise wollte er, um die wichtigsten Informationen zu geben, in Königsberg Rast halten. Beim Verabschieden sagte ich ihm, dass er mit *unbeschreiblicher Ungeduld hier erwartet würde, nein, mit etwas, was zarter sei als Ungeduld.*

Die nächste Hiobsbotschaft ließ nicht auf sich warten. Ein kompromittierendes Schreiben Steins über Freiheitsbestrebungen im Lande geriet in französische Hände und wurde im »Moniteur« öffentlich gemacht. Daraufhin blieb Napoleon bei den harten Bedingungen des Friedensvertrags. Der König war gezwungen, ihn in dieser – unerfüllbaren – Form zu ratifizieren. Würde Stein nach diesem Fauxpas noch zu halten sein? Gab es irgendetwas, das uns noch tiefer ins Elend treiben konnte? An den seelischen Qualen erkrankte der König. Ich pflegte ihn, verkühlte mich dabei und kam ebenfalls mit einer schweren Erkältung zum Liegen.

Auf fünf Tage im Oktober kehrte Alexander bei uns ein. Er hatte erreicht, dass man die zu zahlenden Kriegsentschädigungen heruntersetzte. Auch sollte die Räumung der preußischen Provinzen von der französischen Besatzung bis Dezember vollzogen sein. Das bedeutete ja die Heimkehr nach Berlin … Ich wagte wieder zu hoffen. Als der Zar abreiste, verließ uns ein Freund, dem wir – trotz gegenteiliger Meinung – trauen konnten. Über unsere Absprachen bewahrten wir Stillschweigen. Alexander lud uns nach St. Petersburg ein.

Die treue Freundin Berg kam noch einmal nach Königsberg. Der Austausch mit ihr half mir. Im November, es war unvermeidbar geworden, erhielt Karl vom und zum Stein erneut den Abschied. Die großen Reformen waren mittlerweile auf den Weg gebracht: die »neue Städteordnung«, mit der Einführung einer kommunalen Selbstverwaltung; die Heeresreform und die Neuordnung des preußischen Staatswesens – das sogenannte »Organisationsedikt«.

Am 27. Dezember, morgens um 7 Uhr, begaben wir uns auf die Fahrt nach St. Petersburg. Um allen meinen Lieben Bericht erstatten zu können, führte ich Tagebuch über diesen großartigen, anstrengenden, in nie gekannten Dimensionen abgelaufenen Aufenthalt, der bis zum 31. Januar 1809 währte.

Bei 22 Grad Kälte reisten wir über Memel, Riga, Narwa. Der Zar ließ uns auf der Route höchste Aufmerksamkeit angedeihen. Vom wärmenden Pelzwerk bis zum Petersburger Bier (ihm war bekannt, dass wir gern Bier tranken) war unterwegs an alles gedacht. Eine Eskorte begleitete uns bis an den Zarensitz. Die Stadt begeisterte mich. *Athen konnte nicht schöner gewesen sein.*

Unsere Wohnung lag im Winterpalais. Ein Schloss ohne Anfang und Ende, in dem ich mich ständig verlief. – Die Mutter des Zaren, Maria Feodorowna, die Kaiserin Elisabeth und alle Familienangehörigen überhäuften uns mit Gefälligkeiten und liebevoller Zuwendung und Geschenken. Unter den vielen Gaben war auch ein russisches Kostüm, das ich von Elisabeth erhielt. Ich musste es gleich anprobieren – und sah darin aus wie *Mlle Sansfaçon in der Hundekomödie.*

Glanz und Schätze waren unvorstellbar. Auf den Bällen regnete es Diamanten, und wir aßen von goldenem Tafelgeschirr. Ich wollte nicht nachstehen und erschien zur großen Cour im weißen Samtkleid und legte *meine Perlenschnüre und alle meine Perlen an, was großen Applausum bei der Kaiserinmutter fand.* Pausenlos Empfänge, Theater- und Ballettbesuche, Ausfahrten, Konzerte, Maskeraden. Manches Mal fühlte ich mich *elend wie ein Schwein.*

Ich wurde krank. Starker Husten mit Auswurf und Kopfschmerzen plagte mich. Ich saß fiebernd und schlotternd und im dicken Pelz vergraben im Theater und dachte, ich würde nie mehr die Türme von Königsberg, geschweige denn diejenigen von Berlin wiedersehen. Mehrfach musste ich das Bett hüten. Dank der allseitigen Besorgnis und Pflege erholte ich mich – und eilte weiter von Fest zu Fest.

Der Abschied war schrecklich. *Tränen allerseits. Die Kaiserinmutter segnete mich … Kaiserin Elisabeth Schloss mich in ihre Arme … Der Kaiser hatte alle Mühe, Haltung zu bewahren … Ich war aufgelöst vor Dankbarkeit.* Nur der Gedanke, dass ich nunmehr in mein Unglück zurückkehren musste, ängstigte mich. *Der Kaiser konnte nicht mehr sprechen; ich konnte noch sagen: »Ich empfehle Ihnen unser Schicksal und das Glück meiner*

Kinder und alles, was mir teuer ist. Sie sind unsere Stütze.« Jener Aufenthalt war mit nichts vergleichbar.

Wieder in Königsberg, in der bekannten Umgebung des alten Leides, erkrankte ich. Außerdem kündigte sich eine Schwangerschaft an. Alles stürzte über mir zusammen. Hinzu kam, dass der Krieg Österreich gegen Frankreich immer wahrscheinlicher wurde. Ein Gerücht ging um, dass Talleyrand, der französische Außenminister, in einer Gesellschaft verkündet hätte: »Der König von Preußen wird das gleiche Schicksal wie Ferdinand VII. und Karl IV. haben, nur wird der Weg kürzer sein.«

Meine Entmutigung kannte keine Grenzen, und die trüben Aussichten brachten mich bald um meinen Verstand. Das Bedenklichste war wohl, dass ich zu glauben begann, nicht das Gute und die Tugenden seien zu stärken, sondern Infamie, Machtstreben und Egoismus gelte es zu unterstützen.

An meinem Geburtstag im März bemühten sich alle, einschließlich der Stadt, mich zu erfreuen; und doch durchlebte ich den Tag in unendlicher Traurigkeit. *Wem würde Preußen in einem Jahr gehören? Wo würden wir alle zerstreut sein? … Ofte machte ich die Augen zu und sagte: Wir alle stehen in Deiner Hand, Gott, verlass uns nicht.*

Noch im April begann der österreichische Krieg gegen Frankreich – und endete mit der Schlacht bei Wagram [5./6. Juli 1809] und dem Sieg des französischen Kaisers. Ich betete darum, dass diese unabsehbaren, schicksalhaften Vorgänge nicht mein Wesen verbitterten oder gar die Menschenliebe in mir sterben ließen.

Die kleine Luise erkrankte lebensbedrohlich. Ich bedurfte dringend einer Aufmunterung. Meine Geschwister hätten dazu vieles vermocht. Ich wandte mich an Georg. Es sei eine Handlung der Barmherzigkeit, mich zu besuchen. Er solle die Reise nicht aufschieben, *Kutscher spann an sagen, sich in den Wagen setzen und trott trott trott in meine Arme eilen. Komm bald und tröste deine alte Luise.* Ein Hilferuf. Georg erhörte ihn. Im Juni kam er zu uns. Lange Zeit war es her, dass mich irgendetwas so beglückte wie seine Ankunft.

Alle zusammen wohnten wir im Gartenhaus »Auf den Hufen«, sehr beengt mit seinen vier Zimmern, aber was machte das schon. Die Kinder blieben in der Stadt, und die Hofdamen logierten im Dorf.

Zu Georgs Freude traf er in Königsberg Wilhelm von Humboldt. Ihre freundschaftliche Beziehung stammte aus gemeinsamen Tagen in Rom. Humboldt arbeitete, nachdem Friedrich Wilhelm ihn zum Direktor der Sektion »Kultus und Unterricht« im Innenministerium ernannt hatte, an einer Reform des preußischen Erziehungswesens. Die Stiftungsurkunde der Berliner Universität trägt das Ausstellungsdatum vom 16. August 1809 in Königsberg.

Luischen, mein Engel, fühlte sich wieder wohl, und mit ihrem anmutigen Lächeln vermochte sie es oft, was mir neuerdings nicht immer gelang, *die wolkenbedeckte Stirn ihres guten, trefflichen Vaters aufzuhellen.*

Dieser Sommer sah mich mehr krank als gesund. Die Schwangerschaft verlief komplizierter als gewohnt. Georgs Anwesenheit linderte Unpässlichkeiten und Trübsal. Wenn nur die Rückkehr nach Berlin in Aussicht gestanden hätte! Aus der Sehnsucht nach der Stadt wurde Heimweh. Ich dachte an mein Charlottenburg, an Paretz. *Und alles mein, sogar mein lieber, tiefer Sand, den liebte ich.*

Nach Georgs Abreise im September blieb ich wie eine trauernde Witwe zurück. Ich versuchte standhaft, nicht in Melancholie zu verfallen. *Es war aber alles vergebens … es war nicht mehr so gut, als ich es seit drei Monaten gewöhnt war.* – Dann aber ging es mit Freuden zu! Friederike, Ika, Ixelchen, Frederike meldete sich an. Mit dieser Hoffnung kam eine große Ruhe über mich, und ich sah der bevorstehenden Geburt zuversichtlich entgegen.

Am 4. Oktober 1809, des Vormittags, wurde ich von einem Prinzen entbunden. Albrecht sollte er heißen. Vor der Taufe ging ich mit Prinzesschen Charlotte zu unserer Oberhofmeisterin. Meine Tochter knickste artig vor der nun achtzigjährigen Marie Sophie Gräfin von Voß und bat um das Vorrecht, den Täufling zu den Paten tragen zu dürfen. Unsere Voto schlug es ihr nicht ab. Doch bemerkte ich ein leichtes Zögern. Auch mit achtzig Jahren galt ihr die Etikette als heilig.

Dann aber – unbegreifliche Situation – jubelte, heulte, erschrak ich, weil ich befürchtete, es sei Einbildung und man würde es widerrufen … die Fahrt nach Berlin war beschlossene Sache und die Abfahrt auf den 15. Dezember festgelegt. Einen Tag vor Weihnachten sollten wir wieder in der bonne ville sein!

Bereits im November fiel unablässig Schnee, und jeder fuhr Schlitten. Starker Frost stellte sich ein, der für die Reise nicht zuträglich war. *Meine armen Kinder, und besonders Albrecht, der erst aus dem Ei kroch.* Doch die übermächtige Freude über die Heimkehr ließ alles andere unbedeutend erscheinen.

An zwei Augenblicke vor allem konnte ich nicht denken, ohne dass mir die Tränen in die Augen kamen, nämlich, wenn ich zum erstenmal die Türme von Berlin wiedersehen würde, und dann, wenn mein Wagen von der [Schloss-]*Brücke nach links biegen wird und ich fühle, wie ich die Rampe des Schlosses hinauffahre. Ich brüllte … Gott, Allmächtiger, stärke mich, dass ich unter den vielen Gefühlen des Glücks und des Unglücks nicht erliege!*

Reise ins Kaliningrader Gebiet

Hoher Sommer. Alleen, weites Land, Gelb der Getreidefelder, brachliegende Erde und linkerhand Segel auf dem Frischen Haff. Kyrillische Schrift in den Vorstädten und russischer Sprachklang. Kaliningrad ist erreicht, die geschundene Stadt, der man so viel angetan hat, im letzten Weltkrieg und danach. Sie liegt am Flusse Pregolja (Pregel) und gehört zur Region »Kaliningradskaja Oblast«. Es ist ein von Litauen und Polen umgebenes Gebiet, das von seinem Mutterland, der Russischen Föderation, »getrennt« lebt. Man sollte um die historische Wandlung wissen, sie erklärt vieles: Ordensland / Herzogtum Preußen / Fürstentum Brandenburg-Preußen / Königreich Preußen / Deutsches Reich / Sowjetunion / und nun: Russische Föderation.

Kaliningrad, Stadt im Grünen, Stadt der wuchtigen alten Tore (Friedländer Tor, Brandenburger Tor, Roßgärter Tor und andere) und des Bauens, ober- und unterirdisch. Kaliningrad – lebendige, moderne, quirlige Stadt mit Ruheinseln, die nach neuer alter Identität sucht.

Auf einer Anhöhe über dem Pregel und dem Moskowski Prospekt erhebt sich nicht mehr das Schloss, sondern das »Haus der Räte« (Dom Sowjetow). Stumm und protzend – und ohne Räte. Bei den verheerenden englischen Luftangriffen 1944 zur Ruine gebombt, durch den Generalangriff der Roten Armee 1945 zerschossen und 1969 abgetragen, blieb von der Schlossanlage (in der sich Friedrich I. zum König in Preußen krönte) nur ein ausgedehnter freier Platz.

Abgesehen von einem kleinen Mädchen, das eine Ameisenstraße beobachtet, bin ich allein auf der Freifläche. In den Zwischenräumen der gelegten Platten wächst Gras. Blumenbeete umfangen die geschwungenen Einfassungen von Wasserspielen, in denen nichts sprudelt. Ein Bagger hebt Steine und Erde aus. »Zu mir!«, ruft der Fahrzeugführer und winkt. Er deutet in einen wassergefüllten Kellergang hinunter. Ich werde mich wohl mit Abbildungen und Beschreibungen begnügen müssen.

Als Friedrich Delbrück im November 1806 mit dem preußischen Hof nach Königsberg kam, besichtigte man nach der Zimmerzuweisung im Schloss die neue Umgebung: »Es wurde der Schlossturm bestiegen. Welch entzückende Aussicht über die Stadt hin! Es war ein heiterer Himmel, und nach der Mittagsseite zu machte der überall aufsteigende Rauch einen malerischen Eindruck. Beym Hinaufsteigen wurde der Moskowiter-Saal besucht, beim Herabsteigen die Schlosskirche.«

Vom Schlosswall aus sieht man den wiederaufgebauten Dom, der auf einer Flussinsel steht. Im Stadtbild wechseln Hochhäuser, Brücken, verkehrsreiche Straßen einander ab; Baukräne überragen das Häusermeer. Und überall hineingestreut kleine und größere Parkanlagen.

An der Schmalseite des Platzes liegt eine archäologische Grabungsstätte, die man besichtigen darf. Vieles wurde zutage gefördert, gewissenhaft registriert und bezeichnet. Basen von Granitsäulen, Teile der Balustrade, in großer Ausdehnung Keller und Gewölberäume, überdacht und zum Teil begehbar. An einem übersichtlichen Modell versuche ich mich zu orientieren und stelle fest, dass ich vor Kurzem mitten auf dem Schlosshof gestanden habe. Ich erfahre auch von der geplanten Neugestaltung des Fontänen- oder Zentralen Platzes. Sie soll Moderne und Historie miteinander verbinden. Mit Historie ist gemeint: der Wiederaufbau von Teilen des Schlosses.

Wenn schon die grandiose Vierseiten-Anlage verschwunden ist, so wird doch der Schlossteich geblieben sein. Königin Luise erwartete Gäste und schrieb am 20. August 1808 aus Königsberg an Karoline von Berg: ... *ich will zum Abendessen auf einer Barke im Schlossteich. Jeder muss ein Gericht mitbringen. Der*

König und ich, Prinzessin Luise von Radziwill und ihr Mann bringen Essen hin, Prinzessin Marianne den nötigen Wein. Die Gesellschaft fuhr auf dem Prud Nishni, dem »Unteren Teich«.

Breite Stufen führen zur Wasserfläche hinunter, die sich lang gestreckt hinter Bäumen verliert. Das kleine Café ist noch geschlossen. Trauerweiden tauchen ihre Zweige ins Gewässer. Auf den Bänken sitzen Liebespaare und alte Leute, die gemächlich die Augustsonne genießen und Enten füttern. Ich komme an einem Gedenkstein vorbei. Die russische Aufschrift besagt: »Hier stand das Haus, in welchem der deutsche Schriftsteller und Komponist Ernst Theodor Hoffmann (1776–1822) seine ersten Lebensjahre verbrachte.« Der breite Uferweg verführt zum Bummelschritt. Etwas oberhalb des Prud Nishni liegt die ehemalige Stadthalle, in der das »Museum für Geschichte und Kunst« seinen Sitz hat.

In der Eingangshalle kündet ein farbenfrohes, attraktives Plakat – das preußische Königspaar, Zar Alexander und Kaiser Napoleon in Tilsit – von einer Sonderschau im reich ausgestatteten Haus. »Krieg und Frieden im Jahr 1807«. Hier sind sie sämtlich zu finden, Personen und Schauplätze: Luise und Friedrich Wilhelm III., die beiden Kaiser, die Generäle; die Schlachtfelder von Preußisch-Eylau und Friedland. Auch das Friedensabkommen vom 9. Juli 1807 liegt aus, unterzeichnet von »Feldmarschall Graf Kalckreuth, August Graf von Goltz, Carl Moriz Talleyrand, Prinz von Benevent«.

Die harten Bedingungen im »Friedens- und Freundschafts-Tractat«, bestehend aus 30 Artikeln, in deutscher und französischer Sprache abgefasst, kann man nachlesen. Zum Exempel Artikel 7:

»Se. Majestät der König von Preußen tritt ab, mit völliger Proprietät und Souverainität, an die Könige, Großherzoge, Herzoge, oder Fürsten, welche Se. Majestät der Kaiser der Franzosen ... bestimmen wird, alle Herzogthümer, Markgrafthümer, Fürstenthümer, Grafschaften ... und ebenmäßig alle Territorien und Theile von Territorien, von welcher Art sie seyn mögen … welche Se. Majestät der König von Preußen unter irgend einem Titel zwischen dem Rhein und der Elbe zu Anfang des gegenwärtigen Krieges besessen hat.«

Luises Schmerz, Zorn und Verzweiflung waren berechtigt. Eine Vielzahl von Exponaten beschwört den Zeitgeist. Uniformen, Orden, Waffen, Gemälde (Napoleons Einzug in Berlin); ein von Kugeln durchschlagener russischer Helm …

Aufs Land! Zu den »Hufen«! Sie liegen längst nicht mehr vor den Toren der Stadt. Der Prospekt Mira / Straße des Friedens (Hufenallee), ein breiter, viel befahrener Boulevard, führt zu ihnen. Ich nehme den Bus. Eine aus Irkutsk stammende Frau zeigt mir, wo ich aussteigen muss. Am Zentralny Park, dem Zentral- und Kulturpark. Es ist ein in den weitläufigen Grünflächen der »Mittelhufen« gelegener Erholungs- und Vergnügungspark. Das warme, ruhige Sommerwetter füllt Spazierwege und Bänke. Vom Turm der neoromanischen »Königin-Luise-Gedächtniskirche« schlägt es 3 Uhr.

Die Königsberger gedachten 1901 mit diesem Kirchenbau ihrer verehrten Königin. Das »Kaliningrader Bezirkspuppentheater«, beliebt, gut besucht, spielt darin – wenn es spielt. Es sind Ferien. Eine zugängliche ältere Frau öffnet mir trotzdem die Tür und lässt mich eintreten. Unter dem Kreuzgewölbe darf man die Garderobe ablegen. Requisiten und Plakate, lustige Figurinen beleben das Entree. Im Kirchenbau ist eine Decke eingezogen, und den Theatersaal findet man in der ersten Etage. Ich werfe einen Blick in das Dunkel der Sitzreihen.

Draußen regt sich Nachmittagsbetrieb. In den kleinen Cafés sind die Plätze besetzt. Von den Karussells dringt Musik herüber. Kinder vergnügen sich in den Wasserbecken und werden erfolglos von Müttern und Großmüttern ermahnt.

Das Luisendenkmal – oder was von ihm übrig blieb – besteht aus einer halbrunden, steinernen Bank mit Wangen und Säulenaufsätzen. In der Mitte ist ein Sockel erhalten, auf dem man die gewesene Büste Luisens vermuten darf, als sie noch existierte. Eine betagte Linde mildert mit ihrem üppigen Blätterdach den bedauernswerten Anblick. Auf dem Denkmalrest balanciert rauchend und Cola trinkend eine Kinderschar. Ihr kleiner Hund zerknackt derweilen die im Eifer heruntergefallene Sonnenbrille.

Hier irgendwo stand »Hippels Landhaus«. Der durch den Park führende breite Mittelweg hieß früher einmal Louis-Ferdinand-Straße. Auf dem Grund des Altstädtischen Kirchhofs drehen sich jetzt Riesenrad, Achterbahn und Karussells.

Auf dem Rückweg zur Innenstadt komme ich am eindrucksvollen Neubau des »Kaliningrader Dramentheaters« vorbei. Dem hohen Säulenportal zugewandt, steht als Denkmal nicht Gogol, Tschechow oder Gorki – nein, dort steht Friedrich Schiller. Eine Mär aus den Endtagen des Krieges erzählt, damals habe jemand mit Kreide an den Sockel geschrieben: »Nicht schießen – Dichter!« Im eleganten Theaterrestaurant beende ich den sonnigen Nachmittag auf den »Hufen« mit einem Eisbecher. Wegen kurzfristiger Verständigungsschwierigkeiten erhalte ich zwei Portionen.

Wer nach Sowjetsk möchte, der fährt weite Strecken an Wiesen und Feldern mit Urwuchs vorüber, durch Feuchtgebiete, in denen Störche reiche Nahrung finden, und durch Auenwald. Man spürt die Endlosigkeit der Landschaft. Dörfer und kleine Städte verbreiten gelassenen Lebensrhythmus. In Polessk (Labiau an der Deime) ist Markttag mit buntem Angebot. An den Straßen stehen renovierte Kirchen, andere zeigen die Schrunden der Vernachlässigung. Verlassene, eingestürzte Gehöfte und sorgfältig herausgeputzte Häuser – Verfall und Streben nach Erneuerung gedeihen nebeneinander.

In Sowjetsk sind die Spuren des aufwändigen Jubiläums »Tilsiter Frieden 1807/2007« noch sichtbar. Neben dem Ploschtschad Lenina / Leninplatz (Hohes Tor) mit platzbeherrschendem Wladimir Iljitsch L. erinnert eine große Schautafel an das Ereignis. Luise lächelt von Grassis Gemälde, und ihr zur

Seite sind die wichtigen Männer: Napoleon, Alexander und Ehegatte Friedrich Wilhelm III. Auch der zeitweilige Tagungsort auf dem Strom ist bildlich festgehalten: die beiden Flöße mit den Verhandlungshütten, die, wie man weiß, recht manierlich ausgestattet waren. Ebenso die sattsam bekannte Begegnung Luises mit Herrn Bonaparte, der ihr galant die Hand reicht, um sie in sein Tilsiter Quartier zu führen. Das Diner ist angerichtet.

Sowjetsk, obwohl vom Krieg und den Folgen nicht verschont, bemüht sich um ein gutes Stadtbild und lohnt den Besuch. Man erkennt die Großzügigkeit, mit der einst gebaut wurde, und auch den vergangenen, ein wenig verblassten Reichtum. Viele Häuser in der Uliza Pobedy / Straße des Sieges (Hohe Straße) haben eine Restaurierung hinter sich und zeigen schmuckvolle Fassaden.

Das historische Stadtmuseum, Straße des Sieges Nr. 34, hat geöffnet. Georgi I. Ignatow, Direktor des Hauses, begrüßt seine Gäste persönlich. Meine Fragen beantwortet er ohne langes Nachdenken. Im Nu sind wir im Gespräch. »Wo hielt sich Luise in den Tilsiter Tagen auf?« »Im zugewiesenen Haus ihres Mannes, Schlossmühlenstraße Nr. 11, das später amtlich zum Ludendorffplatz Nr. 4 wurde. Dort traf sie Napoleon das erste Mal. Das Haus gibt es nicht mehr.« »Und Napoleon?« »Zuerst beim Amtsrat Koehler am Ballgarten. Danach in der Deutschen Straße Nr. 24. Sie heißt heute Uliza Gagarina. Das Haus gehörte dem Justizkommissionsrat Ernst Ludwig Siehr. Es steht nicht mehr.« »Nun bleibt noch Alexander.« »Während seines Aufenthaltes im Mai / Juni 1807 blieb er im Haus Deutsche Straße Nr. 21. Als die Friedensverhandlungen ausgetragen wurden, wohnte er in der Nummer 3.« »Beide sind nicht mehr zu sehen ...?« »So ist es, aber die Löwen, die vor dem Portal der Nummer 21 Wache hielten, sind noch vorhanden. Weiß der Himmel, wie sie das Inferno überlebten. Nebenan können Sie einen von ihnen betrachten.«

In der Geschichte muss man sich daran gewöhnen, dass es

vieles nicht mehr gibt, was es einst gab. Ich frage nach dem Luisendenkmal in Jakobsruh. Er schüttelt den Kopf. »Im Gorodskoi Park Sowjetsk, dem Stadtpark, findet man nur noch die Ehrentreppe, die zum Denkmal gehörte. Ich zeige es Ihnen auf einem Foto.« Wir gehen in die Sammlungsräume. Sie sind angefüllt mit Schaustücken und Dokumenten zu Krieg und Frieden im Jahre 1807. Viele Bildvarianten zum Kaiser / König / Kaiser-Treffen auf der Memel. Es war eine große Schau, die an beiden Ufern Neugierige anlockte; das Militär, Bürger, Kind und Kegel. Alexander umarmt Napoleon, eine schwankende Begegnung. Man sagt, der französische Kaiser sei von der Umarmung überrascht gewesen. Er konnte nicht wissen, dass diese Form der Begrüßung bei den Russen gang und gäbe ist.

Von den Floßbauten existiert eine Handzeichnung, angefertigt durch einen militärischen Begleiter Napoleons. Man sieht darauf zwei Hütten, eine davon etwas größer – für die Potentaten, die kleinere dem Gefolge zugedacht.

Jener Ernst Ludwig Siehr, ebenfalls Augenzeuge, führte Tagebuch und beschreibt (24. Juni 1807): »...eodem abends um 9 Uhr wurde befohlen, 2 Baraggen zu bauen, die behufs der Zusammenkunft der regierenden Herren auf Holzflößen mitten im Strohme gesetzt werden sollten. 150 französische Zimmerleute setzten sich gleich in Arbeit, und den 25sten mittags war eine Baragge schon fertig und schwamm, mit Ankern befestigt mitten im Strohme. Die zweyte war noch nicht vollendet.« Den nächsten Tag waren sie »ganz fertig angestrichen und mit Bäumen verziert ... um 2 Uhr bezogen der Kaiser [Napoleon], Prinz Bertier und Marschall Duroq mit sämtlichen Umgebungen mein Haus, wobey meine Frau eine schwere Rolle hatte«.

Vom 6. Juli berichtet der gewissenhafte Schreiber, dass die Königin um 5 Uhr aus Piktupönen eintraf, zur Wohnung des Königs fuhr und kurz darauf der französische Kaiser zu ihr »ritt«. Nach halb 8 Uhr am Abend »langte die Königin unter Vortretung des Cammerherrn von Buch (mit einer Brill auf der Nase) und einigen Bedienten in Staat-Livree, in einer mit 8 schwarzen Hengsten bespannten Kutsche in Begleitung der Oberhofmeisterin an ... Der Kaiser Napoleon empfing sie am Wagen, hob sie aus demselben und führte sie an der Hand gefaßt die Treppe herauf. Die Königin trug ein weißes Kleid mit Silber durchwirkt. Der König kam zu Pferd hinter dem Wagen, Alexander war schon beym Napoleon.«

Siehr atmete auf, als der Tumult zu Ende ging. »Den 9. July nach eingenommenem Frühstück fing man im Kaiserl. Quartier rasch an zu packen. Küchen-, Keller-, Silber-Bediente p. zogen ab; um halb 6 Uhr stiegen endlich auch Napoleon und der Prinz Murat in den, mit 4 Rappen bespannten Halbwagen, und fuhren, begleitet von 50 Mann Chasseur-Garden ab. – Von mir wurde dabey keine Notiz genommen, doch bleibt mir die Ehre - - - -. Alexander hat seinem Wirth einen Ring, 1000 rth an Werth, und 300 R. gegeben.«

Im vielfältigen Sammlungsangebot finden sich Fotos historischer Stätten von Tilsit. Das »Luisenhaus« war eine einfache, für unser Empfinden bescheidene Unterkunft. Sie erhielt nachträglich eine Büste der Königin über dem Eingangstor und nebenseitig eine Tafel: »Hier wohnten König Friedrich Wilhelm III. und Königin Luise waehrend des Friedens-Schlusses 1807.«

Es fehlt nicht an Uniformen verschiedener Nationalitäten und Teilen der Truppenausrüstung; nicht an Kartenmaterial, Literatur, Souvenirs (Luise in allen Lebenslagen). Und der Löwe aus der Deutschen Straße Nummer 21 ruht ebenfalls, sich seines Ansehens bewusst, majestätisch im Raum. Beim Abschied von Georgi I. Ignatow bedanke ich mich für die Informationen und Einblicke, die er gab und gewährte. Sie runden das Bild der Julitage 1807.

Die Straße des Sieges endet an der Grenzstation zu Litauen, dem Ploschtschad Zentralnaja. Am Zentralen Platz, einer etwas tristen freien Fläche, die nun Fletscher-, Schloss- und Ludendorffplatz vereint, steht ein Gedenkstein, der gleichfalls an das weltpolitsch bedeutsame Abkommen erinnert. Drei aufgerichtete Granitplatten und die Inschrift: »Frieden von Tilsit«, in französischer, deutscher und russischer Sprache. Schwert, Lorbeerkranz und geschlungenes Band symbolisieren das Ereignis.

Die Luisenbrücke mit den neobarocken Portaltürmen und Luises Bronzerelief überspannt die Grenze zwischen Russland und Litauen, die in der Mitte des Stromes verläuft. Eigentlich heißt sie »Friedensbrücke«, doch kaum jemand nennt sie bei diesem Namen. Sie hatte Vorgängerinnen. Die schönste, aufwändigste unter ihnen entstand 1907. Über die 416 Meter lange Fahrbahn schwangen sich drei Stahlbögen. Sie gaben dem Memel-Übergang Eleganz. 1944 sank die Brücke, gesprengt von deutschen Pionieren, in den Strom. Als ob damit der Schrecken ohne Ende hätte aufgehalten werden können. Nun zieht sich ein nüchternes Betonband über die Brückenpfeiler. Die Bogenschwünge hat sie eingebüßt, die Luisenbrücke, und damit einiges von ihrer Noblesse verloren.

Ich gehe die wenigen Schritte zu den Uferwiesen hinunter. Der windstille Augusttag dämpft die Eile des Memel-Flusses. Irgendwo dort drüben muss Piktupönen liegen ...

»Mir wird es alle Augenblicke ganz miserabel für Seligkeit«

Das hatte ich nicht erwartet. Bei aller Freude wurde ich wehmütig. Gewiss, nicht einen Tag wollte ich länger in Königsberg bleiben. Die zurückliegenden Monate hatten uns geschunden, niedergeworfen, ausgebrannt. Und doch regte sich der Schmerz des Abschieds. Die Härte des Gewesenen, gemeinsam bewältigt, veränderte uns. Eine innige, tief menschliche Bindung zwischen meinem Mann und mir war in dieser Umgebung gewachsen. Vieles gemahnte daran. Nun ließ ich den Ort zurück. Das wohl tat weh ...

In Abständen brachen wir auf. Die Versicherung eines freudigen Empfangs begann bereits vorher. Der Berliner Magistrat teilte mit, er wolle mir zum Einzug in die Stadt Wagen und Geschirr in meinen Lieblingsfarben Lila und Silber schenken. – Unterwegs, trotz Kälte und Schnee, nahmen die Aufmerksamkeiten zu. Glockengeläut und winkende Menschen, Vivatrufe, Ehrengeleit, Musik und Empfänge. In Stargard fand sich der alte Nettelbeck zur Begrüßung ein [er verteidigte gemeinsam mit Gneisenau die Festung Kolberg] und hielt eine Rede, die den König und mich zu Tränen rührte. In Freienwalde kamen uns Bruder Georg und Karoline von Berg entgegen. Und in Weißensee erwartete mich, wie versprochen, der achtspännige Galawagen.

Ich stieg in das stattliche Gefährt um. Der Jubel war unbeschreiblich, als wir die Stadt erreichten. Kanonen donnerten, die Glocken läuteten, weiße Fahnen wehten auf den Türmen und am Schloss. In großem Zug ging es zum Palais. Voran Postillione, die Schützengilde, danach die Garde du Corps, die Garden zu Fuß und die ganze Garnison. Und wir mittendrin. Ich sah meinen Vater wieder. Es ist mir nicht möglich, auszudrücken, was uns beide bewegte.

Das Volk nahm uns mit rührender Freude auf … und der König war beliebter als je. Die Feste und Abordnungen rissen nicht ab. Jeder wollte uns sehen. Ich kam mir zuzeiten vor *wie ein gepeinigtes Thier.* Friedrich Wilhelm und ich besuchten Charlottenburg. Wie würde ich es vorfinden? Meine Gefühle waren geteilt zwischen Freude und trauriger Erinnerung. Hier wurde der schreckliche Krieg beschlossen, hier war der König aufgebrochen, um zur Armee zu gehen. – Ich fand alles gut geordnet wieder. Sogar der *alte Kram in allen Ecken* lag noch, wo er gelegen hatte.

Die Kinder beanspruchten mich. Luischen bekam einen Backenzahn. Zu spät entdeckte ich, dass sie die Bonbonniere, die Papa ihr geschenkt hatte, mit sich herumtrug und den ganzen Tag rosarote Bonbons lutschte. Die »großen Kinder« bedurften ebenfalls der Aufsicht. Meine Brüder Karl und Georg plagte eine starke Erkältung, Letzteren eine Lungenentzündung. Und ich selber fand noch nicht zum rechten Wohlbefinden zurück.

Es beunruhigte mich, Hardenberg noch nicht wieder in Amt und Würden zu wissen. Es blieb eine der bedauerlichen Bedingungen, die uns auferlegt waren, ihn nicht in der Nähe des Königs haben zu dürfen. Doch wir hielten Kontakt und wechselten Briefe. Ich versicherte ihn meiner uneingeschränkten Freundschaft und bat darum, uns von seinen Plänen zu berichten.

Allmählich lebte ich mich ein und hatte das Gefühl, dass sich in Berlin alles besser ertragen lasse als in Königsberg. Die erbärmlichen Belastungen blieben allerdings. Aber hier war es *wenigstens ein glänzendes Elend mit schönen Umgebungen, die einen zerstreuten, während es in Königsberg wirklich ein elendes Elend war.*

Die Unmöglichkeit einer rechtzeitigen Zahlung der Kontributionsraten erlegte mir auf, mich noch einmal an den französischen Kaiser zu wenden. Ich wusste nicht, ob der Brief bei *Nöppel* Erfolg haben würde. In Wahrheit stand ich innerlich auch nicht zu diesem Schreiben. Es schien mir zu untertänig geraten. Hätte ich nur Hardenberg befragen können!

Napoleon zeigte keinerlei Nachgiebigkeit. Zeitweilig erwog man bei uns, Schlesien zu opfern, wogegen der König sich vehement wehrte. Mit Hardenberg versuchte er – entsprechende Vorsicht gegen Frankreich wahrend – beratenden Austausch zu pflegen. Natürlich blieben diese Zusammenkünfte nicht unbeobachtet. Der französische Gesandte informierte Paris darüber. Doch verband er die Mitteilung mit der Bemerkung, Hardenberg sei wahrscheinlich in der Lage, die Finanzprobleme Preußens zu lösen. Und das hieße ja, die Zahlungen könnten wieder fließen. Beharrlichkeit und einleuchtende Gründe führten letztlich dazu, dass Napoleon dem Wiedereintritt Hardenbergs in die Regierung zustimmte. Am 4. Juni überreichte ihm Friedrich Wilhelm die Kabinettsorder mit der Ernennung zum Staatskanzler.

Blieb ein wenig Zeit zwischen Audienzen, Sorgen, Redouten, Bällen, so besuchten wir unser Sanssouci und die Pfaueninsel. Die Frühjahrsmanöver begannen. Wir bezogen das Potsdamer Stadtschloss. Wieder bekam ich Fieberanfälle und schleppte mich eine Weile hin. Als es in der Natur wärmer wurde, erlaubte mir Hufeland endlich, im Wagen auszufahren. Doch meine Kräfte wollten sich nicht restituieren. – Die Anforderungen in Potsdam kannte ich. *Ganz tot kam man zu Bette, als Murmeltier erwachte man … Kaum konnte man sich besinnen, wo man war und wer man war, ging die Trommel und der General-Marsch kündigte einen greulichen Alarm an. Mensch und Vieh lief zusammen und marschierte zum Tor hinaus; ich folgte im Staub gebückt und fraß, roch und machte Staub, kam gegen 2 wieder, riss mir das alte Zeug vom Leib, klebte fri-*

sches auf meinen triefenden Leichnam und fuhr gleich wieder fort. Wenn das so weiterging, würde ich ganz mager werden.

Der Monat Mai führte sich gut ein. Die Bäume standen in der herrlichsten Blüte. In Sanssouci konnte man im Freien unter dem Laubengitter sitzen und dort den Tee einnehmen. Aber mir blieb stets eine gewisse Müdigkeit. Wie immer kam viel Besuch. Jeder fühlte sich wohl in der schönen Umgebung und dem Duft von *tausend Fliedern* und Jasmin. – Gern wäre ich zur Kur nach Pyrmont gegangen, aber die Ökonomie erlaubte es nicht. Und da ich weniger an mich und mehr an das Ganze dachte, verzichtete ich. Mein Herzenswunsch aber blieb eine Zusammenkunft mit den Geschwistern und der väterlichen Familie. Ob sich das noch erfüllen würde?

Am 19. Juni 1810, einem Dienstag, kam mein Mann zu mir und brachte ein Geschenk, das alles Erhoffte überstieg: die Erlaubnis, nach Strelitz zu fahren. Ich war außer mir vor Freude, überglücklich, aus dem Häuschen, stellte hundert Pläne auf. Mein lieber, lieber Fritz – er hätte mir keinen besseren Beweis seiner Zuneigung geben können als diesen. Er versprach auch, nach einigen Tagen ebenfalls zu kommen, sodass wir alle vereint wären. Wir könnten gemeinsam nach Hohenzieritz fahren, in Papas kleine Residenz, und dort die Sommertage genießen, uns im Park vergnügen. Ich war auf eins gesund und wusste mich vor Begeisterung nicht zu fassen. An die Geschwister, den Papa und die grand-mère schrieb ich verrückte Briefe und gab Anweisungen, wie sie den König erfreuen könnten, nämlich mit dicker Milch und Erdbeeren. Mit dem Dienstvolk sei meinetwegen keine Mühe nötig. Da der Rex komme, *so koste es mir nichts als eine Stubenaufwartung ... da ich nun einmal sehr schenerös sei.*

Ich teilte ihnen mit, dass es in meinem Kopf aussehe *wie in einem illuminierten Guckkasten. Alle Fenster mit gelben, roten und blauen Vorhängen* seien hell erleuchtet. Wir brachten keinen Arzt mit. Sollte ich mir den Hals brechen, so würde

Papas treuer Hieronymi ihn mir wieder ankleben. Und bitte keine *Caffaliere* und kein Aufhebens. *Hussa! und Halleluja!*

Alles war vorbereitet, und die ganze Gesellschaft fuhr nach Charlottenburg. Von dort aus wollten wir abreisen.

Am Sonntag, dem 24. war herrlichstes Wetter, und wir blieben am späten Nachmittag auf der Terrasse. Spaziergänger und Neugierige kamen vorbei. Die »Garde zu Fuß« musizierte. Mein Mann sagte zu mir, er habe mich nie schöner gesehen als an diesem Tag, und der neue Strohhut stehe mir allerliebst. Am nächsten Tag begann die Reise.

An den König Friedrich Wilhelm III.

Neustrelitz, den 25. Juni 1810
um 8 Uhr abends

Dein Name wird hier überall gepriesen, lieber Freund, denn durch Deine Güte ist der beste Vater, sind meine Brüder und meine Schwester und die ehrwürdige Großmama und bin auch ich selbst voller Freude. Ich bin zitterig und beberig von dem ganzen, in jedem Sinne heißen und anstrengenden Tag, den ich hinter mir habe; denn obgleich Papa alles, was Empfang heißt, verboten hatte … habe ich hier einen richtigen Einzug gehalten. Eine Kompanie Bürger zu Pferde begleitete mich und hielt eine Ansprache; am Stadttor Musik, Triumphbogen und Ansprache des Bürgermeisters, und ohne dass jemand es wusste, hatten die Bewohner ihre Häuser reizend mit grünen Girlanden und Blumen und Festons geschmückt, die von einem Haus zum andern über die Straße hingen. Mein Vater wurde durch diese Zeichen der Aufmerksamkeit für mich zu Tränen gerührt … Ich war in 6¼ Stunden und einigen Minuten in Fürstenberg … Man kann von Fürstenberg in weniger als 2 Stunden hier sein, sodass Du zwischen 4 und 5 hier bist, wenn Du um 8½ Uhr von dem lieben Charlottenburg abfährst … Leb wohl, mein lieber Freund, ich umarme Dich in Gedanken, und glaube bitte, ich empfinde, wie ich muss, das heißt mit einem von Dankbarkeit durchdrungenen Herzen, Deine Freundschaft und Freundlichkeit, in der Du mir eine Reise gestattet hast, die mich so glücklich macht.

Deine treue Luise

Habe die Güte und sage der Reinbrecht [Kammerfrau], *sie soll mir den weißen Basthut schicken, den ich gestern auf hatte … Die Stafette kann ihn mitnehmen, oder Du bringst ihn mit. Leb wohl, lass Dir's wohl gehen und komme gesund an …*

Zeittafel

1770

3. August Geburt des Kronprinzen Friedrich Wilhelm von Preußen in Berlin
Eltern: König Friedrich Wilhelm II. von Preußen
Königin Friederike, geb. Prinzessin von Hessen-Darmstadt

1776

10. März Geburt der Prinzessin Luise von Mecklenburg-Strelitz in Hannover
Eltern: Erbprinz Karl (später Herzog und Großherzog) von Mecklenburg-Strelitz
Friederike, geb. Prinzessin von Hessen-Darmstadt

1778

2. März Geburt der Prinzessin Friederike von Mecklenburg-Strelitz, Luises jüngere Schwester

1779

12. August Geburt des Erbprinzen Georg von Mecklenburg-Strelitz, Luises Bruder

1782

22. Mai Tod von Luises Mutter

1785

12. Dezember Tod von Luises Stiefmutter Charlotte, geb. Prinzessin von Hessen-Darmstadt

1786

Frühjahr Übersiedlung der Schwestern Luise, Friederike, Therese nach Darmstadt zur Großmutter Prinzessin Marie Luise von Hessen-Darmstadt, genannt »Prinzessin George«

1790

9. Oktober Kaiserkrönung Leopold II. in Frankfurt/a. M.

1791

Aug.–Sept. Reise nach Broich und Holland

1792	
Februar	Bündnis Preußen-Österreich
April	Kriegserklärung Frankreichs an Österreich
15. Juni	Konfirmation von Luise und Friederike
Juli	Kaiserkrönung Franz II. in Frankfurt/a. M.
September	Kanonade von Valmy
Oktober	Prinzessin George flieht mit den Enkelkindern vor den französischen Truppen nach Hildburghausen zu Luises ältester Schwester Herzogin Charlotte von Sachsen-Hildburghausen
1793	
13. März	Rückreise nach Darmstadt über Frankfurt/a. M. Begegnung und Werbung der Brüder Kronprinz Friedrich Wilhelm und Prinz Ludwig (Louis) von Preußen um die Prinzessinnen Luise und Friederike von Mecklenburg-Strelitz
24. April	Doppelverlobung in Darmstadt
24. Dezember	Vermählung des Kronprinzen Friedrich Wilhelm mit Luise
26. Dezember	Vermählung Prinz Ludwigs mit Friederike
1794	
Mai – Sept.	Kronprinz Friedrich Wilhelm und Prinz Ludwig nehmen am Polenfeldzug teil
7. Oktober	Geburt einer toten Tochter nach einem Unfall Luises
1795	
3. Januar	Dritte Teilung Polens. Aufteilung des Landes zwischen Russland, Preußen und Österreich
5. April	Friedensabschluss zu Basel zwischen Preußen und Frankreich
15. Oktober	Geburt des Kronprinzen Friedrich Wilhelm (später König Friedrich Wilhelm IV.)
1796	
Juli	Reise des Kronprinzenpaares nach Neustrelitz
28. Dezember	Tod des Prinzen Ludwig von Preußen, Luises Schwager
1797	
22. März	Geburt des Prinzen Wilhelm (später König Wilhelm I. und deutscher Kaiser)

16. November	Tod Friedrich Wilhelms II. Der Kronprinz tritt als Friedrich Wilhelm III. die Nachfolge an. Er und Luise werden König und Königin von Preußen
1798	
Mai–Juni	Huldigungsreise in die ostpreußischen Gebiete
13. Juli	Geburt der Prinzessin Charlotte (später Zarin Alexandra Feodorowna durch Heirat mit Zar Nikolaus I. von Russland)
1799	
Mai–Juli	Reise des Königspaares nach Franken und Thüringen, Frankfurt/a.M., Darmstadt
14. Oktober	Geburt der Prinzessin Friederike
9./10. November	Staatsstreich und Machtergreifung Napoleon Bonapartes in Frankreich
1800	
30. März	Luises Tochter Prinzessin Friederike stirbt
August	Reise des Königspaares nach Schlesien
1801	
23. März	Ermordung Zar Pauls I. Nachfolger wird sein Sohn als Zar Alexander I.
29. Juni	Geburt des Prinzen Karl
1802	
Mai–Juni	Reise des Königspaares nach Memel
10.–16. Juni	Zusammenkunft mit Zar Alexander I. in Memel
2. August	Napoleon wird als Konsul auf Lebenszeit gewählt
1803	
23. Februar	Geburt der Prinzessin Alexandrine
1803	
Mai–Juni	Reise des Königspaares nach Franken und Darmstadt
1804	
Mai	Proklamation Napoleons zum Kaiser der Franzosen
August	Reise des Königspaares nach Schlesien
Dezember	Kaiserkrönung Napoleons in Paris
13. Dezember	Geburt des Prinzen Ferdinand
1805	
Mai–Juni	Reise des Königspaares nach Thüringen und Franken
September	Dritter Koalitionskrieg gegen Frankreich
Oktober	Widerrechtliches Überschreiten der preußischen Grenze bei Ansbach durch französische Truppen

25. Okt.–4. Nov.	Zar Alexander I. in Berlin. Bündnis zwischen Preußen und Russland (Vertrag von Potsdam)
2. Dezember	Napoleon besiegt bei Austerlitz die Verbündeten Österreich und Russland.
1806	
1. April	Tod des Prinzen Ferdinand
19. Juni–29. Juli	Kuraufenthalt Luises in Pyrmont
August	Ende des Heiligen Römischen Reiches Deutscher Nation
20. September	Abreise des Königspaares zum preußischen Hauptquartier in Naumburg
13. Oktober	Luise folgt der Truppenbewegung nach Auerstedt; Flucht über Weimar, Braunschweig nach Berlin
14. Oktober	Napoleon besiegt Preußen in den Schlachten bei Jena und Auerstedt
17. Oktober	Eintreffen der Königin in Berlin
19. Oktober	Flucht über Stettin, Küstrin, Ortelsburg nach Königsberg
9. Dezember	Ankunft Königsberg
27. Oktober	Einzug Napoleons in Berlin
November	Napoleon verhängt die Kontinentalsperre gegen England
Dezember	Die Königin erkrankt an Typhus
1807	
5.–8. Januar	Fortsetzen der Flucht von Königsberg über die Kurische Nehrung nach Memel
7./8. Februar	Schlacht bei Preußisch-Eylau
2.–10. April	Zar Alexander in Memel und anschließend mit dem Königspaar in Kydullen
12. April	Luise in Königsberg
10. Juni	Gefecht bei Heilsberg; Niederlage Napoleons
13./14. Juni	Schlacht bei Friedland. Napoleon besiegt die russische und die preußische Armee
Juni	Luise in Memel
25. Juni–9. Juli	Friedensverhandlungen in Tilsit
6. Juli	Unterredung der Königin mit Napoleon in Tilsit
9. Juli	Unterzeichnung des preußisch-französischen Friedensvertrages

10. Juli Rückreise des Königspaares nach Memel

Oktober Freiherr Karl vom und zum Stein wird Erster Staatsminister

Edikt zur Bauernbefreiung

1808

Januar Rückkehr der königlichen Familie und des Hofes nach Königsberg

1. Februar Geburt der Prinzessin Luise

August Beginn einer preußischen Heeresreform

18.–20. September Zar Alexander I. in Königsberg

27. September–14. Oktober Zusammenkunft Napoleons mit den Fürsten des Rheinbundes und Zar Alexander I. in Erfurt

November Verkündung der Neuen Städteordnung; Reform der preußischen Verwaltungsbehörden

27. Dezember Reise des Königspaares nach St. Petersburg

1809

31. Januar Abreise des Königspaares von St. Petersburg

April Kriegserklärung Österreichs an Frankreich

5.–6. Juli Napoleon besiegt Österreich in der Schlacht bei Wagram

4. Oktober Geburt des Prinzen Albrecht

23. Dezember Rückkehr der königlichen Familie und feierlicher Einzug in Berlin

1810

4. Juni Freiherr Karl von Hardenberg wird preußischer Staatskanzler

21. Juni Luise übersiedelt nach Charlottenburg

25. Juni Abreise der Königin nach Neustrelitz zu einem Familienbesuch

28. Juni Das Königspaar begibt sich von Neustrelitz nach Hohenzieritz. Luise erkrankt

19. Juli Königin Luise stirbt gegen 9 Uhr morgens in Hohenzieritz

Literaturauswahl

Alfter, Dieter; Lösche, Dietrich: Schloss Pyrmont. Regensburg 1995

Alfter, Dieter; Scharmann, Rudolf G. u. Warnecke, Wolfgang: Begleitheft zur Ausstellung: »Königin Luise von Preußen«. Museum im Schloss Bad Pyrmont 2001, Bonn 2001

Bailleu, Paul: Königin Luise in Pyrmont. Hohenzollern-Jahrbuch 1898

Bailleu, Paul: Königin Luise in Tilsit. Hohenzollern-Jahrbuch 1899

Bailleu, Paul: Königin Luise. Ein Lebensbild. Berlin 1926

Clausmeyer-Ewers, Bettina: Prinz-Georg-Garten Darmstadt. Regensburg 2004

Dzieran, Hans: Der Brückenschlag über den Memelstrom. Heimatrundbrief »Land an der Memel« Nr. 80/2007

Engel, Hans Joachim: Der Lebensweg einer großen Königin. Preußische Geschichte, Heft II Berlin 2008

Esselborn, Karl: Darmstadt und sein Hof zur Zopfzeit in zeitgenössischen Schilderungen. Darmstadt 1915

Fontane, Theodor: Wanderungen durch die Mark Brandenburg. Essen o.J.

Garfs, Joachim: Begegnung mit Bad Pyrmont. Bad Pyrmont 1995

Gélieu, Claudia von: Die Erzieherin von Königin Luise, Salomé de Gélieu. Regensburg 2007

Griewank, Karl (Hrsg.): Königin Luise. Briefe und Aufzeichnungen. Leipzig 1924

Ignatow, Georgi I. Persönliche Mitteilung. Sowjetsk: 2007

Illgen, Volker: Führer durch das Darmstädter Schlossmuseum. Darmstadt 1980

Katalog: Zur Ausstellung: »Krieg und Frieden im Jahr 1807«. Museum für Geschichte und Kunst, Kaliningrad Sankt Petersburg 2007

Köster, Albert (Hrsg.): Die Briefe der Frau Rath Goethe. Leipzig 1976

Krupavičiute, Rasa/Sauleniene, Jovita: Königin Luise von Preußen in Memel. Klaipeda 2004

Manthey, Jürgen: Königsberg. Geschichte einer Weltbürgerrepublik. München/Wien 2005

Meisner, Heinrich Otto (Hrsg.): Vom Leben und Sterben der Königin Luise. Eigenhändige Aufzeichnungen ihres Gemahls König Friedrich Wilhelms III. Berlin und Leipzig 1926

Mertineit, Horst: Preußen – Tilsit – Königin Luise. Vortrag Kiel 2002

Mertineit, Horst: 200 Jahre Tilsiter Frieden. 37. Tilsiter Rundbrief, Ausgabe 2007/08

Neumann, Hans-Joachim: Friedrich Wilhelm II. Preußen unter den Rosenkreuzern. Berlin 1997

Ohff, Heinz: Königin Luise von Preußen. Ein Stern in Wetterwolken. Eine Biographie. München 2006

Rothkirch, Malve Gräfin von (Hrsg.): Königin Luise von Preußen. Briefe und Aufzeichnungen 1786–1810. München 1985

Scharmann, Rudolf G.: Schloss Charlottenburg. Königliches Preußen in Berlin. München/Berlin/London/New York 2007

Schendel, Adelheid: Schloss Paretz. Amtlicher Führer. Potsdam 2005

Schnaibel, Marlies: Luise, Königin von Preußen. Karwe / bei Neuruppin 2003

Schuster, Georg: Königin Luise. Historische Bild-Dokumente. Berlin 1934

Siehr, Jürgen; Freunde der Stadt Sankt Petersburg e.V. Arnstadt; Stadtmuseum Sowjetsk: Auszug aus dem Tagebuch des Justiz-Kommissionsrates Ernst Ludwig Siehr zu Tilsit, Juni–Juli 1807. Informationsheft anlässl. »200 Jahre Tilsiter Frieden« Arnstadt 2007

Steiger, Robert: Goethes Leben von Tag zu Tag. Eine dokumentarische Chronik. Zürich und München 1984

Strakauskaite, Nijole: Klaipeda, Kurische Nehrung, Königsberg. Klaipeda. 2005

Strakauskaite, Nijole: Klaipeda und die Kurische Nehrung. Klaipeda 2006

Strakauskaite, Nijole: Die Kurische Nehrung – die alte Poststraße Europas. Klaipeda 2006

Streckfuss, Adolf: 500 Jahre Berliner Geschichte. Vom Fischerdorf zur Weltstadt. Berlin um 1860

Taack, Merete van: Königin Luise. Eine Biographie. Tübingen 1978

Tilsiter Tageszeitung: Das Haus Deutsche Straße 21. In: 37. Tilsiter Rundbrief 2007/08

Voß, Sophie Marie Gräfin von: Neunundsechzig Jahre am Preußischen Hofe. Leipzig 1887; 5. Auflage des Nachdrucks Berlin 2007

Wesch, Petra: Schloss Sanssouci. Die Sommerresidenz Friedrichs des Großen. München/Berlin/London/New York 2003

Bildnachweis

I bpk / Nationalgalerie, SMB / Klaus Göken
II bpk / Eigentum des Haus Hohenzollern / Jörg P. Anders
III bpk / Stiftung Preussische Schlösser und Gärten Berlin-Brandenburg / Jörg P. Anders
IV bpk / Nationalgalerie, SMB / Klaus Göken
V bpk / Stiftung Preußische Schlösser und Gärten Berlin-Brandenburg
VI bpk / Stiftung Preussische Schlösser und Gärten Berlin-Brandenburg
VII picture-alliance / akg-images
VIII bpk / Eigentum des Haus Hohenzollern / Jörg P. Anders
IX bpk / Eigentum des Haus Hohenzollern
X bpk
XI picture-alliance / akg-images
XII bpk
XIII bpk / RMN / Daniel Arnaudet
XIV bpk / Jürgen Liepe
XV bpk / Eigentum des Haus Hohenzollern
XVI bpk

ISBN 978-3-360-01973-8

Umschlaggestaltung: Buchgut, Berlin
unter Verwendung eines Gemäldes von Gustav Richter, 1879/bpk
Druck und Bindung: CPI Moravia Books GmbH

Ein Verlagsverzeichnis schicken wir Ihnen gern:
Das Neue Berlin Verlagsgesellschaft mbH
Neue Grünstr.18, 10179 Berlin
Tel. 01805/30 99 99
(0.14 Euro/min. aus dem deutschen Festnetz,
abweichende Preise für Mobilfunkteilnehmer)

Die Bücher des Verlags Das Neue Berlin
erscheinen in der Eulenspiegel Verlagsgruppe.

www.das-neue-berlin.de